柳宗元诗传

金涛声 著

JIN
TAO
SHENG

巴蜀书社

图书在版编目（CIP）数据

柳宗元诗传 / 金涛声著 . — 成都：巴蜀书社，2022.9

ISBN 978-7-5531-1787-4

Ⅰ.①柳… Ⅱ.①金… Ⅲ.①柳宗元（773—819）—传记 Ⅳ.①K825.6

中国版本图书馆 CIP 数据核字（2022）第 151211 号

柳宗元诗传		金涛声 著
责任编辑	康丽华	
封面设计	冀帅吉	
出　　版	巴蜀书社	
	成都市锦江区三色路 238 号新华之星 A 座 36 层	
	邮编：610023	
	总编室电话：(028)86361843	
网　　址	www.bsbook.com	
发　　行	巴蜀书社	
	发行科电话：(028)86361852	
经　　销	新华书店	
照　　排	四川胜翔数码印务设计有限公司	
印　　刷	成都蜀通印务有限责任公司	
版　　次	2022 年 12 月第 1 版	
印　　次	2022 年 12 月第 1 次印刷	
成品尺寸	148mm×210mm	
印　　张	8.25	
字　　数	240 千	
书　　号	ISBN 978-7-5531-1787-4	
定　　价	38.00 元	

本书若有印装质量问题，请与工厂调换

目 录

一、出身家世 …………………………………………… 1
二、读书求仕 …………………………………………… 7
三、许身为国 …………………………………………… 18
四、参与革新 …………………………………………… 45
五、贬谪永州 …………………………………………… 60
六、寄情山水 …………………………………………… 74
七、不忘生民 …………………………………………… 92
八、愤世嫉俗 …………………………………………… 104
九、沦落之交 …………………………………………… 114
十、著书立说 …………………………………………… 130
十一、倡导古文 ………………………………………… 150
十二、诏还外放 ………………………………………… 166
十三、遗惠柳州 ………………………………………… 175
十四、思想境界 ………………………………………… 192
十五、文学业绩 ………………………………………… 204
十六、光辉永存 ………………………………………… 250
参考书目 ………………………………………………… 255
后　记 …………………………………………………… 258

一、出身家世

柳宗元，字子厚，祖籍河东郡解县（今山西运城解州镇），于唐代宗大历八年（773）出生于当时的京城长安。

柳宗元常以自己的家世为荣。原来他的远祖是春秋时期鲁国大夫柳下惠。柳下惠，原名展获，字子禽，任鲁国士师，掌管刑狱，为官任劳任怨，以贤能著称。其食邑在柳下，于是因地受氏，改姓柳，谥号惠，因而史称柳下惠。柳下惠以"坐怀不乱"的故事为世人称道：有一天，柳下惠夜宿城门下，遇到一位衣单无家女子，他恐其冻伤，使坐于己怀，解衣裹之，一夜到天亮而无淫乱行为。柳下惠以此闻名于世。"坐怀不乱"成为一个成语沿用至今。秦国兼并天下之后，柳氏迁往河东。到秦朝末年，柳下惠的裔孙柳安才定居于河东郡解县。因此柳宗元自称"河东解人"，人们也称他为"柳河东"。其实他的祖上早已离开故籍，世代在朝为官，在京城长安城里和郊外，都有房舍和田产，连他家的祖坟也在长安万年县的栖凤原。柳宗元自己出生在长安，成长在长安，从未回到过祖籍所在地，说河东人不过是沿用他祖籍的习惯说法罢了。

河东柳氏后来逐渐发展成为名门望族。在南北朝时期，柳氏是北方著名的门阀士族，接连几代人在朝廷封侯拜相，社会地位很高。柳宗元曾自豪地说:"柳族之分,在北为高。充于史氏,世相重侯。"(《故大理评事柳君墓志》)到隋朝末年,柳氏成为李渊打江山的依靠力量,因而在唐朝初年地位显赫。他的高祖柳子夏,唐初任徐州长史。柳子夏的叔伯兄弟柳奭,贞观中为中书舍人,在高宗李治朝做过宰相。他的外甥女王氏,成为李治的皇后。其时,这个家族同时居官尚书省的就达二十多人。后来,武则天为争宠夺权,千方百计排挤王皇后,打击柳氏家族。结果,王皇后失宠,继而被废。武则天立为皇后,后垂帘听政,柳奭遭受一再贬官,最后贬为象州刺史,并被杀害于象州。柳氏家族也尽受株连。经过这一次打击,柳氏从此一蹶不振。即使在武则天之后,也不再有昔日的辉煌。柳宗元曾回顾说:"人咸言吾宗宜硕大,有积德焉。在高宗时,并居尚书省二十二人。遭诸武,以故衰耗,武氏败,犹不能兴。为尚书吏者,间数十岁乃一人。"(《送澥序》)

经过武则天的打击,使柳氏家族一落千丈,从皇亲国戚的特权地位降落到一般官僚地主阶层之中。他们再也不能凭借门阀谋取高位,只有通过科举考试艰难地进入仕途。柳宗元的曾祖父柳从裕,只做过沧州清池令,祖父柳察躬,只做过湖州德清令。父亲柳镇、叔父柳缜,都是通过科举踏入仕途,从府县僚属的地位逐步升迁,最高只做到从六品的京官。

柳氏家族虽然有过显达的历史,而柳宗元出生时,实际已是一个普通的官僚家庭。这个家庭虽然社会地位不高,却有着良好的教养和家风。父母的学识和为人,给柳宗元留下深刻的印象,自然也受到深刻的影响。

柳宗元父亲柳镇,科举考试明经科出身。及第后即逢安史之乱,于是带着一家老少避乱于王屋山,后来又举家逃往吴地,饱尝颠沛流离之苦。安史之乱平定之后,他才走上仕途。初授左卫率府兵曹参军,第二年,以文才出众被延入朔方节度使郭子仪幕府,授左金吾卫仓曹参军,任节度推官,专掌书记。后来历任大理评事、晋州录事参军、长安主簿、宣城令、闵乡令、鄂岳沔都团练使判官、殿中侍御史、夔州司马,晚年官至侍御史。

柳镇在仕途的职位虽不高,却以学问、品德、才干著称于时,是一位饱学有识、正直有为的人士。

柳镇饱读经书,精通儒学,并且能够身体力行,经世致用,柳宗元称他"得《诗》之群,《书》之政,《易》之直方大,《春秋》之惩劝,以植于内而文于外,垂声当时"(《先侍御史府君神道表》)。就是说,他学到了《诗经》中合群的本领,《尚书》中施行政治的道理,《周易》中正直大方的品德,《春秋》中惩恶劝善的方法,他把这些东西扎根于心里表现在行为上,在当世留下了好名声。安史之乱时,一家人在王屋山避难,他为柳家弟子讲学,传授《左传》和《周易》。安史之乱刚刚平定,他关心国事,审时度势,立即向朝廷上了两份建议书:《三老五更议》建议兴办太学,恢复教育事业;《籍田书》建议劝人耕种,恢复农业生产。在郭子仪幕府工作期间,柳镇关心军队和边防建设,认为刑法是军队的支柱,侦察是边境的耳目,这两者不能不具备,于是写了《晋文公三罪议》和《守边论》,前者宣扬法不阿贵、刑赏一律的思想,建议加强军队的刑法制度;后者针对吐蕃连年内侵、边防守备空虚的现状,建议加强边境的侦察工作。

柳镇为人正直,是非分明,疾恶如仇。他任晋州录事参军时,晋州刺史是个武将,不懂文墨,作风凶悍,任意打人杀人,府衙里没有人敢同他争辩,只有柳镇一人敢于据理力争。有一次,一个无辜者将要被武将打死时,柳镇挺身而出,用自己的身体挡住棍棒,制止暴行。刺史暴跳如雷,掀翻几案,折断座席,也不能吓退柳镇。

　　柳镇五十岁时，刚从地方调到朝廷做殿中侍御史，担任监察工作，便接手一件与权势人物关联的案子。陕虢观察使卢岳去世，其侍妾所生的儿子按理也可分得一份遗产，但卢岳的妻子却将遗产独占。侍妾到朝廷告状。审理这个案子的殿中侍御史穆赞主持公道，不肯袒护卢妻。御史中丞卢佋、宰相窦参就合谋诬陷穆赞接受了卢妾贿赂，将他逮捕入狱。穆赞的弟弟不服，到公堂上为哥哥击鼓鸣冤，朝廷决定重新审理此案。皇上令柳镇负责此案，与刑部和大理寺的官员协同办理。尽管此案是个背景复杂的案中案，而且弄不好又会成为第二个穆赞。但柳镇大义凛然，不顾奸臣淫威，依法办事。他查清案情，公正决断，然后密奏皇上，秉公处理了卢岳遗产，平反了穆赞的冤案。宰相窦参因此对他怀恨在心，一年之后，找个借口把他外贬为夔州司马。柳镇启程远赴贬地，年已十七的柳宗元一直送到蓝田县。临别时柳镇对儿子说："吾目无泪。"受委屈而决不掉泪，老人刚强的表现使柳宗元深受震撼。后来窦参因族子犯罪受到牵连，贬官外地而死去。三年后，朝廷召柳镇回朝任侍御史，诏书上称赞他"守正为心，疾恶不惧"，让柳镇感动得老泪纵横，作《喜霁之歌》，抒写雨过天晴的喜悦之情。贞元九年（793），柳宗元进士及第。皇上询问有没有靠人事关系及第的。有人说柳宗元是柳镇的儿子，皇上立即说："是故抗奸臣窦参者耶？吾知其不为子求举矣。"经过卢岳遗产一案，皇上也知道柳镇为人正直，绝不会通过关系为儿子求取功名。柳宗元对父亲刚直不阿的人格，有深刻的印象，在他为父亲写的《先侍御史府君神道表》中，详细记载了柳镇的这些事迹。

　　柳镇交游广泛，柳宗元在《先君石表阴先友记》中说："先君之所与友，凡天下善士举集焉。"意思是他父亲所结交的朋友，集中了天下的优秀人士。柳宗元把父亲生前好友一一罗列出来，并做了简要介绍，共有六十人之多。他们都是一代名流，其中有宰相重臣，也有文人学者。如陈京、赵需、许孟容等，都是刚正不阿、直言敢谏的名臣；柳并、梁肃、杨凭及韩会、韩愈、李益等，都是当时有影响的作家和诗人。交游人物的层次，也突出显示了柳镇的社会地位和声望。柳宗元生活在这样的家庭中，人来客往，谈天说地，从小受到耳濡目染的熏陶，自然也开阔了眼界，增长了见识。

柳宗元的母亲卢氏，也是出身士族家庭，有家学传承。她七岁开始读《诗经》和《列女传》一类书籍。兄弟们所读的史书和诸子百家，她也都读过。她不仅通晓诗书礼乐，而且为人也很贤惠通达。嫁到柳家之后，侍奉公婆，与亲族和睦相处，她以宽厚仁爱之心待人："尊己者，敬之如臣事君；下己者，慈之如母畜之；敌己者，友之如兄弟。无不得志者也。"（《先太夫人河东县太君归祔志》）她对待比自己尊长的，尊敬他就像臣子侍奉国君一样；对待比自己辈分低的，爱护他就像母亲抚养儿子一样；对于敌视自己的人，也像对待兄弟一样友善相处。结果没有谁不称心满意的。她的行为使柳家的孝顺、仁爱的名声更加光大。她对待孩子，精心养育，年成不好的时候，宁肯自己少吃也要让孩子先吃饱。她也十分注重孩子的启蒙教育，亲自教他们识字读书。柳宗元在《先太夫人河东县太君归祔志》中说："某始四岁，居京城西田庐中。先君在吴，家无书，太夫人教古赋十四首，皆讽传之。以《诗》《礼》图史及剪制缝结授诸女，及长，皆为名妇。"柳宗元四岁的时候，父亲去了江苏吴县为祖父守丧三年，全家暂住在长安西郊乡下。家里没有什么书籍，母亲就靠自己的记忆，教其背诵十四篇古赋。她教几个姐姐既学诗书礼仪，也学女红手工，她们长大之后都成为名妇。可见这是一个很有文化教养的家庭。

柳宗元就在这样的家庭环境中生长。柳家先祖昔日的辉煌,成为他奋发向上,求取功名,为国建功立业的动力。父亲的广博学识、社会声望和刚直不阿的人格,成为他立身处世的榜样。母亲的言传身教,犹如雨露甘泉,源源不断地滋润着他茁壮成长。

二、读书求仕

柳宗元后来在给国子监太学生的一封信中,曾经谈到自己最初是怎样选择求学之路的问题:

> 始仆少时,尝有意游太学,受师说,以植志持身焉。当时说者咸曰:"太学生聚为朋曹,侮老慢贤,有堕窳败业而利口食者,有崇饰恶言而肆斗讼者,有凌傲长上而谇骂有司者。其退然自克,特殊于众人者无几耳。"仆闻之,悔骇怛悸,良痛其游圣人之门,而众为是嗜嗜也。遂退托乡间家塾,考厉志业。
>
> ——《与太学诸生喜诣阙留阳城司业书》

柳宗元作为河东柳氏的子弟,是有资格进入朝廷官办的太学的。少年时期他也有意愿进太学学习,接受老师的教诲,以此立志修身。但人们都说:"太学生拉帮结派,欺老慢贤,有荒废学业仅仅为了混饭吃的,有惯于吵架斗殴惹是生非的,有欺辱长者谩骂官员的,真正不随波逐流的没有几个人。"他听到这种情况之后,很是吃惊,痛恨这些太学生游学于圣人门下,却这样胡作非为。于是就回到乡间私塾中,修习学业。因此,柳宗元少年时期求学生活是在私塾中度过的。

柳宗元出生后一直住在长安。在他九岁那年，即唐德宗建中二年（781），北方爆发了大规模的军阀割据战争。其起因是成德节度使李宝臣病死，他的儿子李惟岳自称留后，上表请求继承节度使职位。新继位的唐德宗拒绝了他的要求。李惟岳便勾结魏博镇田悦、淄青镇李正己、山南东道梁崇义联合起兵反叛朝廷。德宗调集大军，对四镇展开全面出击。不久，梁崇义、李惟岳相继败死。李正己病死。但是一波刚平，一波又起。卢龙镇朱滔、成德镇王武俊、淄青镇李纳再行叛乱，各建王号，并推朱滔为盟主。接着，参与讨伐的淮西节度使李希烈亦反，自称天下都元帅、建兴王，出兵围郑州，东都震恐。建中四年（783），德宗征调驻守京西地区的泾原镇出兵东征。但泾原兵在经过长安时，又发生兵变，兵变士兵拥立闲居在京的太尉朱泚为帝，建国号秦（后改为汉）。德宗仓皇逃至奉天（今陕西乾县）。叛军又包围了奉天。朔方节度使李怀光率兵勤王靖难，解救了奉天之围，但却遭到奸臣卢杞的排挤与陷害，反而与朱泚勾结一起公开反叛。兴元元年（784）初，德宗又被迫从奉天逃往梁州（今陕西汉中）。后来，德宗调动神策军将领李晟率领军队收复长安，朱泚为部将所杀。李怀光也被唐将马燧打败，自杀身亡。德宗还与朱滔、王武俊、田悦、李纳等相妥协，予以安抚，总算平息了这场闹了四年之久的"建中之乱"。这是安史之乱以后朝廷与藩镇割据势力另一次大规模的较量。战火遍及关中、河南、河北和淮河流域的广大地区，使这些地区遭受惨重的破坏，也使柳宗元在儿童时期就亲历了藩镇割据战乱所造成的灾难。

在建中之乱时，柳镇正在鄂、岳、沔三州防御史、鄂州刺史李廉处做幕僚。可能是"泾原兵变"之后，长安附近成了战场，为了避乱，柳宗元被送到父亲的任所夏口（今湖北武昌）。贞元元年（785）四月，李廉调任江西都团练观察使、洪都刺史（治所在今江西南昌），柳镇随同到了江西，柳宗元也跟父亲到江西。在这段时间里，柳宗元随父亲服勤公务，到过南至长沙、北至九江的广大地区，这使他增广了见识，开拓了心胸。南方的风土人情、风景名胜，无不让他耳目一新，奔腾长江水，浩渺洞庭湖，黄鹤楼临风，滕王阁远眺，都给他留下难忘的印象。从这时开始，他已经参与社交，结纳朋友。

柳镇在夏口和南昌的上司李廉，是后来成为柳宗元妻子杨氏的外祖父。杨氏三岁丧母以后一直住在外祖父家里。由于这种关系，柳宗元和杨氏从小青梅竹马，一起在南方生活了几年。在柳宗元十三岁这一年，双方父辈便口头约定了这门娃娃亲。后来两人虽然多年分隔两地，但这个口头婚约始终没有改变，十三年后两人终于完婚。

在夏口时，柳宗元结识了虞九皋（字鸣鹤）："惟昔夏口，羁贯相亲。通家修好，讲道为邻。"（《虞鸣鹤诔》）虞鸣鹤是沔州刺史虞当之子。柳镇与虞当早就熟悉。在夏口的时候，柳宗元与虞鸣鹤两人都还是孩子，彼此相亲共处，两家关系很好，经常一起讲文论道。后来两人相继考中进士。虞鸣鹤早逝，柳宗元写了长篇的《虞鸣鹤诔》，回忆他们少年时代的情谊，表达深沉的哀悼之情。

在南昌时，柳宗元结识了萧炼："始余幼时，拜兄于九江郡，睹其乐嗜经书，慕山薮，凝和抱质，气象甚茂。虽在绮纨，而私心慕焉。"（《送萧炼登第后南归序》）萧炼少时爱读经书，喜欢山林湖泊，为人庄重和蔼，气宇轩昂，柳宗元对他十分仰慕。两人谈经论道，往来密切。萧炼后来三次考进士而下第，暂住陋巷之中，柳宗元曾多次到住处拜访。萧炼矢志不移，终于及第，"声动京国，士辈仰慕"，柳宗元特意登门祝贺，并写了《送萧炼登第后南归序》。

一个个志同道合的少年伙伴，都成为终身的朋友。

柳宗元每到一地,都进私塾认真读书,从不荒废学业。在私塾中勤奋学习,加上家中父亲的精心指教,资质聪明的柳宗元进步很快,他习作的诗文,往往得到人们的赞赏,被视为"奇童"。

贞元元年(785)七月,"泾原兵变"之后发动军事叛乱的藩将李怀光,被唐将马燧打败,自杀身亡。崔中丞请柳宗元代笔写了一篇《贺平李怀光表》,谴责李怀光背信弃义反叛朝廷的行为,祝贺平叛战役的胜利,表达了他反对分裂、渴望国家统一的心愿。这是今天可以见到的柳宗元最早的作品。尽管只留下残篇,从字里行间也可以看出一个十三岁少年非凡的手笔。这篇文章,曾得到当时一些知名文人的赏识。刘禹锡为柳宗元文集写的序言《柳君集记》中说:"子厚始以童子有奇名于贞元初。"自然是有根据的。

贞元四年(788),柳镇调回朝廷任殿中侍御史,柳宗元也随父亲回到了长安。这时他已经十六岁,开始立志学习,而且志气不凡。他在后来写的《答贡士元公瑾论士进书》中说:"始仆之志学也,甚自尊大,颇慕古之大有为者。"为了实现雄心壮志,必须走科举求仕之路。因此,他要为参加科举考试加紧做准备。

在长安善和里柳家旧宅,藏有皇帝的赐书三千卷。家庭丰富的藏书,为柳宗元学习备考创造了良好的条件。他兴趣广泛,经、子、史、集,各类书籍无不涉猎。为了准备科举考试,这时期他主要学习儒家经典、历代辞赋和诗文。他的目标是要考取进士。

"隋置明经、进士科。唐承隋,置秀才、明法、明字、明算,并前六科。……士人所趋,明经、进士二科而已。"(《唐语林》卷八)明经主要考《五经正义》《孝经》《论语》等儒家经籍;进士则除经义外,还要考诗、赋、文。这时期,经学考试已经走入寻章摘句、死记硬背的死胡同,忽视经学大义的经世致用。不论考明经,还是考进士,都要先考"讲经"和"背经"。讲经,是考讲解经文,要求考生的回答不能违背朝廷规定的注本。背经，是把经书中任何一部分的前后两边遮贴起来，只留中间一行字，让考生把前后经文背出来。这就要求考生死记硬背经书章句。柳宗元对这种做法很不以为然，他后来曾说过："我学不能探奥义，穷章句，为腐烂之儒。"(《上大理崔大卿应制举不敏启》)柳宗元把死啃经书章句的人称之为"腐烂之儒"，言下之意是不屑一顾。他还明确表示要独立思考，不去做照搬古书的事："理不一断于古书先生，直趣尧舜之道、孔子之志，明而出之，又古之所难有也。"(《与杨京兆凭书》)他想要抛开经文传、注之类，去直接探求圣人的思想，把探求得到的东西用自己的话加以表述，这虽然很难有人能够做到，他还是要知难而进。可见柳宗元读书，自有主意，自有一套方法，并不只是为了应付科举考试。自然，这也意味着他的科举之路不可能一帆风顺。柳宗元在《与杨诲之第二书》中说："吾年十七求进士，四年乃得举。"

贞元五年（789），柳宗元第一次参加礼部进士考试，落选了。

贞元六年（790），柳宗元第二次参加进士考试，又一次落第。却给我们留下了一首应试诗：

  设色既成象，卿云示国都。九天开秘祉，百辟赞嘉谟。抱日依龙衮，非烟近御炉。高标连汗漫，回望接虚无。裂素荣光发，舒华瑞色敷。恒将配尧德，垂庆代河图。

——《省试观庆云图诗》

这首应试诗是命题作文，看图题诗。唐代各州县贡士到京师，由尚书省的礼部主试，称为"省试"。《庆云图》是泽州刺史李鹗呈送给皇帝的一幅祥瑞图。省试以此命题，让考生就图所画，敷写成诗。柳宗元此诗，再现了《庆云图》的诗情画意，发挥了其中歌功颂德的内涵：五颜六色画成图像，朵朵卿云标示京师。高耸宫廷深藏吉祥福瑞，文武百官盛赞君王谋略。黄云抱日在天子龙袍，烟雾蒸腾在御炉周围。庆云直上汗漫高天，环视太空浩渺无际。洁白素帛荣光焕发，舒展鲜花瑞色纷呈。美好图景匹配尧帝品德，庆云垂象代替河图吉兆。

这是现存柳诗可以考知的第一篇作品。作者在谋篇布局、写景造势、遣词用典诸方面都颇具功力，显示了应有的才华。作为应试诗，以工丽取胜，应该是符合要求的。

不明白是哪方面的问题，柳宗这次省考还是没有合格。

贞元七年（791），柳宗元第三次参加进士考试，仍未及第。接连的科场落败，使他感到进退失据。次年，他没有参加考试，休整一年，总结经验教训，准备来年再战。

唐时风气，士子在科举考试之前，往往向当权者或社会名人投书，呈献一卷诗文习作，希望得到他们的提携或推荐，过数日又投，谓之温卷。柳宗元感到这方面工作也不能忽视，于是他写了《上权德舆补阙温卷决进退启》。此前，他已登门拜访过权德舆，现在又写这封书启，所以称之为"温卷决进退启"。意思是，再次写信是因为您能否提携关乎我的进退。

权德舆，字载之，从小以文著称诸儒间。德宗闻其才，召为太常博士，贞元八年改任左补阙。贞元中知礼部贡举，善于识拔人才，所得士相继为朝廷重臣。士子都视他为登科入仕的"龙门"。柳宗元这篇书启，诉说自己科场失意的彷徨苦闷，赞颂权德舆的才学品行，希望得到他的指引帮助。文章第一段就表明干谒之意："今鸳鹭充朝，而独干执事者，特以顾下念旧，收接儒素，异乎他人耳。敢问厥由，庶几告之，俾识去就，幸甚幸甚。"意思是：如今朝廷中贤臣很多，而我唯独拜谒您，是因为您能体恤下人，顾念旧情，收纳文士，与他人不问。我想大胆问您我该如何办，还望您能告诉我，

二、读书求仕

让我明白去就,那就是我的万幸了。文章末段,通过与朋友的一席对话,更巧妙地把求教权君、恳请提携之意表达得淋漓尽致。

  进退无倚,宵不遑寐,乃访于故人而咨度之。其人曰:"补阙权君,著名逾纪,行为人高,言为人信,力学挟文,朋侪称雄。子亟拜之,足以发扬。"对曰:"衷燕石而履玄圃,带鱼目而游涨海,只取诮耳,曷予补乎?"其人曰:"迹之勤者,情必生焉;心之恭者,礼必报焉。况子之文,不甚鄙薄者乎?苟或勤以奉之,恭以下之,则必勖励尔行,辉耀尔能。言为建瓴,晨发夕被,声驰而响溢,风振而草靡。可使尺泽之鲵奋鳞而纵海,密网之鸟举羽而翔霄。子之一名,何足就矣,庶为终身之遇乎?曷不举驰声之资,挈成名之基,授之权君,然后退行守常执中之道,斯可也。"愚不敏,以为信然,是以有前日之拜。又以为色取象恭,大贤所忮,朝造夕谒,大贤所倦。性颇疏野,窃又不能,是以有今兹之问,仰惟览其鄙心而去就之。洁诚斋虑,不胜至愿。谨再拜。

  他说:进退无靠,令我夜不能眠,就去找一个朋友向他咨询。他告诉我说:"补阙权君,名声远扬,品行为人们称赞,言语为人们信任,博学善文,在同辈中是佼佼者,你赶快去拜访他,他会对你帮助很大。"我回答道:"这就像揣着燕石到玄圃里采玉,拿着鱼目到大海中找珠,只会遭别人讥讽而已,对我有什么用呢?"他说:"腿勤多去,情感就会产生;态度诚恳,就会得到回报。何况你的文章也不是特别轻浮浅薄呢?只要他能够因你的殷勤而回答你,因你的恭敬而优待你,那他一定会勉励你该怎么做,让你发挥才能。他的话如高屋上的建瓴水,早晨发出,晚上就可受益,如同声音飞过响声漫天,大风吹过草木尽倒。这样可使小沟中的鱼奋然游向大海,使网络中的鸟展翅飞上高空。你这小子,也足以如愿了,这不是终身难得的机遇吗？你为什么不把成名的资本，把享誉的基础，都交给权君，然后再回来修业守道，这样就可以了。"我愚钝不聪明，就信了他的话，因此才有前天的拜访。但又以为态度过于谦卑，会使大贤不喜欢；早晚登门拜访，会让大贤厌倦。自己性情疏野，又没有什么能力，所以才有今天的请教。还望您体察我的心意而决定我的去留。真诚地希望您认真考虑一下，这是我最大的心愿。谨启再拜。

前人对此文甚为称赞。钟惺云："此文如淮阴、孔明之用兵，其摆阵布势，弄巧出奇，真不可及。"（《山晓阁选唐大家柳柳州全集》卷一评柳文）孙琮云："一篇曲曲写来，情辞俱极婉挚。……后幅写求见权君，妙在从旁人口中表扬出来，又妙在自己口中故作不敢求见，然后转出求见权君，既不失之谄，颂扬权君又不失之谀，又是一意相承到底。"（同上）康海云："句法骚快，气概闲适，可见子厚少年文字便洒然出尘。"（蒋之翘辑注《柳河东集》卷三六）

一篇干谒之文，写得如此精巧，可见柳宗元早年的文章已具有不凡的水平。

贞元九年（793），柳宗元第四次参加进士考试。这一年，宰相陆贽任用户部侍郎顾少连知礼部贡举。顾少连是一位知人善任的长者，能够不畏权势，选拔寒士。参加这次考试的有三千多人，只录取进士三十二人。柳宗元终于以一个二十一岁的青年考中进士。他十七岁起参加进士考试，虽几经挫折，二十一岁能够及第，也算十分顺利了。俗话说："三十老明经，五十少进士。"五十岁考中进士还算是年轻，二十一岁考中进士确实已经很了不起。和他一同考取进士的，有刘禹锡、武儒衡、穆员、卢景亮等人。

按唐朝制度，礼部管科举考试，吏部管官吏任免。礼部进士及第者，只是取得入仕的资格，还要经过吏部主持的分科考试，合格者才能授官任职。

就在这一年五月,正当柳宗元进士及第的消息传来不久,其父亲柳镇却在长安去世了。依照唐朝的礼制,柳宗元必须为父亲服丧三年,服丧期内不得参加任何科目的考试,也不得应辟为官。

柳宗元在家服丧赋闲期间,于贞元十年(794)曾去邠州探望大叔父柳缜。柳缜当时在邠宁节度使府中任度支营田副使。他利用这个机会,游历邠州、宁州各地,对西北边境地区做了一番实地考察。后来他在《段太尉逸事状》中详细记述了当年的行踪:"宗元尝出入岐、周、邠、斄间,过真、定,北上马岭,历亭鄣堡戍,窃好问老校退卒,能言其事。"就是说,柳宗元曾经往来于岐州、周原、邠州和邰国故地,路过真宁、定平,向北到达马岭,经过不少边塞堡垒,喜欢访问老年军官和退伍士兵,他们都能谈说段太尉的事迹。柳宗元听到段太尉在这一带任职时恤民疾苦、清正廉洁的种种事迹,使他对这位在"建中之乱"中竭力维护国家统一的英雄人物更为敬仰。

柳宗元在这次考察访问过程中,不仅了解到许多段秀实的遗闻逸事,为他后来写《段太尉逸事状》积累了生动的材料,而且还了解了西北边境的形势和边地军民的生活实况,加深了对社会矛盾各个方面的认识。安史之乱以后,广大西北地区沦于吐蕃、回纥,邠州成为边防的要冲。柳宗元到达的马岭(在今甘肃庆阳),已是蕃、汉交界的前哨。他看到"自犬戎陷河右,逼西鄙,积兵备虞,县道告劳,内匮中府太仓之蓄,仅而获赝"(《送邠宁独孤书记赴辟命序》)的严重事态,同情边地百姓劳苦不堪的境遇。他在深入实际的考察中,学到了"乡间家塾"读书所得不到的东西,也是他在所生活的士大夫圈子中不可能了解的东西。对柳宗元思想发展来说,这是一次很有意义的"突围"行动。

贞元十二年（796），柳宗元二十四岁，服父丧三年期满，便与少年时订婚的杨凭的女儿杨氏结婚。

同一年，他参加制举博学宏词科考试，未被录取。制举是皇帝特诏举行的不定期考试，科目很多，主要有贤良方正能直言极谏科、才识兼茂明于体用科、博学宏词科等。应制举得高第，可以直接授官。在这次考试中"辱临考第，司其升降"的主考官是大理卿崔敬。柳宗元应考落败之后，给崔敬写了《上大理崔大卿应制举不敏启》。书启中说：

> 若宗元者，智不能经大务、断大事，非有恢杰之才；学不能深奥义、穷章句，为腐烂之儒。虽或置力于文学，勤勤恳恳于岁时，然而未能极圣人之规矩，恢作者之闻见，劳费翰墨，徒尔施逢掖、曳大带，游于朋齿，且有愧色，岂有能乎哉？

柳宗元虽然对科举考试死扣经书章句，引导士子做"腐烂之儒"表示不满，但对自己的不足也有清醒的认识：虽然致力于文章写作，年年勤勤恳恳地努力，但未能达到圣人的规矩，扩大自己的见识，所以只是白费笔墨，徒劳地穿长衣，拖大带，在朋友间往来，心中有愧，哪有什么才能呢？"他感到要成就一番救世济时的大事业，自己的能力是远远不够的。这种认识，给了他此后勤勤戒励，不敢怠惰的求进动力。"（孙昌武著《柳宗元传论》，第35页）

柳宗元在书启中还说：

> 夫仕进之路，昔者窃闻于师矣。太上有专达之能，乘时得君，不由乎表著之列而取将相，行其政焉。其次有文行之美，积能累荣，不由乎举甲乙、历科第，登乎表著之列，显其名焉。又其次则曰："吾未尝举甲乙也，未尝历科第也。彼朝廷之位，吾何修而可以登之乎？"必求举是科也，然后得而登之。其下不能知其利，不能务其往，则曰："举天下而好之，吾何

为独不然?"由是观之,有爱锥刀者,以举是科为悦者也。有争寻常者,以登乎朝廷为悦者也。有慕权贵之位者,以将相为悦者也。有乐行乎其政者,以理天下为悦者也。然则举甲乙、历科第,固为末而已矣。得之不加荣,丧之不加忧,苟成其名,于远大者何补焉?

他冷静思考了仕进之路,明确了自己应取的志向。他认为人生道路各有不同:最好的是具有超群的才能,能得到君王的赏识,不走著述的道路,而取得将相之位,管理国家事务。其次,是文章品行都好,能吃苦耐劳,不走科举应试的道路,以著书立说的成就,显扬名声。再其次,说"我没有应举登科,朝廷上的位置,我哪有条件可以登上去呢?"因此一定要应举登科,然后才能登上朝堂之位。再下,不知道其中的利弊,又不知道该怎么做,就说:"天下人都喜欢这种事,我为什么不去试试看呢?"由此看来,考科举的人,目的也各有不同:有的是喜爱显能,以应举登科为乐事;有的是不甘平庸,想登上朝廷来显示自己;有的是羡慕权贵的位置,以做上将相为满足;有的是为实现自己的理想,以治理天下为志趣。但是应举登科,本来就是末技之事。得到它也未必荣耀,失去它也不必忧愁,只不过是为了成名,这对于志向远大的人又有什么好处呢?在柳宗元看来,"登科第,做高官,不是他的目的,取文名,为将相,也不是他希求的,'行乎其政''理天下',才是他的理想。有了这种'远大'的目标,他对自己也就有了更高的要求"(孙昌武著《柳宗元传论》,第35页)。

贞元十四年(798),柳宗元二十六岁,又一次参加博学宏词科考试,得高第,授集贤殿书院正字。他从此踏上仕途,开始了"以理天下为悦"的从政生涯,为实现"兴尧、舜、孔子之道,利安元元"(《寄许京兆孟容书》)的远大目标而不息奋斗。

三、许身为国

少时陈力希公侯,许国不复为身谋。

——《冉溪》

  集贤殿书院,简称集贤院,掌管宫廷图书秘籍,负责图书校刊编纂,隶属中书省,是直接为皇帝服务的图书机构。柳宗元任集贤书院正字,官阶从九品上,负责校雠典籍,刊正文字。这个职位虽刚刚入流,没有什么行政权力,但毕竟是朝廷官员,有利于日后的发展。宫廷图书馆丰富的藏书,也有利于个人读书治学。柳宗元丰富的学识,有一部分就得自这个时期博览群书的积累。

  当然,对于志向远大的柳宗元来说,并不满足于现状。他在《答贡士元公瑾论仕进书》中说:"始仆之志学也,甚自尊大,颇慕古之大有为者。汨没至今,自视缺然,知其不盈素望久矣。上之不能交诚明,达德行,延孔子之光烛于后来;次之未能励材能,兴功力,致大康于民,垂不灭之声。退乃伥伥于下列,咕咕于末位。"柳宗元原先是仰慕古代那些成大事业者,在上要阐明大道,实行德政,把孔子的光辉传给后代;于中要磨励才能,显示功力,为人民造福,留下不朽的名声。如今,退居无名的下列,站在最末的位置,自然是不甘心的。他不忘初心,要励志奋进。

三、许身为国

因此，柳宗元在集贤院，并不只是成天闭门校书、读书，两耳不闻窗外事。他身在书院，胸怀天下，时刻注意窗外的风云变化，通过各种方式表达自己对现实的关切。贞元十四年（798）九月，当他听到京城太学生为国子司业阳城无辜遭贬而集体赴阙请愿的消息时，立即挥笔写了一封声援信：

二十六日，集贤殿正字柳宗元敬致尺牍太学诸生足下：始朝廷用谏议大夫阳公为司业，诸生陶煦醇懿，熙然大洽，于兹四祀而已。诏书出为道州，仆时通籍光范门，就职书府，闻之悒然不喜。非特为诸生戚戚也，乃仆亦失其师表，而莫有所矜式焉。而署吏有传致诏草者，仆得观之。盖主上知阳公甚熟，嘉美显宠，勤至备厚，乃知欲烦阳公宣风裔土，覃布美化于黎献也。遂宽然少喜，如获慰荐于天子休命。然而退自感悼，幸生明圣不讳之代，不能布露所蓄，论列大体，闻于下执事，冀少见采取，而还阳公之南也。翌日，退自书府，就车于司马门外，闻之抱关掌管者，道诸生爱慕阳公之德教，不忍其去，顿首西阙下，恳悃至愿，乞留如故者百数十人。辄用抚手喜甚，震抃不宁，不意古道复形于今。仆尝读李元礼、嵇叔夜传，观其言太学生徒仰阙赴诉者，仆谓讫千百年不可睹闻，乃今日闻而睹之，诚诸生见赐甚盛。

於戏！始仆少时，尝有意游太学，受师说，以植志持身焉。当时说者咸曰："太学生聚为朋曹，侮老慢贤，有堕窳败业而利口食者，有崇饰恶言而肆斗讼者，有凌傲长上而谇骂有司者。其退然自克，特殊于众人者无几耳。"仆闻之，恟骇怛悸，良痛其游圣人之门，而众为是嗜嗜也。遂退托乡间家塾，考厉志业，过太学之门而不敢跼顾，尚何能仰视其学徒者哉！今乃奋志厉义，出乎千百年之表，何闻见之乖剌欤？岂说者过也？将亦时异人异，无向时之桀害者耶？其无乃阳公之渐渍导训明效所致乎？夫如是，服圣人遗教，居天子太学，可无愧矣。

於戏！阳公有博厚恢弘之德，能并容善伪，来者不拒。曩闻有狂惑小生，依托门下，或乃飞文陈愚，丑行无赖，而论者以为言，谓阳公过于纳污，无人师之道。是大不然。仲尼吾党狂狷，南郭献讥，曾参徒七十二人，致祸负刍。孟轲馆齐，从者窃屦。彼一圣两贤人，继为大儒，然犹不免，如之何其拒人也？俞、扁之门，不拒病夫；绳墨之侧，不拒枉材；师儒之席，不拒曲士，理固然也。且阳公之在于朝，四方闻风，仰而尊之，贪冒苟进邪薄之夫，庶得少沮其志，不遂其恶，虽微师尹之位，而人实具瞻焉。与其宣风一方，覃化一州，其功之远近，又可量哉！诸生之言非独为己也，于国体实甚宜，愿诸生少得私之。想复再上，故少佐笔端耳。勖此良志，俾为史者有纪述也。努力多贺。柳宗元白。

——《与太学诸生喜诣阙留阳城司业书》

柳宗元书信中说的阳公，是指阳城。阳城原是一位著名的隐士。贞元四年（788），阳城以李泌之荐，召用为谏议大夫。贞元十一年（795），因上疏论奸臣裴延龄奸佞，贤相陆贽无罪，下迁国子司业。贞元十四年（798），太学生薛约以言事得罪，贬谪连州。阳城送之郊外，以党有罪之人贬为道州刺史。阳城无辜被贬，群情激愤，太学生一百六十人，放弃学业，为阳城奔走，俯伏于宫门之外，叫阍喊天，恳求恢复阳城的国子司业之职。当时柳宗元初为集贤院正字，听到这一消息，心情十分激动，立刻写了这封信函，表达自己坚决声援之意。

信函的第一段，作者首先肯定阳城为国子司业后，太学生受其教诲,心悦诚服的局面,接着转写听到阳城被贬的消息,自己闷闷不乐,不仅为诸生担忧,也为自己失去一个很好的师表。之后写自己见到诏书,看来皇上贬阳城到道州也有让他到边远之地教化民众的意图,自己心情才稍好一点。随后又想,自己生在圣明清正的年代,却不能为阳城被贬一事向朝廷进言,而让阳城从南方回转,总觉得于心不安。第二天,听到太学生为挽留阳城而集体到朝廷请愿的消息,情不自禁地鼓掌欢呼,兴奋不已:没想到坚持正义的古道在今天又恢复了!我曾读过《李元礼传》《嵇叔夜传》,里面说过太学生到皇宫前请愿的事,原以为千百年来再也见不到这种事了,没想到今天又见到了,这确实是太学生给我上了很好的一课。他把太学生为阳城请愿之事,比之为东汉末年陈蕃、李膺等太学生谋诛宦官和晋朝嵇康被杀前三千太学生请以为师的正义斗争,也就把这次事件归之于维护正义的行动。

信函的第二段,通过太学生今昔变化,说明阳城几年教育工作的成绩:我当初曾有意到太学学习,但当时人们都说太学学风不好,拉帮结派,欺老慢贤,荒废学业,谩骂官员,于是不敢进太学,只有到私塾读书,路过太学的大门也不敢回头看看,哪能看到里面的学生呢。而现在太学生奋发有为,心存正义,为千百年来人们的表率。这是否是阳公的诲人不倦,产生了显著效果而致呢?

信函的末段,作者纵横议论,义正词严,为阳城为薛约送行辩诬,声援学生请愿的正义行动。先正面点出阳城有宽宏大量的品德,能包容善恶真假,来者不拒,做到有教无类。于是有人就以他的学生中有轻狂无知的小人,有写文章到处献丑的人,说阳城过于柔弱迂腐,没有为师的品德。作者以圣贤的门徒中尚有小人加以驳斥:孔子门徒尚有狂狷杂行之人,以致招来了南郭惠子讥嘲。曾参七十二门徒遇到负刍作乱,也有人偷偷逃走。孟子弟子中也有偷别人鞋子的人。像孔子这样的圣人和曾参、孟子这样的贤人，都相继成为大儒，其弟子中还不免有品行不好者，那么为何一定要求阳城拒绝求学者呢？这就论证了阳城饯别太学生薛约无可厚非，以结交罪人贬阳城无理。紧接着，还用名医的门下，不拒绝病人；绳墨的旁边，没有不能用的木材；儒师的席上，不拒绝有过错的人，进一步说明阳城不拒绝薛约，是合情合理的事，学生中有毛病的人，正应该发挥师教的作用，绝不能把学生的过错归罪于老师。然后，回应篇首诏书内容，指出：阳成虽无周太师尹氏的地位，但实际上却为众人所瞻望。与其让阳城到荒远之地教化一方，劝善一州，远不如让他回到朝廷，以其人格力量影响全国。最后，作者再次肯定太学生的请愿行动：诸生的言行并不仅仅为了自己，维护正义对于国家也很需要，希望你们公开宣扬，扩大影响。并且说：我想周全了，还会再给你们写信，以笔力相助。鼓励他们再接再厉，把斗争坚持下去。

这是柳宗元踏上仕途之后的第一次亮相。"这封声援太学生的信函，某种程度上也可视为柳宗元明确表述政治观点的一篇宣言。那震抖不宁的心情，激情洋溢的文字，向善如渴、嫉恶如仇的态度，既表现了这一事件对他的强烈刺激，也反映出他的刚直心性与事件性质的深层吻合。七年之后，柳宗元以大无畏的气概参加到永贞革新中去，在唐代历史上演出了轰轰烈烈的一幕，即与他早年这种心性，实在有着必然的关联。"（尚永亮撰《柳宗元诗文选评》，第53页）

许身为国、志理天下的柳宗元，时刻关心国家的安定统一。安史之乱以后，藩镇割据一直是国家安定统一的最大问题之一。所谓藩镇，实际上是政治、经济、军事各自独立的王国，节度使就是拥兵割据的军阀，他们虽称藩臣，实非王臣，有的藩镇多年不派使节

三、许身为国

赴京朝正（唐代各地节度使每年按例派专使到朝廷贺新年，时称为朝正），有的借故作乱称王，扩张势力范围。藩镇林立，割据一方，朝廷未能对他们采取有效的控制办法，国家实际上处于四分五裂的局面。柳宗元为此深深忧虑，煞费苦心，在《送杨凝郎中使还汴宋诗后序》中，提出了对藩镇恩威并施的控制之术。

> 谈者谓大梁多悍将劲卒，亟就滑乱，而未尝底宁。控制之术，难乎中道。盖以将骄卒暴，则近忧且至，非所以和众而乂民也。将诛卒削，则外虞实生，非所以扞城而固圉也。是宜慰荐煦谕，纳为腹心，然后威怀之道备。圣上于是抚以表臣，赞以艺人，参刚柔而两用，化逆顺而同道。既去大憝（恶），遂宝有众。

杨凝是柳宗元岳父杨凭的弟弟，当时以检校吏部郎中任宣武军节度使观察判官。贞元十四年（798）冬，他自汴州进京朝正，次年春自京还汴，柳宗元为其写了这篇赠序送行。作者借机提出了对藩镇问题的见解。

文章首先分析当时国家面临的内忧外患的形势：人们谈起大梁，都说那里有强悍的将领、强劲的兵卒，因此就常常有叛乱，很少有安宁的时候。控制这种局面的手段，用中庸之道难以奏效。大概因为将领骄横，兵卒暴戾，那么内部的忧患就来了，这样就不能让民众安居乐业；如果把将领诛杀，将兵卒削减，那么外部的忧患又会发生，这样就无法保卫城池巩固边防。面对这种情况，朝廷处于两难境地，对藩镇没有适当的控制之术。柳宗元建议朝廷对藩镇采取恩威并用、刚柔相济的策略：用绥靖舒缓的政策，使之成为皇家的心腹，然后派德高望重之臣去抚慰将士，遣贤能之臣去帮助他们，刚柔并用，恩威兼施，相互协力，化逆为顺。这样就能去除大恶，防止叛乱，让百姓安居乐业。

柳宗元提出的控制藩镇的良策，未必会被朝廷采纳，藩镇叛乱依然此伏彼起。难能可贵的是，柳宗元这种位卑不忘为国忧的精神，自觉为维护国家统一而做的努力。

关于对待藩镇的策略问题，柳宗元还写了《辩侵伐论》。这是他在贞元十六年（800）针对朝廷处置吴少诚叛乱失当而发的。

贞元十四年（798），申、光、蔡节度使吴少诚出兵攻掠寿州霍山县，杀镇遏使谢祥，侵地五十里。贞元十五年三月，吴少诚又袭击唐州，杀监军邵国清和镇遏使张嘉瑜。八月，陈许节度使曲环死，吴少诚趁机攻掠临颍县。九月，围许州。原先朝廷对吴少诚谋逆，企图妥协苟安，不加声讨。直到这时，朝廷才下诏削去吴少诚官爵，派诸道兵进讨，但又不置统帅，诸军各自观望，逗留不前。至第二年正月，朝廷才任命夏、绥节度使韩全义都统诸军，韩出身于神策军，专禀监军宦官的旨意行事，而宦官不懂军事，往往议事不决，使得动止失宜，连遭挫败。直到贞元十六年十月，吴少诚请求朝廷昭雪，朝廷忍辱复其官爵，这次事变才告平息。

鉴于朝廷在处置藩镇叛逆中存在的问题。柳宗元写了《辩侵伐论》。他认为有必要为"伐"与"侵"两种不同的战争考证端原，厘清定义，阐明具体运用的方法，以避免在应对策略上的失误。

《春秋》之说曰："凡师有钟鼓曰伐，无曰侵。"《周礼·大司马》九伐之法曰："贼贤害人则伐之，负固不服则侵之。"然则所谓伐之者，声其恶于天下也。声其恶于天下，必有以厌于天下之心，夫然后得行焉。

作者引经据典，首先阐明对割据势力应采取区别对待的政策：伤害贤良，荼毒百姓的，就讨伐他；依恃险固的城池而不服从命令的，就攻打他。而要讨伐，就要将他的罪恶昭告天下，使天下人厌恶他，然后才可以进行讨伐。柳宗元提出这样区别对待的策略，有

三、许身为国

利于分化瓦解敌对势力,集中力量、大张旗鼓打击罪大恶极者。

    古之守臣有朘人之财、危人之生而又害贤人者,内必弃于其人,外必弃于诸侯,从而后加伐焉,动必克矣。然犹较德而后举,量力而后会,备三有余而以用其人。一曰义有余,二曰人力有余,三曰货食有余,是三者大备,则又立其礼,正其名,修其辞。其害物也小,则诰誓征令不过其邻,虽大,不出所暴,非有逆天地横四海者,不以动天下之师,故师不逾时而功成焉,斯为人之举也,故公之。公之,而钟鼓作焉。

  文章重点讨论如何进行讨伐战争问题。首先,要选准讨伐对象:守疆卫土的诸侯有剥削他人的钱财、危害他人生命而又伤害贤良、荼毒百姓的人,在领地内必定被百姓所厌弃,在领地外必定为其他诸侯所鄙弃,这之后再对他加以讨伐,只要讨伐就一定能够取胜。其次,朝廷要积蓄道义、人力、财力几方面的优势,不打无准备之战:就如举荐人先要考核其道德一样,出师先要考察双方军事力量,必须具备"三有余"才聚合兵力动用他的人马:一是道义上有余,二是人力上有余,三是财力上有余,这三方面准备充分了,还要确立礼法,匡正名义,撰写讨伐文辞。第三,要适当控制战争的规模,缩小战火殃及范围:如果被讨伐的对象危害较小,那么讨伐的诰誓征令就不要跨越邻界;即使危害较大,也不要超越他暴虐的领地;没有忤逆天地、遍布四海的罪恶,就不要兴动全天下的军队。故此出动军队不超过一定时间就会大获全胜。这是为百姓而兴兵,所以要公开讨伐。公开讨伐,那么就会击鼓鸣钟了。

  柳宗元为国家统一,民生安定,精心拟订的平叛策略,未尝不可以说是少年老成,老谋深算。特别是"柳宗元论征伐之'三有余'之说切中当时朝政之弊。安史乱后,藩镇动辄与朝廷对抗,而朝廷之征讨皆为仓促行事,致使无有成效。柳宗元论'三有余'非不主征讨也,须事先做好方方面面的准备,以期战必胜、攻必克,即不打无准备之战之意也。是有远见之论。"(尹占华、韩文奇校注《柳宗元集校注》,第271页)"特别值得注意的是作者把'义有余'放在首位。所谓'义有余',就是充分地实行仁义政治。在他看来,削平藩镇割据,并非只是军事问题,虽然一般人都是仅仅把它视为军事问题,其实这首先是政治问题。他以为,如果朝廷能够拿出比藩镇统治强得多的仁政,取得人民的真心支持,有了道义上的优势,再兴仁义之师,何愁不能胜利?"(刘光裕、杨慧文著《柳宗元新传》,第52—53页)

贞元十六年(800),柳宗元听到韦道安以自杀抗议叛乱的事迹,深深为之感动。他联想起其人过去的故事,写了《韦道安》一诗。诗的前半部分,写韦道安年轻时游太行山,遇到落职刺史被群盗抢劫,他奋力追上盗贼,击毙贼首,帮他夺回财物,解救出女儿。父亲以财物相赠,要将女儿许配给他,韦道安挥袖而去,突出他智勇双全斗盗贼、济难扶危不图报的优良品质,为他后来因坚持节义而牺牲做了铺垫。诗的后半部分,正面描写韦道安加入张建封幕府及建封死后劝阻叛乱不成而自刎的事迹。

慷慨张徐州,朱邸扬前旌。投躯获所愿,前马出王城。辕门立奇士,淮水秋风生。君侯既即世,麾下相敧倾。立孤抗王命,钟鼓四野鸣。横溃非所壅,逆节非所婴。举头自引刃,顾义谁顾形。烈士不妄死,所死在忠贞。呰嗟徇权子,翕习犹趋荣。我歌非悼死,所悼时世情。

诗歌叙写韦道安投奔为维护国家统一做出贡献的徐泗濠节度使张建封,成为张建封旗下的一位奇特勇士。贞元十六年五月张建封病故之后,徐州军士在心怀异志的坏人策动下发生哗变,劫持张建封的儿子张愔为留后,抗拒朝廷。叛军声势浩大,韦道安势单力薄，无力阻止他们的倒行逆施，但自己决不低头附逆，他便举头引刃自刎，为维护大义不惜献出了生命。诗人以"烈士不妄死，所死在忠贞"，赞扬了韦道安以身殉国的高尚精神，还联系官场中争权夺利的风气，发出了"我歌非悼死，所悼时世情"的慨叹。诗人是想借韦道安杀身取义的事迹，宣扬维护国家统一的大义，批评时人只谋私利，不念国忧的风气。

柳宗元在集贤院工作这几年，一直都在关心国家的安定统一，思考削平藩镇割据的谋略，其实他个人生活上并不如意，最令他伤怀的是贞元十五年（799）八月年轻妻子杨氏的病故。杨氏与柳宗元本是青梅竹马，嫁到柳家之后，极尽恭敬赡养老人的人媳之道，与族人和睦相处，有端庄雍容的美名。柳宗元母亲称赞她："自吾得新妇，增一孝女。"她素有脚疾，不良于行，婚后两年多因几次流产而足疾加重，不治身亡，年仅二十三岁。柳宗元写了《亡妻弘农杨氏志》，记述其生平行迹，抒写不胜哀伤之情。

柳宗元在集贤院正字任上三年期满，贞元十七年（801）调任蓝田县（今陕西蓝田）尉。蓝田距长安约八十里，属京畿县。县尉，主管一县的军事，官阶正九品下。按唐代惯例，不任职府、县，不得为近侍官。所以柳宗元的这一任命，也是仕途发达的必由之路。蓝田县归京兆尹管辖。当时的京兆尹韦夏卿，以爱惜人才，提拔后进著称于时。他赏识柳宗元的文才，就把他留在京兆府里做文书工作。《与杨诲之第二书》说"及为蓝田尉，留府庭"，可见柳宗元并未担任蓝田县尉的实际职务。

柳宗元在京兆府文书的岗位上，接触上下官员的机会多，这让他了解到当时官僚政治的一些腐败情况。后来柳宗元曾回忆这一段的经历："及为蓝田尉，留府庭，日暮走谒于大官堂下，与卒伍无别。居曹则俗吏满前，更说买卖，商算赢缩。"（《与杨诲之第二书》)官吏们都不务正业,整天谈论买卖,算计如何赚钱。当时的府县官吏,唯以盘剥百姓为能事,更有放高利贷、出租公廨田谋私利,造成"百司息钱,伤人破产"的局面。柳宗元看到这种情况,感到吏治的整顿与改革,已经迫在眉睫,刻不容缓。

柳宗元在京兆府文书的岗位上,成天经手文件往来,政令传达,使他深感政令频繁带来的许多弊病。他了解政令频繁,整天发号施令瞎指挥的遗患,也看到政出多门,吏治混乱不堪的状况,开始严肃思考应该如何治理天下的问题,探讨有关的政治方略。于是他或"以寓言为本"(鲁迅《中国小说史略》),或以真人为据,先后写了《种树郭橐驼传》和《梓人传》,针砭时弊,探求为官理政的新路,寄寓自己渴望改革的政治理想。

《种树郭橐驼传》,"借种树以喻居官"(清代过珙《古文评注》卷七)。作者借郭橐驼种树顺天致性的经验,宣扬安定民心的为官治民之道,主张当官出令必须顺应民心,合乎民情,让人民能够安居乐业,得以休养生息。

郭橐驼不知始何名,病偻,隆然伏行,有类橐驼者,故乡人号之驼。驼闻之曰:"甚善,名我固当。"因舍其名,亦自谓橐驼云。其乡曰丰乐乡,在长安西。驼业种树,凡长安豪富人,为观游及卖果者,皆争迎取养。视驼所种树,或移徙,无不活,且硕茂,早实以蕃。他植者虽窥伺效慕,莫能如也。

有问之,对曰:"橐驼非能使木寿且孳也,能顺木之天,以致其性焉尔。凡植木之性,其本欲舒,其培欲平,其土欲故,其筑欲密。既然已,勿动勿虑,去不复顾,其莳也若子,其置也若弃,则其天者全而其性得矣。故吾不害其长而已,非有能硕茂之也,不抑耗其实而已,非有能早而蕃之也。他植者则不然,根拳而土易,其培之也,若不过焉则不及,苟有能反是者,则又爱之太殷,忧之太勤,旦视而暮抚,已去而复顾。甚者爪其肤以验其生枯,摇其本以观其疏密,而木之性日以离矣。虽曰爱之,其实害之,虽然忧之,其实仇之,故不我若也。吾又何能为哉!"

问者曰:"以子之道,移之官理,可乎?"驼曰:"我知种树而已。理,非吾业也。然吾居乡,见长人者好烦其令,若甚怜焉,而卒以祸。旦暮吏来而呼曰:'官命促尔耕,勖尔植,督尔获。早缫而绪,早织而缕。字而幼孩,遂而鸡豚。'鸣鼓而聚之,击木而召之。吾小人辍飧饔以劳吏者,且不得暇,又何以蕃吾生而安吾性耶?故病且怠。若是,则与吾业者其亦有类乎?"问者嘻曰:"不亦善夫!吾问养树,得养人术。"传其事以为官戒也。

——《种树郭橐驼传》

文章第一段,记叙郭橐驼外号的由来之后,着重介绍其种树的高超技术:郭橐驼以种树为职业,所有长安城里的富贵人家,为观赏游乐而栽种树木,种植果树的人都争着请他到家中供养。观察郭橐驼所种的树,或是他移植的树,没有不成活的,而且长得壮大茂盛,果实结得又早又多。其他种树的人虽然暗中观察效仿,都比不上他。

那么,郭橐驼种树究竟有什么秘诀呢?

文章第二段,即通过人物的对话予以揭示。郭橐驼说:"我并没有什么特殊的能耐使树木活得长久而且繁茂,只是顺着树木自己的生长规律,尽其自然本性罢了。"其实,这就是郭橐驼种树的秘诀。接着,他具体介绍自己种树、管树的做法:大体说来种树的规律是,根要舒展,培土要平坦,填土要使用旧土,捣土要严实。种下之后,不要去动摇它、担忧它,离开它不必再去照看。在移栽时要像照顾子女一样,待栽好后就搁置一旁像抛弃它一样,那么树木的生长规律得以保全,天性得以发展。别的种树人就不是这样,栽时树根拳曲又更换土壤,培土不是过多就是过少。即使有不这样做的人,却又爱护得太过分,关心得太多,早晨去看晚上又去摸,离开了又回来再看,甚至用指甲抠破树皮来验证它的死活,摇动树根来查看筑土的松紧,这样,树木就渐渐背离了自然生长的本性。他们虽然说是爱护它,其实是伤害它;虽然说是关心它,其实是仇恨它,因此就不如我了,我又有什么能耐呢?

作者写郭橐驼种树的经验,反复说明种树要重"木之性",是为了下文为官治民要重视民之性做铺垫。于是文章第三段,通过人物对话,将种树之道移至为官之理。

有人问郭橐驼:"把你种树的道性,移用到做官理政上,可以吗?"郭橐驼说:"我只知道种树罢了,当官治民,不是我的职业。不过我居住在乡间,看到当官的不断地发号施令,好像很爱护百姓,结果却给百姓带来灾祸。差役早晚不停地喊叫:'官府命令催促你们耕地,勉励你们种植,督促你们收割。赶快抽好你们的蚕丝,赶快把你们的纱织成布,养育好你们的小孩,喂肥你们的家禽家畜。'一会儿击鼓集合百姓,一会儿敲梆子召集村民,我们吃饭都要放下饭碗去接待差役,尚且忙不过来,又怎么能蕃育我们子孙,安定我们心性呢?所以既困苦又疲惫。像这样,就和我们种树的职业也相似吧!"

郭橐驼的居乡见闻,真实地反映了官吏扰民的现实状况。所以问他的人说:"嘻,这不是很好嘛,我问的是养树,却得到了'养人术'。"作者借问者的口吻以"养人术"三字,点明当官行令应以养民为宗旨,办事要顺人之性,遂人之欲。这种主张,表达了他希望改革吏治,使人民安居乐业的愿望。因此他在文章结尾说:记载

三、许身为国

这件事用它作为官吏的箴戒。意思是说,官吏应该引以为戒,不能再做扰民伤民的事。

"唐代从安史之乱以后,老百姓处于水深火热之中,苦不堪言。只有休养生息,才能恢复元气。如果封建统治者仍借行政命令瞎指挥,使百姓疲于奔命,或者以行'惠政'为名,广大人民既要送往迎来,应酬官吏;又不得不劳神伤财以应付统治者摊派的任务,这只能使人民增加财物负担和精神痛苦。如果我们了解中唐时期的社会现实,知道柳宗元写这篇文章的针对性,则能体会到这篇文章的进步意义。"这篇文章"作者最后以'问者'的口吻点出'养人术'三字。这个'养'字很重要。使天下长治久安,不仅要'治民',更重要的还要'养民',即使人民得到休养生息,在元气大伤之后得到喘息恢复的机会,也就是后来欧阳修说的'涵煦之深'。这才是柳宗元写这篇文章的最终目的。"(上海辞书出版社《柳宗元诗文鉴赏辞典》,吴小如文)

《梓人传》,反映的是朝廷高层的吏治问题:"借梓人以发其端,由宾入主"(清代储欣《唐宋八大家类选》评语),议论宰相治国之道。作者借梓人杨潜构筑大厦善于总持大体,度材使众的事例,论述宰相治国应该统揽全局,制定大计,选贤任能,各司其职,而不越俎代庖,陷于繁琐事务,这样才能使吏治井然有序,国家长治久安。

文章前半篇,写一个叫杨潜的都料匠,即建筑设计施工负责人,擅长房屋的设计和施工调度,能够按照房屋的设计式样,指挥众多工匠,各司其能,出色地完成建筑任务。他不会建筑的动手技艺,只是从事房屋设计和施工指挥。在建筑现场,他运筹如意,指使各种工匠得心应手。房屋落成了,在大梁上只写他的姓名,所有操作工匠都不在其上。

文章后半篇，从梓人指挥造屋之道推及宰相为官治国之道：

继而叹曰：彼将舍其手艺，专其心智，而能知体要者欤？吾闻劳心者役人，劳力者役于人，彼其劳心者欤？能者用而智者谋，彼其智者欤？是足为佐天子、相天下法矣，物莫近乎此也。彼为天下者本于人，其执役者，为徒隶，为乡师里胥，其上为下士，又其上为中士、为上士，又其上为大夫、为卿、为公，离而为六职，判而为百役。外薄四海，有方伯连率。郡有守，邑有宰，皆有佐政。其下有胥吏，又其下皆有啬夫版尹，以就役焉，犹众工之各有执伎以食力也。彼佐天子相天下者，举而加焉，指而使焉，条其纲纪而盈缩焉，齐其法制而整顿焉，犹梓人之有规矩绳墨以定制也。择天下之士使称其职，居天下之人使安其业，视都知野，视野知国，视国知天下。其远迩细大，可手据其图而究焉，犹梓人画宫于堵而绩于成也。能者进而由之，使无所德；不能者退而休之，亦莫敢愠。不衒能，不矜名，不亲小劳，不侵众官，日与天下之英才讨论其大经，犹梓人之善运众工而不伐艺也，夫然后相道得而万国理矣。相道既得，万国既理，天下举首而望曰："吾相之工也。"后之人循迹而慕曰："彼相之才也。"士或谈殷、周之理者，曰伊、傅、周、召，其百执事之勤劳而不得纪焉，犹梓人之自名其功而执用者不列也。大哉相乎！通是道者，所谓相而已矣。其不知体要者反此。以恪勤为公，以簿书为尊，衒能矜名，亲小劳，侵众官，窃取六职百役之事，听听于府廷，而遗其大者远者焉，所谓不通是道者也。犹梓人而不知绳墨之曲直、规矩之方圆、寻引之短长，姑夺众工之斧斤刀锯以佐其艺，又不能备其工，以致败绩用而无所成也，不亦谬欤？

或曰："彼主为室者，倘或发其私智，牵制梓人之虑，夺其世守而道谋是用,虽不能成功,岂其罪耶?亦在任之而已。"余曰:"不然。夫绳墨诚陈,规矩诚设,高者不可抑而下也,狭者不可张而广也。由我则固。不由我则圮。彼将乐去固而就圮也,则卷其术、默其智,悠尔而去,不屈吾道。是诚良梓人耳。其或嗜其货利,忍而不能舍也,丧其制量,屈而不能守也,栋挠屋坏,则曰'非我罪也',可乎哉?可乎哉?"余谓梓人之道类于相,故书而藏之。

作者在建筑现场看了梓人杨潜的工作状况,大为惊叹,发表感想:他大概就是舍弃自己的动手技艺,专注于心想智慧,并且能提纲挈领的人吧?我听说用脑的人指挥人,用力的人受人指挥,那他就是用脑的人吧?有本领的人用技艺劳作,有智慧的人谋划指挥,那他就是有智慧的人吧?这完全可以成为辅佐皇帝治理天下的法则啊!没有什么比这两件事更相似了。

接着,作者就辅佐皇帝治理天下的宰相的职责,发表议论:治理天下的人应以人为本。人有三六九等,各种职守。辅佐皇帝治理天下者,要推举、选拔人才,指挥、任用人才,调整治理国家的大纲要领,完善国家的法律制度,就像梓人用圆规和角尺、墨斗和墨线来确定准则一样。挑选天下的士人,使他们称职,治理天下的百姓,使他们安居乐业。有才能的人受提拔任用,使他们不必感恩戴德;无能的人被黜退罢免,也不敢对谁怨恨。不炫耀才能,不自恃名声,不插手琐细的劳役,不侵夺众官的职权,每天和天下杰出的人士讨论国家大计,就像梓人善于调动各种工匠而不夸耀自己的技艺一样,这样才能掌握宰相的正道因而使天下得到治理,受到全国人民的称赞。

而后,作者对不通晓宰相正道、不懂得体制纲要的人,进行批判:把恭谨勤劳作为功劳,把处理公文作为要务,炫耀才能,自恃名声，亲自做琐细的劳役，侵夺众官的职权，包办六种职守、各种杂役，在官府和朝廷上争辩不休，却忘了重要事务。这就是人们所说的不懂得宰相正道的人。就像作为梓人却不知道用墨斗和墨线校正曲直、用圆规和角尺确定方圆、用尺子计量长短，姑且夺过工匠的斤斧、刀锯去帮助他们干活，而又不能样样手艺都精通，以致工程失败而一无所成，这不是很荒谬吗？

最后，作者以梓人听任主人的主张而造成梁歪屋塌，又推卸自己的责任一事，进行批驳，实际上是说，宰相肩负治国安邦的重任，应该坚持原则，而不能唯君主之命是从，法制规矩不可以随意更张，原则不可以迁就私利，如果不能做到这一点，那就应该怀才远去，而不可贪权嗜位，苟且求荣。

"柳宗元写作这篇文字的时候，正处于纲纪紊乱、法制不行、官乱职废、将骄卒暴的局面下。""贞元末年朝政的一大弊端就是所用非人，为相者不是贪佞奸猾之徒，就是因循无能之辈；而唐德宗本人更以察察为明，亲小劳，侵众官，连县令都要亲自任命。结果是权奸当道，亲任奸佞，政出多门，贤才被抑。'永贞革新'的目的之一就是要改变这种局面。""柳宗元正是针对这样的局面提出自己的主张的，同时这也是表明他自己立身行事的立场。"（孙昌武著《柳宗元评传》，第249、250页）

柳宗元许身为国，居然直接指点朝政，为宰相治国出谋划策，因此前人称此文"分明是一篇大臣论"。

贞元十九年（803）十月，柳宗元由蓝田县尉调到朝廷御史台工作。御史台是中央监察机关，执行对官员的监察弹劾和审理刑狱任务。长官是御史大夫，下属有侍御史、殿中侍御史和监察御史。柳宗元任监察御史里行（所谓里行，就是见习官），是正八品下阶的低级官员，虽然没有施政实权，但可以对大大小小的官员进行监

三、许身为国

察,还可以出入宫殿,参见皇帝,发表政见。他认为这是一个可以施展抱负的职位。柳宗元在御史台工作了两年时间,接触了形形色色的官员,了解到朝政方方面面的情况,进一步认识到当时政治的黑暗、官吏的贪婪和百姓的痛苦,加速了他的思想的成熟,坚定了他参与朝政改革的决心。

宦官专权是中唐朝政昏乱的一个突出问题。在德宗朝,宦官成为皇帝的贴身顾问,他们传达诏令,左右朝政,涉足军权,充当监军,以至于统帅禁军,决定皇帝的命运,竟致上至皇帝下至群臣无不畏惧。柳宗元调回朝廷工作以后,对这方面情况了解更多,深感问题严重。他写了《晋文公问守原议》,借古讽今,大胆批评宦官干政。

> 晋文公既受原于王,难其守。问寺人(即后代的宦官,太监)敦鞮,以畀赵衰。余谓:守原,政之大者也,所以承天子,树霸功,致命诸侯,不宜谋及媟近,以忝王命。而晋君择大任,不公议于朝,而私议于宫,不博谋于卿相,而独谋于寺人,虽或衰之贤足以守,国之政不为败,而贼贤失政之端,由是滋矣。况当其时不乏言议之臣乎?狐偃为谋臣,先轸将中军,晋君疏而不咨,外而不求,乃卒定于内竖,其可以为法乎?且晋军将袭齐桓之业,以翼天子,乃大志也。然而齐桓任管仲以兴,进竖刁以败。则获原启疆,适其始政,所以观示诸侯也,而乃背其所以兴,迹其所以败。然而能霸诸侯者,以土则大,以力则强,以义则天子之册也,诚畏之矣,乌能得其心服哉?其后景监得以相卫鞅,弘、石得以杀望之,误之者晋文公也。
>
> 呜呼!得贤臣以守大邑,则问非失举也,盖失问也。然犹羞当时陷后代若此,况于问与举又两失者,其何以救之哉?余

故著晋君之罪，以附《春秋》许世子止、赵盾之义。

　　文章议题取自《左传·僖公二十五年》记载的一件事情：晋文公从周襄王那里接受了原地，难以确定派谁去管理原地。他去问宦官教鞬，并根据教鞬的意见把管理原地的职务给了赵衰。

　　文章就这件事情展开评论，中心议题是晋文公问政于宦官的做法究竟对不对？柳宗元主张国家治理应该议事于卿相大臣，而不应该去问宦官：我认为，治理原地是晋国政治上的大事，是借以事奉天子，创建霸业，向诸侯传达王命的。晋文公不应该与宦官商量，以至于玷污了周天子的赏赐。可是晋文公选择担负重任的官员，不在朝廷公开议论，却在内宫私下商讨，不广泛地征求卿相大臣的意见，却单独与宦官策划。虽然赵衰的才德足以治理好原地，国家的政治没有因此而败坏，但残害贤良、贻误政事的祸根，却从这里滋生出来了。何况当时并不缺少能够提出建议的大臣。狐偃是得力的谋臣，先轸是中军的统帅，晋文公却疏远他们，不和他们商量，把他们排斥在外，不征求他们的意见，竟然最终听信于内宫宦官，这种做法难道可以作为效法的榜样吗？

　　文章进一步论证晋文公问政宦官的错误在于没有吸取"齐桓任管仲以兴，进竖刁以败"的历史经验教训：晋文公准备承袭齐桓公的霸业，来辅佐周天子，这是一种宏大的志向。可是齐桓公任用管仲才兴盛起来，宠信宦官竖刁，霸业就衰败了。晋文公得到了原地，扩大了疆土，正是他开始创建霸业、给诸侯树立榜样的时候，可是他却抛弃齐桓公所以兴盛的成功经验，去重蹈齐桓公后来所以失败的覆辙。文章还指出，晋文公这样做遗患无穷：后来宦官景监得以举荐商鞅为宰相，宦官弘恭、石显能够杀害萧望之，追根究底，都是晋文公留下的恶果。柳宗元如此批评晋文公宠信宦官的历史影响，语重心长，意在提醒当代，如果不接受宦官乱政的教训，

三、许身为国

一定会成为历史的罪人。

文章最后说,就晋文公问原守一事而言,虽然所举荐的人并没有错,只是问的人找错了,但还是受讥于当时,留下了后患,何况后来的帝王不但问非其人又举非其人呢?这种问、举二者皆失的情况,正是指唐代的现实。所以他最后得出结论说,如果论定晋文公的过错,就应该按《春秋》给予许世子和赵盾的罪名那样从严论处。

柳宗元这篇文章,评论的是历史往事,针对的是现实时事。清人储欣指出:"唐政在任宦人,此议虽曰正晋文之失,实悯当时宦者之祸。"(《河东先生全集录》卷一)林纾也说过:"柳州论失政之端,明斥晋文,实隐讥德宗之迁政于阉人。"(《韩柳文研究法·柳文研究法》)从当时实际情况看,宦官操纵方镇将帅、台省清要的任命,是普遍的现象,柳宗元借评论晋文公问原守于寺人,就是影射这种问题的。正当宦官权势显赫、气焰灼人的时候,柳宗元敢于借古讽今,指斥任用宦官祸患无穷,表现出非凡的见识和勇气。

贞元十九年(803)岁终禘祭前夕,柳宗元写了《禘说》一文:

> 柳子为御史主祀事,将禘进有司,以问禘之说,则曰:"合百神于南郊,以为岁报者也。先有事必质于户部,户部之词曰:'旱于某,水于某,虫蝗于某,疠疫于某。'则黜其方守之神,不及以祭。"余尝学《礼》,盖思而得之,则曰:"'顺成之方,其禘乃通。'若是,古矣。"继而叹曰:"神之貌乎,吾不可得而见也。祭之飨乎,吾不可得而知也。是其诞漫懘悦,冥冥焉不可执取者。夫圣人之为心也,必有道而已矣,非于神也,盖于人也。以其诞漫懘悦,冥冥焉不可执取,而犹诛削若此,况其貌言动作之块然者乎?是设乎彼而戒乎此者也,其旨大矣。"

或曰："若子之言，则旱乎、水乎、虫蝗乎、疠疫乎，未有黜其吏者，而神黜焉，而曰'盖乎人者'，何也？"予曰："若子之云，旱乎、水乎、虫蝗乎、疠疫乎，岂人之为耶？故其黜在神。暴乎、眊乎、沓贪乎、罢弱乎，非神之为也，故其罚在人。今夫在人之道，则吾不知也。不明斯之道，而存乎古之数，其名则存，其教之实则隐。以为非圣人之意，故叹而云也。"曰："然则致雨反风，蝗不为灾，虎负子而趋，是非人之为则何以？"余曰："子欲知其以乎？所以偶然者信矣。必若人之为，则十年九潦、八年七旱者，独何如人哉？其黜之也，苟明乎教之道，虽去古之数可矣。反是，则诞漫之说胜，而名实之事丧，亦足悲乎！"

柳子（柳宗元自称）担任御史，主管祭祀事务，年终祫祭临近，找有关官员询问其中的事宜。主管官员回答说，祫祭是祭祀百神，报答他们一年来的护佑。到户部问清楚各地的灾情，凡是发生了旱灾、水灾、虫灾、疫灾的地方，不祭其地之神。文章以一问一答的方式就这个问题展开讨论。柳宗元认为，神的形状不可见，他是否享用人的祭祀也不可知。神是荒诞无稽的东西，实在是虚无缥缈不可捉摸的。其实古圣人制定祫礼，其用意不是为了神，而是为了人事，"设乎彼而戒乎此"，设置法规惩戒各方失职的守护神，是为了惩戒各地失职的官吏。而现在，凡是发生灾害的地方，不罢免那个地方的官吏，其责任由守护神来承担，年终不予祭祀，而对于残暴、昏庸、腐败、无能，与守护神无关，却不给责任人予以惩罚，就是不明了古圣人之道，使祫礼名存而实亡。如果明了古圣人之道，即使取消古人祭祀的形式也是可以的。相反，如果让荒诞无稽的说法占了上风，祫礼的名实俱亡，那就太可悲了。

这是一篇讨论礼制引发批评现实政治的论说文。"关于此文之旨,正如黄震《黄氏日钞》卷六〇所说:'水旱虫疠之方,则黜其神不祭,然则事之不治,亦当黜其人。'柳宗元认为天灾固不可免,而官员则要负一定的责任,何况贪暴、昏悖、疲废之事乎?'人治'比'神治'更重要。"(尹占华、韩文奇校注《柳宗元集校注》,第1130页)文章实际上指出地方主管官员的腐败无能对于社会的祸患,并不亚于自然灾害,应该对这些人进行惩罚,明显体现了作者的依法治国、整顿吏治思想。

柳宗元在御史台察院工作这两年,与刘禹锡、韩愈同事,常在一起谈文论道,关系最为密切。

刘禹锡,字梦得,比柳宗元年长两岁,他们是贞元九年(793)的同榜进士,因而有"同年"之谊。接着他顺利通过吏部考试,在东宫做了两年太子校书。后因父亲病故,往扬州服丧三年。贞元十八年(802)调任京兆府渭南县主簿,与时任蓝田县尉(实际在京兆府做文书)的柳宗元经常有机会见面,一起谈文议政。贞元十九年(803),刘禹锡调任监察御史,柳宗元亦于同年调任监察御史里行,两人同在一个单位工作,亦是志同道合、情投意合的朋友。他们的友谊始终不渝,在政治斗争中一同进退,相互支持;在理论上、文学上互相学习,互有影响。他们患难与共,情同手足。在柳宗元所有朋友之中,与刘禹锡交谊最深。

韩愈,字退之。从小父母双亡,由哥哥韩会抚养成人。韩会与柳宗元父亲柳镇是朋友,所以韩愈和柳宗元结识很早。后来各奔前程,离多聚少。贞元十八年春,韩愈调任国子监四门博士,次年七月改任监察御史。十月,柳宗元亦任监察御史里行。在韩愈贬阳山令之前,两人有几个月在同一单位工作,经常一起谈诗论文,关系更为密切。后来韩愈在诗中说:"同官尽才俊,偏善柳与刘。"(《赴江陵途中寄赠三学士》)说明当时他与柳宗元、刘禹锡关系非同一般。然而面临朝廷政治改革的风云,他们各持己见,因此又分道扬镳。柳宗元和刘禹锡倾向以王叔文为首的革新派,企图通过政治改革重振国威,而韩愈虽不赞成宦官专政,但也不赞同王叔文激进的革新活动,主张通过振兴儒学复兴大唐。韩愈因此被远贬阳山,而柳宗元不久即成为革新运动的骨干分子。不过韩、柳二人政治观点的分歧,并未伤害彼此之间的感情。在文学上,他们观点一致,都主张"文以明道",韩愈倡导"古文运动",柳宗元一直在舆论上和创作上积极配合,共同推进这场文体、文风的改革取得非凡的实绩。

柳宗元这时期的社交活动,主要结交一些热心政治革新的人士,如王叔文、吕温、韩泰、凌准、韩晔等人。他们的交往,已经不是一般的友谊,而是带有鲜明的政治色彩。后来他回忆与吕温的关系:"君昔与余,讲德讨儒。时中之奥,希圣为徒。志存致君,笑咏唐虞。揭兹日月,以耀群愚。"(《唐故衡州刺史东平吕君诔》)当年他们一起谈论道德,研讨儒学,志向远大,期望"致君尧舜上",胸怀坦荡,如日月照耀群愚。柳宗元说自己与凌准的关系是:"进身齐选择,失路同瑕疵"(《哭连州凌员外司马》),这是一种同谋进退、命运与共的关系。从这两个例子可以看出,柳宗元与这些志同道合的朋友,有共同的政治企求,关系非同寻常。他们精神奋发昂扬,都对自己的政治前途充满着自信。

柳宗元初入仕途这一时期的状态,韩愈后来在《柳子厚墓志铭》中做了比较全面客观的描述:

> 俊杰廉悍,议论证据今古,出入经史百子,踔厉风发,率常出其座人,声名大振,一时皆慕与之交,诸公要人,争欲令出我门下,交口荐誉之。
>
> 子厚前时少年,勇于为人,不自贵重顾藉,谓功业可立

就,故座废退。

柳宗元才华出众,为人风骨凛然,讲究气节。他学识渊博,议论起事情来证据今古,出入经史百家,常使在座的人心悦诚服。

他精神振奋,意气风发,对前途满怀自信,以为功勋事业立时可以成就。

他时名甚高,人们都愿意和他结交,诸公权要,争着要他投到自己门下,众口一词地给他推荐,为他点赞。他一时名声大振,成为同辈的偶像,前辈的宠儿。

他年轻有为,勇于为别人出力,但不注意顾惜自身,保重自己。

当年的柳宗元,就是这样一位青年才俊。

七八年来的仕途经历,使他了解了世情,认清了形势,对于藩镇割据、宦官专权、吏治腐败,都有了比较清楚的认识。他证据古今,一直在有意识地探求治国安邦的方略。他的思想渐渐成熟,已经为日后参加革新实践做好了先期准备。

柳宗元这时期主要想在政治上谋求出路,志在匡时济世,治国安邦,并没有把文学作为自觉的事业。他后来回忆说:"宗元早岁……唯以中正信义为志,以兴尧、舜、孔子之道,利安元元为务,不知愚陋,不可力强,其素意如此也。"(《寄许京兆孟容书》)因此他写文章,大都出于科举考试、社会交往和参与现实斗争的需要。开始写的文章,也没有摆脱骈文体制,转而习作"古文",自然受到梁肃、韩愈倡导古文的影响,而起决定作用的还是他自己的社会实践。柳宗元在参与现实斗争的过程中,批判现实、表达思想,骈文追求对偶声律的诸多讲究,感到难以自如展开,而散句单行的古文写起来更加自由畅达。在写作实践中,他逐渐认识到文学的特性和社会功能,提高了文学自觉,初步形成了自己的文学观点。他在《杨评事文集后序》中,提出了对于"文"的作用、特性和源流的较为系统的看法。

> 文之用,辞令褒贬,导扬讽谕而已。虽其言鄙野,足以备于用。然而阙其文采,固不足以竦动其听,夸示后学。立言而朽,君子不由也。故作者抱其根源,而必由是假道焉。作于圣,故曰经;述于才,故曰文。文有二道,辞令褒贬,本乎著述者也;导扬讽谕,本乎比兴者也。著述者流,盖出于《书》之谟、训,《易》之《象》《系》,《春秋》之笔削,其要在于高壮广厚,词正而理备,谓宜藏于简册也。比兴者流,盖出于虞、夏之咏歌,殷、周之风雅,其要在于丽则清越,言畅而意美,谓宜流于谣诵也。

文章开宗明义指出文有两大功能:"辞令褒贬"和"导扬讽谕",即通过言辞褒贬善恶和通过形象化事物引发讽刺告谕。"柳宗元提出所谓'褒贬',就是要求对现实进行批判;他所谓'讽谕',就是要从自己的立场对现实问题进行讽刺。他旗帜鲜明地提出这种主张,表明他的文学观是富有现实针对性的。……柳宗元抱着这样的创作宗旨,是他迅速提高了创作的现实性的一个思想基础。"(孙昌武著《柳宗元传论》,第55页)同时他还特别指出:作者在写作时除了要坚守有思想内容这一根本,还必须借助于文采。文章缺乏文采,就无法打动人们的视听。

柳宗元进一步论述,按其功能,文有二道:著述之文和比兴之文,即散文和诗歌。以辞令褒贬为主要功能的散文,源出《尚书》《周易》《春秋》,其要领在于格调高超、气势磅礴、内容丰富、内涵深厚,辞令庄重而说理充分。以导扬讽谕为主要功能的诗歌,源出虞、夏时的歌谣,殷、商两代的风雅,其要领在于文采的华美典雅、音韵的清脆悠扬,语言流畅而意境优美。柳宗元从文章流别的角度，清楚地把散文与诗歌两类作品区分开来，提出不同体裁在艺术上的不同要求。

《杨评事文集后序》约作于贞元二十一年（805）八月以前在长安任职时期，这是现在所能见到的柳宗元阐述文学思想最早的一篇文章。他强调文章的褒贬、讽谕作用，实际上是从文学功能的角度阐明文学和现实的关系：文学不仅要反映现实，而且要能动地干预生活，改变现实。柳宗元的这个文学主张，明确了文学在社会现实生活中的地位和作用，也就否定了言之无物、回避现实的形式主义文风。他提出散文和诗歌在艺术上的不同特点，写作的不同要求，也是切合文学特性的见解。这种种都表明，柳宗元在创作理论和实践上，已经开始走向成熟期。

"他这个时期，还写出一些反映现实问题、见解深刻、旗帜鲜明的文章，成为他以文字实行'褒贬''讽谕'，实现'辅时及物'之志的第一批实绩。"（孙昌武著《柳宗元传论》，第56页）柳宗元带着一批散文作品，不由自主地步入了群芳争艳的贞元文坛，并以鲜明的特色令人刮目相看，引来一些青年人纷纷登门求教。他后来回忆道："往在京都，后学之士到仆门，日或数十人，仆不教虚其来意，有长必出之，有不至必綦（教）之。"（《报袁君陈秀才避师名书》）这种门庭若市的情况，说明他当时已是一个有影响的人物。

柳宗元这个时期的散文，都是有的放矢之作，具有明确的现实针对性。他位卑不忘为国忧，十分关心现实的政治斗争。当时朝廷上下的重大事件，社会上存在的严重矛盾，在他的作品中都有所反映。他的作品总是有感而发，针对某个现实问题发表己见，如《与太学诸生喜诣阙留阳城司业书》，为的是支持太学生挽留阳城的正义斗争；《送杨凝郎中使还汴宋诗后序》《辩侵伐论》，是针对藩镇割据问题；《晋文公问守原议》，是批评宦官干政；《种树郭橐驼传》

《梓人传》，是针对吏治的腐败无能，篇篇作品都是有的放矢，箭不虚发，表现了作者针砭时弊的胆识和变革现实的要求，具有锐利的战斗锋芒和深刻的现实意义。

他的这些散文，往往出入经史百家，托古论今，借古讽今，运用历史资料评判现实问题，具有丰富的学识和深刻的见解，不是一般就事论事之作可以与之比拟。他"读百家书，上下驰骋"（《与杨京兆凭书》），具有丰富的历史知识，因而在写作中就能信手拈来，自如地利用历史资料来回答现实问题。如《辩侵伐论》，就是从《左传》取题，以疏解经传的方法表达己意，论述对待藩镇割据的策略。《晋文公问守原议》，则采取史评形式，用史实说话，论说晋文公问政寺人贻害无穷，实则批评当朝皇帝宠信宦官后果不堪设想。这类作品，虽是论古之作，实含箴今之意，虽比较含蓄，却更显深刻，其现实意义并不逊色。

柳宗元还写了一些传记体文章，如《种树郭橐驼传》和《梓人传》，就是利用人物故事批评当朝吏治的作品，寓理于人，寓理于事，形象鲜明生动，又具有耐人寻味的讽喻意涵，表现出作者的独创性。"这些作品中所记叙的人物事迹，多少有些事实依据，但它们又不是人物传记，有着大量的艺术虚构的成分。它们也不是一般的记叙文，寓意深刻如寓言，阐述道理如政论，情节生动、人物鲜明又如小说。这是柳宗元创造的一种兼具史传、寓言、政论特点的特殊的传奇文。"（孙昌武著《柳宗元传论》，第65页）

四、参与革新

睢盱大志小成遂,坐使儿女相悲怜。

——《行路难三首》其一

贞元二十一年(805)正月,唐德宗李适驾崩,顺宗李诵接位。一场政治革新随即拉开序幕。顺宗改年号为永贞,这一年又称永贞元年,所以发生于当年的政治革新,史称"永贞革新"。柳宗元积极参与永贞革新,成为其中的一位核心人物。随着这场政治变革的大起大落,他经历了人生政治命运的一次大转折。

唐德宗大历十四年(779)即帝位,在位二十五六年时间。由于他亲身经历过安史之乱,饱尝了战乱与家国之痛。即位初期,他励精图治,果敢有为,大有中兴大唐的壮志,确实也做过一些好事。可是到了后期,德宗变得因循姑息,刚愎自用。当削藩遭受重大挫折之后,他对藩镇态度一下子来了个一百八十度大转弯,由强硬变为姑息,对强藩百般迁就,以致藩镇割据的局面愈演愈烈。德宗宠信宦官,委以重任,让宦官监军,将神策禁军的指挥权交给了宦官窦文场、崔仙鹤掌控,结果造成了宦官专权的局面。他听信谗言,斥逐陆贽、阳城等贤相忠臣,重用卢杞、窦参、裴延龄等奸臣,导致朝政腐败无能。德宗还一改初期节俭和禁止各地进献的作风,变得喜欢大肆聚敛,贪得无厌,甚至公开向地方官吏索取礼物,造成各级地方官吏大肆搜刮钱财,争相"进奉",邀宠求荣。由于德宗昏庸无能又独断专横,还喜欢事必躬亲,弄得朝政昏乱不堪,国家陷入了危机四伏的境地。永贞革新就是在这样的背景下发生的。

柳宗元是在德宗晚年进入仕途的,他在贞元十四年(808)二十六岁时入朝为官,已有七八年时间,上述的种种状况他都耳闻目睹,了然于胸,并且在不断地思考着如何革除弊政,把国家治理好的问题,形成了自己的见解,写了一些文章,也很想有机会付诸实践,干一番改天换地的事业。

李诵是德宗的长子,建中元年(780)立为皇太子。贞元二十一年(805)他即帝位时,已四十六岁,做了二十六年皇太子。李诵多才多艺,尤其爱好读书、书法和棋艺。他非常勇敢,在"泾原兵变"发生后,德宗避难奉天,李诵跟随父皇四十多天,面对朱泚叛军的轮番进逼,他身先士卒,手执弓箭,勇敢登城拒敌。在他的督促鼓励下,将士们个个奋勇杀敌,取得了奉天保卫战的胜利,确保了父皇的安全。他亲身经历了藩镇叛乱的动荡与残酷,也耳闻目睹了朝廷大臣的相互倾轧与攻讦,在政治上逐渐成熟起来。他关心朝政治理和天下大事,经常和身边的王叔文等人谈说国家大政和民生疾苦,对"宫市"强抢百姓财物深为反感。他看到朝政的种种弊端,对德宗晚年昏庸淫奢有所不满,经常在父皇心情好的时候,委婉劝谏,对父皇的一些做法有所匡正。他早就有心改革朝政,即位之后,势必要对德宗晚年的弊政大刀阔斧加以改革。

可是,顺宗在前一年九月得了中风病,连话也说不清楚了。虽然他还是带病上朝,垂帘听政,对重大问题在帘后病榻上做出决定,但总因身体原因,无法亲自处理朝政,下手推进革新。实际推

四、参与革新

动朝政革新的是以王叔文为首的一班人马,成员包括王伾、韦执谊、柳宗元、刘禹锡、韩泰、韩晔、陈谏、程异、凌准、陆质、吕温、李景俭等人。这一班人,史称"王叔文党人"。

王叔文（753—806）,越州山阴（今浙江绍兴）人,贞元年间为东宫太子侍从。他读书很多,精通棋艺,陪伴李诵读书、下棋达十八年之久。他为人正派,关心国家大事,对如何治理好国家有自己的见解。他经常利用接触李诵的机会,对李诵施加影响,为他指点迷津,出谋划策。有一次,李诵与几位侍读谈论政事,说到宦官在宫市扰民的问题,李诵说:"我见了皇上,一定好好反映一下这件事。"在场的人都表示赞同,唯独王叔文默不作声。别人散去之后,李诵问王叔文,刚才谈论宫市问题,您为什么不说话?王叔文回答说:"太子事从皇上,只能是饮食、问安之类,不宜过问外边政事。皇上在位久了,要是有人从中挑拨离间,说你太子殿下收取人情,你又怎能解释清楚呢?"他劝太子不要随便干预政事,以免引起皇上猜疑,实际上是劝太子在时机未到之时,应该采取韬晦之计。由此李诵对他更加信任,"宫中之事,倚之裁决"（《旧唐书·王叔文传》)到了德宗晚年,王叔文建议李诵要及早物色人才,招贤纳士:"每对太子言,则曰:'某可为相,某可为将,幸异日用之。'"（同上）实际上是替太子谋划未来。

深谋远虑的王叔文,早就在社会上团结了一批有才有志之士,秘密结集队伍:王叔文"密结当代知名之士而欲侥幸速进者,与韦执谊、陆质、吕温、李景俭、韩晔、韩泰、陈谏、柳宗元、刘禹锡等十数人,定为死交;而凌准、程异又因其党以进"（同上）。柳宗元与王叔文,早在考取进士之后,就有接触。两人有十来年的交情。政治观点的一致,是促使他们相互交往频繁、关系日益密切的主要原因。贞元末年,在朝廷内部改革派和保守派的斗争非常尖锐的形势下，柳宗元以"冲罗陷阱，不知颠踣"（《答问》）的勇气，奋不顾身，积极参加王叔文一派的活动，成为王叔文的得力助手，改革派的骨干成员。

到贞元二十一年（805）正月，德宗病危。朝廷两派公然展开夺权斗争。王叔文一派竭力主张拥立太子李诵即位，宦官集团以李诵得中风病为借口，力谋抵制，企图另立太子。此时，曾以翰林待诏身份侍娱李诵的王伾入居皇宫，并传旨召王叔文进宫。在德宗李适弥留期间，他们争取了同情改革派宦官李忠言的协助，取得了德宗传位遗诏。二十三日，德宗逝世，宦官集团勾结部分官僚准备延期发丧，阴谋另立太子接位。改革派坚决反对，翰林学士凌准在朝堂辩论中，慷慨陈词，反对宦官所拟计划，获得一些大臣的支持，终于得以立即发丧，公布遗诏。二十六日，李诵在太极殿登基接位。柳宗元亲自参加了这场斗争。他后来在悼念凌准的诗中说："孝文留弓剑，中外方危疑。抗声促遗诏，定命由陈词。"（《哭连州凌员外司马》）诗中追忆当年的情形：德宗皇帝去世的时候，宫廷内外处于危险和疑虑之中。只有他一人慷慨陈词催促下达遗诏，最终因他的陈词决定了顺宗皇帝的命运。就是这样，凌准在关键时刻挺身而出，挫败了保守派另立的阴谋，改革派在夺权斗争中取得了胜利。

唐顺宗上台之后，改革派为掌控朝政实权，首先进行人事调动，迅速提升自己集团的成员占据朝廷的关键职位。二月十一日，任命韦执谊为尚书左丞同中书门下平章事（即宰相），王叔文以起居舍人充翰林学士，王伾以左散骑常侍充韩林学士。贞元中，由于不任宰相，翰林学士有"内相"之称，是很有实权的职位。"二王"有了翰林学士头衔，得以与做宰相的韦执谊相呼应，把握朝廷行政大权，还可以名正言顺地出入内廷，协助皇上决策大政方针。三

四、参与革新

月,任命同情改革的大臣、财务专家杜佑为度支及诸道盐铁转运使,王叔文为度支、盐铁转运副使,掌管国家财赋,并由刘禹锡、陈谏、凌准三人共同参与其事。在当时藩镇割据的形势下,取得财赋大权是夺取政权的关键,因此在人事上特意加强这方面的领导与管理力量。

《旧唐书·柳宗元传》:"顺宗即位,王叔文、韦执谊用事,尤奇待宗元。与监察吕温密引禁中,与之图事。转尚书礼部员外郎。"四月九日,柳宗元被提升为礼部员外郎,正六品上,职司礼仪、享祭、贡举。这个职位虽然不是很高,但对柳宗元来说是超资提升,仅隔一年官阶晋升了两品,而且担任了关键的尚书省礼部的郎官,可以说是少年得志了。因此柳宗元后来回忆说:"仆当时三十三,甚少,自御史里行得礼部员外郎,超取显美。"(《与萧翰林俛书》)事实上,他说的"超取显美",不仅指官阶的超资提升,更主要的是说他在永贞革新中的作用大大超出了他的职能范围。他深得王叔文信任,"居权衡之地"(《与裴埙书》),跻身决策层,参与谋划大事。王叔文引"禹锡及宗元入禁中,与之图议,言无不从"(《顺宗实录》卷五),说明他在朝廷的谋议决策中,居于重要地位。除了参与革新大事议决之外,柳宗元还以其杰出的文才和名望,联络内外,引导舆论,负责起草诏书,撰写奏表。后来他回忆自己"以文字进身"(《上河阳乌尚书启》),又说:"宗元无异能,独好为文章,始用此以进,终用此以退"(《上李中丞献所著文启》),他进退皆在顺宗一朝,可见他在这一时期的诏诰制命等文字工作中所起的作用。从柳宗元以文字得罪的情况看,还可知道他在当时写了不少为革新摇旗呐喊的文章,只因为永贞革新失败,顺宗一朝的文献,包括柳宗元起草的文章,大都未能保存下来。现存的《礼部为文武百寮请听政表》三篇,就是在顺宗即位之初,未能上朝听政而谣言四起,代礼部文武百官写的请愿书。当时顺宗能否在听政,直接关系到王叔文一派的地位和改革事业的前途,所以柳宗元和他的同事都心急如焚。为了安定人心,稳定局势,他接二连三上表,请求顺宗临朝听政。第一表,盼望顺宗秉承先帝遗旨,节哀而听政。顺宗哀怀未释,犹未允从。七天后他为礼部写了第二表,再劝顺宗"以遗诏为念,夺在疚之怀,就临轩之制"。顺宗仍未允从。七天后他又为礼部写了第三表:

> 伏以万机至重,遗旨难违,再献表章,上尘旒扆。精诚徒竭,天意未回,内外遑遑,人神企望。臣闻王者之孝,异于匹夫,礼不相沿,道资适变。当承平之代,故殷帝宅忧而不言;遇有事之时,则周王未葬而誓众。况今戎车犹驾,边候多虞,两河之寇盗难除,百姓之疮痍未合,乱者思理,危者求安,天下嗷嗷,正在今日。诚宜抑其至性,以副群心,成先帝之大功,继中兴之盛业。岂可寝苦啜泣,庶政阙然?九庙之灵何报?万方之望何塞?臣等职参枢近,诚切邦家,若陛下未忍临轩,尚持前志,臣等有死而已,不敢奉诏。不胜哀迫恳切之至。

此表慷慨陈词,情理兼备,恳请顺宗破除陈规旧习,及早临朝听政:国家事务日理万机,至关重大,先帝遗旨一言九鼎,难以违背,臣等再次献上表章,陈述忠言,竭精至诚,但圣上乃未回心转意,朝廷内外,惶惶不安,人神都在翘首企望。臣等听说君王行孝,不同于凡人,礼节传承,可以依道随机应变。因此在太平年代,殷帝丁忧哀伤而不言;遇到有事之时,周武王未葬就誓师发兵。何况如今兵车还在征途,边地多有忧患,两河寇盗难以剪除,百姓创伤尚未愈合。处于动乱中的人企盼治理,身陷危难中的人渴望平安,天下苍生殷切期盼,就在今日当下。陛下应该抑制自己的哀伤,顺合众人的心愿,完成先帝的大功,继承中兴的盛业。哪能

四、参与革新

沉湎哀伤,不理政务呢?九庙的神灵将何以回报?万方的期望将如何满足?臣等身处朝廷重地,诚心诚意为国家着想,如果陛下还坚持原来的想法,不肯忍痛节哀临朝听政,臣等只有舍身一死,不敢奉诏听命。无限哀伤,至为恳切。

这一道奏表,写于永贞革新启动的关键时刻,道出了柳宗元当时的所思所想,反映了改革派志士发起革新的真情实意。他们心心念念,不离天下苍生的安危,大唐中兴的伟业。为了改革的早日开展,他们甚至以舍生一死的誓言,敦促顺宗临朝听政。这种舍生取义的决心,怎能不感天动地?

这三道奏表,写于新旧交替的关键时刻,紧锣密鼓地促成顺宗临朝听政,使惶惶不安的朝野局势得以稳定,为革新的开展奠定了基础。

王叔文集团执掌了朝政大权,稳定了局势,随即推行一系列改革措施。这些改革措施,都体现了柳宗元在此以前一贯的政治主张,也可以说明他参与了其中的谋议决策。

改革的主要措施有以下几个方面:

(一)打击宦官弄权。下令罢去侵扰百姓的宫市,放逐五坊小儿。宫市和五坊小儿是侵扰长安人民的两大祸害。所谓"宫市",就是宦官到市场上为宫廷采购物品。宦官到市场上购物,开始是压低价钱强买,后来干脆看中什么东西,说一声"宫市"就拿走了,随便给个价钱,常用百钱要去价值数千钱的货物,还要向货主索取进奉门户钱和脚力钱。"五坊小儿",是宫中所设的专门负责饲养雕、鹘、鹞、鹰、犬五种皇家玩物的宦官。他们依仗宫廷权势,到民间到处勒索财物,任意制造事端。有时故意将网张在人家门口或井口,勒索百姓钱财。有时到饭馆大吃大喝,一走了之,店主要他付账,还被打骂一顿。有时故意留下一个装有蛇的口袋,作为饭钱的抵押品，又声称这蛇是为宫廷捕鸟雀用的，要店家好好养着，实际上是故意刁难人家。宦官的这些胡作非为，李诵做太子时早有不满，所以他接位后，立即停止十九个宦官的薪俸，下令禁止宫市和五坊小儿。

（二）打击贪官酷吏。贬京兆尹李实为通州（今四川达州）长史。李实自恃为皇室宗亲，专横残暴，民愤极大。有一年关中大旱，粮食歉收，他隐瞒京畿灾情，一味聚敛征求，逼得农民拆屋卖砖瓦，应付官税。民间艺人写歌谣讽刺此事，李实就以诽谤朝政的罪名将他杖杀。他随意残杀无辜，欺凌官吏，盘剥百姓。顺宗即位后，他仍不知收敛，于是下诏历数他的罪状，将他贬为通州长史。当他受到贬官之惩时，市井街衢的百姓都欢呼叫好，许多人还身藏瓦砾要拦路砸他，他只得找偏僻小路偷偷溜走。朝廷对于其他一些保守派有问题的官员，虽然没有罢免，也都剥夺了他们的实权。与此同时，朝廷还起用素负重望、长期遭贬的陆贽、阳城等旧臣，可惜诏命未达，他们已死于贬所。

（三）革除苛捐杂税。下令全国根据两税法交纳正税，此外不得巧立名目，擅自加税。又宣布免除全国百姓的历年所欠租赋，免收当年夏、秋两季的青苗钱。另外，又明令停止地方盐铁使的"月进"钱和地方官吏的额外"进奉"。德宗时期一切巧立名目的额外进贡，一律罢除。这些措施，意在制止横征暴敛，减轻人民的负担。

（四）罢去闲杂人员。放出宫女三百人、教坊女艺人六百人，让他们回家和亲人团聚。辞退翰林医工、相工、占星、射覆、冗食者四十二人，减少不必要的财政开支。

以上的改革措施，都是"利安元元（百姓）"之举，打击祸国殃民的宦官势力，解除民间疾苦，制止横征暴敛，大大减轻人民负

四、参与革新

担,因而获得了广大人民的衷心拥护,引起"人情大悦","百姓相聚欢呼大喜"(《顺宗实录》卷二),城市乡村洋溢着一片喜庆的欢乐气氛。

上述改革,主要针对朝廷内部的积弊,由于施政者雷厉风行,立即可以奏效。而改革涉及军事领域,关系双方实力的较量,推进起来难度就要大得多。

宦官弄权,宫市只是表象,军权才是核心。于是,王叔文集团谋划从宦官手中夺回禁军兵权,准备给予宦官势力以致命的打击。他们委派老将范希朝和兵部郎中韩泰统领京西诸镇行营兵马,作为中央禁军统帅,企图夺回宦官手中把持的兵权,以便稳定局势,但遭到了拥有实力的宦官的强烈抵制,命令边将拒不交出兵权。《顺宗实录》卷五记载:当范希朝、韩泰到奉天京西诸镇行营府时,诸将一个也不来报到。韩泰立即把情况报告王叔文,王叔文也束手无策,只是说:"奈何?奈何?"当时他们手下没有一兵一卒可用,无法挽救尴尬局面,光杆司令不得不扫兴而归。王叔文集团夺取兵权的重要决策,顿时化为泡影,反而激化了与宦官集团的矛盾。谋夺兵权的失败,预示了改革事业惨淡的前途。

王叔文集团对于地方藩镇割据势力的抑制,也是有心无力,行动有限。王叔文对待藩镇问题的立场是明确的。早在王叔文执政以前,一些藩镇就暗输金帛,企图与之结纳。执政以后,长期盘踞蜀中的军阀韦皋,派剑南度支副使刘辟带着大量金钱到长安行贿,要求领镇三川,并威胁说:"若与其三川,当以死相助;若不与,亦当有以相酬。"王叔文严词拒绝他的要求,并要杀掉刘辟以号令天下,刘辟只好逃回四川。一些藩将派人到长安探听动向,听到这种情况,也都退缩而归。王叔文对强藩也采取了一些行动,如把长期被藩镇垄断的盐铁转运大权收归中央,解除蓄意谋反的浙西观察使李锜的盐铁转运使职务，让杜佑取代，维护了朝廷的经济命脉。另一方面，由于当时力量所限，王叔文对强藩更多采取安抚策略，以便稳定局势。如对根深蒂固的河北强藩，无力采取重大行动，只有派杨於陵做太原、幽、镇等十道告哀使，加以安抚。即使对李锜，在解除他盐铁转运使职务的同时，又任命他为镇海节度使加以安抚，使他不至于立即反叛。这是因为当时革新派确实还没有对付强大藩镇的实际力量和有效办法。

王叔文的改革新政，在社会上得到广大人民的拥护，在朝廷内却受到宦官和保守派官僚的攻击。在朝臣中也有些人首鼠两端，消极观望。到了四月，两派在立太子问题上展开了激烈的争夺，王叔文一派受到了重大挫折。

在君主专制的时代，任何人搞改革都要取得皇帝的支持。由于王叔文一派所依靠的顺宗是一个重病缠身、语言失能的人，皇储的选择就决定着他们事业未来的命运。顺宗的长子李纯对改革持反对态度，因此王叔文等人预谋排斥李纯，另立太子。李肇《唐国史补》卷中记载："顺宗风噤不言，太子未立，牛美人有异志。"牛美人是顺宗妃，是一直支持王叔文的，其异志代表王叔文一派另立太子的主张。但在宦官和保守派官僚的策动下，郑䌷在起草诏书时未经请示先写下"立嫡以长"，再叫顺宗点头，就算定局。四月，李纯被立为太子。"既而下诏，立广陵王为太子，天下皆悦，叔文独有忧色，而不敢言其事，但吟杜甫题诸葛亮祠堂诗末句云：'出师未捷身先死，长使英雄泪满襟。'因歔欷泣下。"（《旧唐书·王叔文传》）李纯被立为皇太子，意味着革新派大势已去，王叔文因而感慨歔欷，潸然泪下。

李纯被立为皇太子，整个斗争形势急转直下。王叔文派陆质做太子侍读，试图对李纯施加影响，挽救危局，非但没有成功，反而

四、参与革新

增加了李纯对他的厌恶感。在朝廷内部,许多人纷纷转向保守派,连被视为改革派在朝廷的支柱韦执谊,也见风使舵,转而讨好反对派。宦官俱文珍等人更勾结一些地方藩镇,对朝廷施加压力。荆南节度使裴均、剑南西川节度使韦皋、河东节度使严绶等藩帅纷纷上奏章,逼迫李诵退位,要求李纯监国。在这种内外夹攻之形势下,王叔文等人已失去了实际的权威。

祸不单行。六月,王叔文母亲病危。他离职回家之前,在翰林院置酒馔宴请诸学士及一些同僚,席间他感慨万端,说:"叔文母疾病。比来尽心竭力,为国家事,不避好恶难易者,欲以报圣人之重知也。若一去此职,百谤斯至,谁肯助叔文一言者?望诸君开怀见察。"(同上)第二天,王叔文母亲去世,他只有遵照礼制停官,在家服丧,不再参与政事。王伾托杜佑出面,三次上章论奏,请求复起王叔文,均未成功。他只好托病不出。

在"二王"均已离职,朝廷局势瞬息万变的情况下,柳宗元立场坚定,仍然坚决支持王叔文的事业,力谋挽救危局。八月初,在李纯发动宫廷政变前夕,他为王叔文的亡母写了《故尚书户部侍郎王君先太夫人河间刘氏志文》,文章借为王叔文亡母写墓志之机,大力歌颂王叔文。文中说:

> 少日叔文,坚明直亮,有文武之用。贞元中,待诏禁中,以道合于储后,凡十有八载,献可替否,有匡弼调护之勤。先帝弃万姓,嗣皇承大位,公居禁中,讦谟定命,有扶翼经纬之绩,由苏州司功参军为起居舍人、翰林学士。将明出纳,有弥纶通变之劳,副经邦阜财之职,加户部侍郎,赐紫金鱼袋。重轻开塞,有和钧肃给之效,内赞谟画,不废其位。凡执事十四旬有六日。利安之道,将施于人,而夫人终于堂,盖贞元之二十一年六月二十六日也。知道之士,为苍生惜焉。

文章高度赞扬王叔文的品行才能和执政业绩：叔文，意志坚定，光明磊落，正直无私，通达事理，有文武之才。在德宗贞元年间，王叔文来到宫中充当侍从，与皇太子志同道合，总共十八年中，对太子劝善规过，有辅助护卫的辛劳。德宗去世后，皇太子接位做皇帝，他在宫中帮助皇帝决定大计，发布命令，有辅佐皇帝治理天下的功绩，他从原来的苏州司功参军提升为起居舍人、翰林学士。执行圣命，辨明是非，传达旨意，汇报情况，有协调国事、变革时势的功劳。随即又被任命为管理国家财政的度支、盐铁副使，兼任户部侍郎，皇帝赐给他紫袍、金鱼袋。他调整物价，兴利除弊，有调节国家经济、保障财政需要的成效，与此同时他仍在内廷帮助皇帝谋划改革措施，从不懈怠自己的职守。王叔文掌管政事共一百四十六天。正当利国安民的措施即将实施的时候，刘太夫人在家中去世了，时间是贞元二十一年六月二十日。懂得治国之道的人，都为百姓感到惋惜。

这是作者用极其简练的笔墨，为王叔文写的小传，反映其生平行迹，突出其辅佐顺宗期间的地位和执政几个月的业绩。文中强调他"以道合于"顺宗，"利安之道，将施于人"，表明其为人和行事的光明正大；肯定其所领导的改革事业的成绩，也就驳斥了反对派的攻击污蔑；而对他居丧去职表示惋惜，则表达了对王叔文的敬仰，也流露出希望他东山再起的愿望。值得称道的是，这时候王叔文已失去了权力，政治风向已完全逆转，连王伾也退避三舍，柳宗元却敢为王叔文树碑立传，大唱赞歌，这需要多大的胆略和勇气！这说明柳宗元对自己从事改革事业的信念坚定不够，也凸显了他不怕风吹雨打的执着个性。"这篇文章是柳宗元写于政变前的最后一篇作品，它表明柳宗元为维护改革事业而斗争，是坚持到最后一刻的。"（孙昌武《柳宗元传论》，第107页）

四、参与革新

八月四日，顺宗李诵被迫退位。九日，李纯继帝位，是为宪宗。尊李诵为太上皇，改贞元二十一年为永贞元年。这就标志着王叔文领导的改革事业彻底破产了。

顺宗退位的第三天，宪宗就开始对顺宗朝执政的改革派首领加以贬黜：王叔文被贬为渝州司户，王伾贬为开州司马。九月十三日，改革派的其他成员均被贬为远州刺史。后来朝议认为处罚太轻，在他们赴任途中又改贬为远州司马：柳宗元由邵州刺史改贬永州司马，刘禹锡改贬朗州司马，韩泰改贬虔州司马，韩晔改贬饶州司马，陈谏改贬台州司马，凌准改贬连州司马，程异改贬郴州司马，韦执谊改贬崖州司马。这就是历史上著名的"八司马事件"。

这样，三十三岁的柳宗元，在经历了一场春风得意的政治斗争之后，迎来了四面受敌的处境和贬斥边荒的惩罚。后来他在《寄许京兆孟容书》中曾如此回顾自己参与这场斗争的初衷：

> 宗元早岁与负罪者亲善，始奇其能，谓可以共立仁义，俾教化。过不自料，勤勤勉励，唯以中正信义为志，以兴尧舜孔子之道，利安元元为务，不知愚陋，不可力强，其素意如此也。

柳宗元说自己是怀着光明正大、利国安民的目的加入王叔文集团，投身革新斗争的：我早些时候，曾与获罪者王叔文亲近友善，开始惊奇他的才能，认为可以和他一起坚持仁义之道，有益于加强社会教化。我当时过分自信，不自量力，勤恳自励，一心以中正信义当作自己的目标，想以此来振兴尧、舜、孔子的圣人之道，却不顾自身的愚陋，仍然尽心竭力，不改素志。

可见，柳宗元参与改革，乃是根据自己匡世济民的理想，出于自己对现实长期思考得到的认识，他追随王叔文，是由于志同道合，并不是盲目赶潮流的行动。正是这样公正无私的动机，使他在永贞革新中全力以赴，勇往直前。那么，为什么改革失败，自己获罪呢？他在这封书信中，对此也有所反思：

首先，"凡事壅隔，很忤贵近"，严重触犯宦官的权力，改革阻力重重，举步艰难，而我方缺乏克敌制胜的实力。他认为改革派与宦官为敌，是自己获罪的一个重要原因。

其次，"狂疏缪戾，蹈不测之辜"，改革派唐突介入立皇太子事，得罪了李纯即后来的唐宪宗，陷入了不测之罪。柳宗元用微言委婉地说出了改革派反对李纯立皇太子的举动，是自己获罪的又一重要原因。

再次，"加以素卑贱，暴起领事，人所不信"。这是他从主观方面分析：自己本来地位卑微低贱，突然出来领头从事改革，得不到人们的信任与支持。一旦改革受挫，人们更会群起而攻之，欲置之死地而后快。

柳宗元这里所讲的都是当时的实际情况，本身并不存在任何过错，反对宦官干政扰民，主张另立赞同改革的太子，这是推行改革十分必要的关键之举。说他有罪，等于说改革有罪，那是反对派上台执政以后对他的评判。至于永贞革新失败的原因，学术界有比较全面的评论："王叔文之败，一因叔文骤进，权要侧目；二因与韦执谊交恶，集团分化；三因为韦皋、裴均、严绶等藩镇所反对。而最重要之原因，当是触动了宦官权势，至欲夺宦官兵柄，更为宦官所不容。"（尹占华、韩文奇校注《柳宗元集校注》，第3502页）柳宗元在这个问题上的反思，大体上也是抓住了要领的。

"就柳宗元来说，'永贞革新'及其失败，不仅决定了他后半生的政治命运，而且影响了他的思想的进一步发展。""他从此离开朝廷，踏上了作为流囚的漫漫长途。他离开政治斗争的中心，走到田夫野老、谪吏流人中间去。从此，在他的面前展开了一片新天地，

他的思想和创作也进入了一个新境界。"(孙昌武著《柳宗元传论》,第110、111页)

五、贬谪永州

风波一跌逝万里，壮心瓦解空缧囚。

——《冉溪》

柳宗元在《惩咎赋》中说："幸皇鉴之明宥兮，累郡印而南适。惟罪大而宠厚兮，宜夫重仍乎祸谪。"这是讲永贞革新失败后最初的经历。

永贞元年（805）九月十三日，柳宗元被出为邵州（今湖南邵阳）刺史。邵州是下州，刺史的官位正四品下，柳宗元由从六品上的礼部员外郎放为远州刺史，只算是被斥出朝，还不是流贬。因此他说：幸运的是我得到皇上的宽宥，赐予郡守之印而南迁。

柳宗元带着年近七旬的老母，踏上了南行的漫漫长途。陪同他们的还有母亲卢氏的侄子、他的表弟卢遵和堂弟柳宗直。这两位都是就学于柳宗元的青年人。他们一行驾着马车，经风历雨，翻山越岭，还没有走到长江边，十一月，柳宗元又接到贬为永州司马的诏书。这对他无疑是个更为沉重的打击。他悲愤莫名，又无可奈何，只好说：只因我罪名太大而皇上原先宠信太厚，所以如今才得到加重贬谪的罪祸。

柳宗元一行驾车继续前行，到达江陵，然后转入长江，乘舟而

五、贬谪永州

下,渡过烟波浩渺的洞庭湖,驶入湘江,溯湘江南行不远,就是汨罗江与湘江的汇合之处。汨罗江是战国时期楚国大诗人屈原的自沉之处。柳宗元泊舟汨罗,凭吊屈原,想起屈原忠而见弃的遭遇和自己当下的不幸,不禁有万古同悲的感慨,于是写下了《吊屈原文》:

后先生盖千祀兮,余再逐而浮湘。求先生之汨罗兮,揽蘅若以荐芳。愿荒忽之顾怀兮,冀陈辞而有光。先生之不从世兮,惟道是就。支离抢攘兮,遭世孔疚。华虫荐壤兮进御羔裘,牝鸡咿嘤兮孤雄束咮。哇咬环观兮蒙耳大吕,堇喙以为羞兮焚弃稷黍。犴狱之不知避兮?官庭之不处。陷涂藉秽兮荣若绣黼,榱折火烈兮娱娱笑舞。谗巧嘵嘵兮,惑以为咸池。便媚鞠恧兮,美逾西施。谓谟言之怪诞兮,反置瑱而远违。匿重痼以讳避兮,进俞缓之不可为。何先生之凛凛兮,厉针石而从之。但仲尼之去鲁兮,曰吾行之迟迟。柳下惠之直道兮,又焉往而可施?今夫世之议夫子兮,曰胡隐忍而怀斯?惟达人之卓轨兮,固僻陋之所疑。委故都以从利兮,吾知先生之不忍。立而视其覆坠兮,又非先生之所志。穷与达固不渝兮,夫唯服道以守义。矧先生之悃愊亏,蹈大故而不贰。沉璜瘗佩兮,孰幽而不光?荃蕙蔽匿兮,胡久而不芳?先生之貌不可得兮,犹仿佛其文章。托遗编而叹唶兮,涣余涕之盈眶。呵星辰而驱诡怪兮,夫孰救于崩亡?何挥霍夫雷电兮,苟为是之荒茫。耀姱辞之瞳朗兮,世果以是之为狂。哀余衷之坎坎兮,独蕴愤而增伤。谅先生之不言兮,后之人又何望?忠诚之既内激兮,抑衔忍而不长。芈为屈之几何兮,胡独焚其中肠?

吾哀今之为仕兮,庸有虑时之否臧?食君之禄畏不厚兮,悼得位之不昌。退自服以默默兮,曰吾言之不行。既偷风之不可去兮,怀先生之可忘。

文章开门见山，说明凭吊屈原的本意是寻求心灵的沟通：离开先生去世约一千年的时间啊，我再次被放逐漂流在湘江。为访求先生的遗迹我来到汨罗江畔啊，采摘杜蘅、杜若以祭献芳香。愿先生幽冥的神灵能够顾念我啊，希望我的致辞得以闻见灵光。

　　文章接着描写屈原所处的时代是非颠倒、忠奸易位的黑暗现实：先生不肯随波逐流啊，只是遵循正确的治国之道。当时国家是那样的残破纷乱啊，生逢乱世教人十分痛苦忧伤。华贵的冕服被委弃地上却要进呈羊皮制的粗劣衣裳。雌鸡咿嗄乱叫而昂然独立的雄鸡却不能放声歌唱。俚俗的歌曲人们围观欣赏而对高雅的音乐却捂耳阻挡。把乌头、附子这样的毒物当作美味佳肴而五谷杂粮却被抛弃烧光。明明是牢狱不知道躲避，又不安居于宫殿的华堂。陷进泥潭浑身污秽还自以为身披锦绣服装一样荣光，屋顶已被烈火烧毁还在里面歌舞狂欢。喋喋不休的逸言巧语啊，却糊涂地当成优美的乐章。低声下气阿谀谄媚的小丑啊，却认为比西施还要漂亮。应该奉为圭臬的谋略之言被视为怪诞啊，反而用玉瑱塞住双耳远远躲避。患了顽疾还要讳疾忌医啊，即使请俞跗、秦缓一样的名医来也无能为力。

　　文章接着热情赞扬屈原无论处境如何，始终忠诚祖国，遵守道义：为什么像先生这样高风亮节令人敬畏的人啊，还偏要磨砺针石去医治不可治愈的创伤？但从前孔子离开鲁国的时候啊，曾说："我慢慢地走，步履踉跄。"柳下惠奉行直道啊，可到哪里去都不能实现自己的主张。如今世上的人都在议论先生啊，说你为什么忍受打击还心怀楚国的兴亡？这是通达事理的人的卓越行为啊，本来就不是偏执浅陋的人所能理解的。舍弃自己的祖国去谋求个人的利益啊，我知道先生绝不愿意做这样的勾当。袖手旁观坐视自己的国家灭亡啊，又不是先生的志向。无论得志与否都不改变自己的志向啊,只始终坚守自己的理想和主张。何况先生对祖国一直忠心赤诚,即使付出生命也不改变立场。美玉无论是沉在水底还是埋进土里啊,怎么会幽暗无光?香草被掩藏起来啊,怎么会时间久了就失去芳香?先生的容貌已经无法看见了啊,但读你的文章就仿佛见到您一样。捧读先生的遗著而叹息啊,我止不住热泪盈眶。您指斥星辰而驱逐各种怪异啊,那又如何能挽救国家的危亡?您为什么指挥雷霆上下奔驰啊,姑且沉浸于荒诞渺茫的幻想。您的文章辞藻华美而含义难明啊,世上的凡人果真以为您是在发狂。唯独我为您愤愤不平啊,内心充满着悲愤和哀伤。如果先生不写下这些文章,后世的人又如何对您景仰?您爱国的赤诚已然在心中激荡,强制忍耐也不能久藏。芈姓的楚国与您姓屈的能有多大关系啊,为什么唯独您忧心如焚为它断肠?

　　文章最后,作者联系现实,直接抒写自己的感慨:我对当今那些当官的痛心疾首啊,哪里有一个关心国家的治乱兴亡?他们只是担心自己的俸禄不厚啊,只发愁自己的官运不昌。我只好退身自守,无言以对啊,因为我也难以实现自己的主张。既然这种苟且偷安的风气去不掉啊,我哪能忘记对先生的追思怀想!

　　作者凭吊屈原,其实是哀叹自己。柳宗元远谪南方,来到湘水之上,想到如今自己的境遇,与屈原当年忠而被弃的情况多么相似,因此特地寻访其沉江的汨罗,向千古同悲的屈原倾诉自己的衷肠。他要把自己被贬以来郁积于心中的前思后想,在此一吐为快。他借古讽今,揭露楚王昏庸、奸邪当朝对屈原的迫害,借以抨击是非颠倒、忠奸易位、迫害忠良的黑暗现实。他托古抒怀,赞颂屈原坚守道义、忠诚爱国,尽管饱受打击,决不同流合污的崇高精神,借以表明自己决不因遭贬谪而放弃济世拯民的政治理想,至死也不改变对祖国的耿耿忠心。最后他直抒胸臆,指斥当世士风的堕落,慨叹自己道义之难行，表示要以屈原为榜样，宁肯退身自守，决不与世俗同流合污。

凭吊完屈原，柳宗元又登舟南行。时值冬天，湘江道上，寒风呼啸，淫雨连绵，孤舟逆水而行，波涛汹涌，其惊险的情景，他后来在《惩咎赋》中有详细的追记：

> 凌洞庭之洋洋兮，溯湘流之沄沄。飘风击以扬波兮，舟摧抑而回邅。日霾曀以昧幽兮，黝云涌而上屯。暮屑窣以淫雨兮，听嗷嗷之哀猿。众鸟萃而啾号兮，沸洲渚以连山。漂遥逐其诋止兮，逝莫属余之形魂。攒恋奔以纡委兮，束汹涌之崩湍。畔尺进而寻退兮，荡回汩乎沦漪。

这是一段令人难忘的经历：我渡过了浩瀚的洞庭湖，沿着水流汹涌的湘江逆水而行。大风激起洪波巨浪，小舟被摧折而不时盘旋。日光被遮掩天昏地暗，乌云腾涌直上九霄。黄昏时又下起了绵绵细雨，只听见嗷嗷哀鸣的猿声。鸟雀到处叽叽喳喳乱叫，响遍水中小洲和两岸群山。孤舟飘荡不知会在哪里停留，也不知我的形魂会在哪里落定。江流为众山所束而盘旋，水流汹涌奔腾而萦回。行船进一尺而退一寻，有时险些被汹涌的浪涛吞没，有时又在急流中打转形成一圈圈涟漪。

经历了一段惊心动魄的行程，柳宗元到潭州（今湖南长沙）稍作停留，因为他的岳父杨凭，时任湖南观察使兼潭州刺史，治所在潭州，须专往拜望。在潭州休息期间，柳宗元参观游览了杨凭为其宾客戴简所建的东池戴氏堂，写下《潭州杨中丞作东池戴氏堂记》。文章意在称颂杨凭及其幕僚戴简，其中对东池戴氏堂的优美环境的描写，文字简洁生动，刻画精细如绘，可以视为柳宗元最早的一篇山水游记。

柳宗元离开潭州，溯湘江南下，经衡阳，自衡阳沿湘江折向西

五、贬谪永州

南前行，于当年岁末穷冬，终于风尘万里到达贬地永州。

永州古为零陵。零陵的得名源于舜帝："舜南巡狩，崩于苍梧之野，葬于江南九疑，是为零陵。"（《史记·五帝本纪》）距今四千多年的舜帝，将帝位禅让给夏禹之后，以年近百岁的高龄到南方巡视，死于苍梧之野，葬于九疑山下，其陵寝称为零陵。汉武帝元鼎六年（前111），置零陵郡。隋文帝开皇九年（589）对地方行政区域的设置进行调整，将原来的州、郡、县三级改为州、县两级，后又改为郡、县两级。在这一调整过程中，零陵因西南"永山永水"，故改郡为永州。从此，永州、零陵一地两名。到唐代，零陵郡分为永州零陵郡和道州江华郡。唐代的历任皇帝曾将永州、零陵两地名交替使用，但到肃宗的时候已经州郡并提，永州全称为永州零陵郡。柳宗元来这里时，永州下辖零陵、湘源、祁阳三县，治所在零陵（今湖南永州）。辖境相当于今湖南永州、永安、祁阳及广西全州、灌阳等地。

永州虽然开发比较早，在唐代属于中等州。但是，安史之乱以后，由于割据的强藩不输赋税，湖南已成为朝廷赋税的主要来源地之一。因为赋税繁重，百姓不堪重负，造成户口大量逃亡。据《旧唐书·地理志》记载，自天宝至乾元，户籍由27494户减至6348户，人口由176168人减至27583人。户口的锐减，反映了当时当地经济凋敝、民不聊生的严重情况。

柳宗元来永州，是个编制外的闲官。他的职务的全衔是"永州司马员外置同正员"。永州司马，官位六品上。"员外置"，就是编制以外的人员。"同正员"，是指俸禄等同正员。因而柳宗元到永州，既无具体职务，也没有官舍，用他自己的诗句形容是"俟罪非真吏"（《韦使君黄溪祈雨见召从行至祠下口号》），即不是真正的官吏，而是被流放的囚犯。他写的《永州龙兴寺西轩记》，记述了自己到永州初期的生活环境和思想状况。

> 永贞年，余名在党人，不容于尚书省，出为邵州，道贬永州司马。至则无以为居，居龙兴寺西序之下。余知释氏之道且久，固所愿也。然余所庇之屋甚隐蔽，其户北向，居昧昧也。寺之居，于是州为高。西序之西，属当大江之流，江之外，山谷林麓甚众。于是凿西墉以为户，户之外为轩，以临群木之杪，无不瞩焉。不徙席，不运几，而得大观。夫室，向者之室也，席与几，向者之处也。向也昧而今也显，岂异物耶？因悟夫佛之道，可以转惑见为真智，即群迷为正觉，舍大暗为光明。夫性岂异物耶？孰能为余凿大昏之墉，辟灵照之户，广应物之轩者，吾将与为徒。遂书为二，其一志诸户外，其一以贻巽上人焉。

柳宗元因名在王叔文党人之列，出为邵州刺史，在途中又被贬为永州司马。到了永州没有居住的地方，只好借住在龙兴寺的西厢房。住在佛寺，柳宗元倒也愿意，因为他从小受到佛教的熏陶，与佛界人士交往已有很长时间了。然而他所住的西厢房非常隐蔽，门户朝北开，室内昏暗不明。他到外边看看，原来龙兴寺所处的位置，是这个地方的最高处。西厢房的西边，紧临流水奔腾的湘江，湘江之外，有很多山谷森林。于是他在厢房的西墙上开了一个门，在门外建了一道长廊，长廊高临树梢，凭栏远眺，一望无际，可以看见辽阔壮观的景物。

这种开户纳明使人豁然开朗的感觉，使柳宗元顿悟佛理："可以转惑见为真智，即群迷为正觉，舍大暗为光明。"他认为人在人世沉浮中疑惑不定，就像被一道墙阻隔了视线一样，佛道的作用就如在墙上打开一扇门户，促使人觉悟，抛弃昏昧而达到光明的境界。这自然是一种迷信的说法，问题是柳宗元这时候产生这种想法,并不是一时心血来潮产生的奇想幻想,而是出于其特定处境的一种心理需求,他是想从现实的困境中寻求得到精神上的解脱。

柳宗元贬谪永州。这对于像他这种功名心很强的人来说,感到前途渺茫,没有出路,是精神极大的折磨。更有甚者,他虽待罪南荒,已远离京城,仍然成为朝臣继续诬陷攻击的对象,一直处于"罪谤交织,群疑当道"(《寄许京兆孟容书》)的地位,以致"万罪横生,不知其端"(《与萧翰林俛书》)。朝廷对王叔文党人的迫害也仍未停止,元和元年(806),王叔文被处死,王伾也很快病死于贬所。朝廷在不到一年的时间里发了三次大赦诏命,都规定"八司马"不在宽赦之例。因此他时刻担心有更为严重的政治迫害降临到自己头上。《始得西山宴游记》中说:"自余为僇人,居是州,恒惴栗",就是他忧惧不安心情的真实写照。这种重重压力,让他在精神上不堪重负,促使他到佛教中去寻求解脱,哪怕佛理能把现实困境与精神压力在思想观念之中略加消解,也是一种心灵的慰藉。

母亲卢氏的去世,是对柳宗元精神上的又一个沉重打击。卢氏三十四岁得独生子柳宗元,由于柳镇常年在外做官,她独自把儿子带大。五十五岁时,柳镇去世,她一直与儿子生活在一起,母子感情十分深厚。柳宗元在仕途上受挫,远放南荒,这时她已六十七岁高龄,坦然地对儿子说:"假如能多活几天,我愿意跟你一同前往。"于是她以年老体弱之躯,千里风尘,跟儿子来到永州,跟儿子共同承受贬地的艰苦。她表现得非常乐观豁达,对儿子说:"明者不悼往事,吾未尝有戚戚也。"勉励儿子要想得开,不要为过去的事情悲伤,表示自己从不为柳宗元的事愁眉苦脸。但是她老人家经历千里车船颠簸,凄风苦雨,饱经艰辛,到永州之后又居住寺庙,水土不服,生活不适,不久就染病在身,终于在第二年五月十五日不幸病故。对于母亲的去世,柳宗元很悲痛,亦很内疚。他认为母亲这样过早地离世,是受到自己贬官南荒的牵累,这里的水土不是奉养母亲的地方。一年后,卢氏灵柩北运,与柳镇合葬于长安万年县栖凤原的柳氏祖茔。柳宗元由于被拘囚,没有活动自由,又不能亲承其事以尽人子之孝,只好请表弟卢遵代为扶柩归葬。他写了一篇《先太夫人河东县太君归祔志》,抒写自己的悲痛:"穷天下之声,无以舒其哀矣。尽天下之辞,无以传其酷矣。"字里行间浸透着深重的哀伤和自责,也蕴含着对于所遭际世事的怨愤。

由于北人南来,水土不服,加之精神上的种种磨难,柳宗元的健康状况每况愈下,诸病缠身,精神委顿,以至于影响日常的读书写作。他在《与杨京兆凭书》中,这样陈述自己的状况。

> 凡为文,以神志为主。自遭责逐,继以大故,荒乱耗竭,又常积忧恐,神志少矣,所读书随又遗忘。一二年来,痞气尤甚,加以众疾,动作不常。眊眊然骚扰内生,霾雾填拥惨沮,虽有意穷文章,而病夺其志矣。每闻人大言,则蹶气震怖,抚心按胆,不能自止。又永州多火灾,五年之间,四为天火所迫。徒跣出走,坏墙穴牖,仅免燔灼。书籍散乱毁裂,不知所往。一遇火恐,累日茫洋,不能出言,又安能尽意于笔砚,矻矻自苦,以危伤败之魂哉?

这一段自述,十分真实地反映了柳宗元在永州的健康与精神状况:大凡写文章,都是以精神、心志为支配动力的。我自从遭到贬斥放逐以后,紧接着又遇上母亲病故,因而心志荒乱,精神耗竭,加之心里常有一种挥之不去的忧虑恐惧,到如今神志已经衰弱,所读过的书也是随即就忘。近一两年来,痞病越加厉害,加上其他疾病,已经难以正常行动。眼睛模糊,总感觉里面好像有什么东西在扰动,眼前就像布满了阴霾尘雾,看不清里面有什么东西,即使有意探求文章的奥妙,却无奈病痛已经夺走了我的意志。每当听到别

五、贬谪永州

人说话的声音大一点，就吓得胆战心惊，用手按住胸口，都无法止住。再加上永州经常发生火灾，五年之内，我家已遭受四次大火，我光着脚从大火中逃出，打墙破窗，才免于烧死。书籍都在大火中散乱毁坏，不知去向。因此一遇上火灾，我就整天心绪恍惚，连话都说不出，又怎么能安下心来写作，自讨苦吃，以致危害已经伤败不堪的灵魂呢？

柳宗元初到永州三十三岁，还是一个年富力强、精神健旺、充满朝气的人，但过了三四年，到三十六七岁的时候，竟成了这样一个多病缠身，行动艰难，眼睛昏花，神智脆弱，闻风丧胆的人。造成他健康状况迅速恶化的原因，首先是精神上所受的种种磨难，其次也由于生活环境的恶劣。痞病就是一种地方病，与当地水土密切相关。这种病的症状是脾脏肿大，引起消化不良，食欲不振，常感到不食自饱。一旦发病就心慌意乱，视力模糊，吃不下饭。人因此一天天消瘦，显出种种衰老迹象："齿疏发就种，奔走力不任。咄此可奈何，未必伤我心。"（《觉衰》）齿疏发短，行走无力，他虽然感觉到未老先衰，但并没有因此悲观丧气。

元和五年（810），柳宗元三十七岁，贬谪永州已经五年了。五年来，几次期待得到朝廷的赦免，几次投书希望得到亲友的援引，全都落空了。重新启用回京，已经没有可能，他不得不冷静地面对现实，准备在永州长期住下去。寄居龙兴寺这样一个火灾多发之地，终究不是长久之计。他需要一处属于自己的安居之所。柳宗元来到城西冉溪一带选择一个宜居之地，有意移居于此，开始新的生活。

> 少时陈列希公侯，许国不复为身谋。风波一跌逝万里，壮心瓦解空缧囚。缧囚终老无余事，愿卜湘西冉溪地。却学寿张樊敬侯，种漆南园待成器。
>
> ——《冉溪》

此诗作者自陈年轻时奋发图强希望得到公侯的地位,以身许国并不是谋求个人的高官厚禄。但是一场政治风波粉碎了自己的爱国壮志,流放万里之外成为一个罪臣。作为罪臣将一辈子无所事事,在政治上不可能有所作为,因此想在湘西冉溪边找一块归宿之地。虽然打算住到冉溪来,但并不是隐逸逍遥,却是要学汉代的樊重,务农种树,做些有益未来的事情。

西汉末年的樊重,善于经营农商,为了制作器物,先在南园种植梓树和漆树。当时的人都嘲笑他。后来树木成材,器物终于做成。他死后被汉光武帝追封为寿张侯,谥号敬,称寿张敬侯。柳宗元引用这个历史典故,意思是说自己政治上既然无所作为,那么就像樊重那样踏实做事,经过长期努力,以期实现自己的人生理想。从此可见他在政治上失意之后并不甘沉沦,仍然想有所作为。

柳宗元在冉溪附近一个风景优美的地方,建筑了住房,整治了周边的环境,为八处景观题了诗,写下了《愚溪诗序》:

灌水之阳有溪焉,东流入于潇水。或曰:冉氏尝居也,故姓是溪为冉溪。或曰:可以染也,名之以其能,故谓之染溪。余以愚触罪,谪潇水上,爱是溪,入二三里,得其尤绝者家焉。古有愚公谷,今予家是溪,而名莫能定,土之居者犹龂龂然,不可以不更也,故更之为愚溪。

愚溪之上,买小丘为愚丘。自愚丘东北行六十步,得泉焉,又买居之,为愚泉。愚泉凡六穴,皆出山下平地,盖上出也。合流屈曲而南,为愚沟。遂负土累石,塞其隘,为愚池。愚池之东为愚堂,其南为愚亭,池之中为愚岛。嘉木异石错置,皆山水之奇者,以余故,咸以愚辱焉。

夫水,智者乐焉,今是溪独见辱于愚,何哉?盖其流甚下,不可以溉,又峻急,多坻石,大舟不可入也。幽邃浅狭,蛟龙不屑,不能兴云雨,无以利世,而适类于余。然则虽辱而愚之可也。宁武子"邦无道则愚",智而为愚者也;颜子"终日不违如愚",睿而为愚者也,皆不得为真愚。今余遭有道而违于理、悖于事,故凡为愚者莫我若也。夫然,则天下莫能争是溪,余得专而名焉。溪虽莫利于世,而善鉴万类,清莹秀澈,锵鸣金石,能使愚者喜笑眷慕,乐而不能去也。余虽不合于俗,亦颇以文墨自慰,漱涤万物,牢笼百态,而无所避之。以愚辞歌愚溪,则茫然而不违,昏然而同归,超鸿蒙,混希夷,寂寥而莫我知也。于是作《八愚诗》,纪于溪石上。

作者所写的《八愚诗》,已经失传。这篇诗序,反映了柳宗元移居冉溪以后优雅宁静的生活环境,也反映了他遭受贬谪以来感愤不平的心境。

灌水的北面有一条溪,向东流入潇水。沿着溪水往上走二三里,在溪畔有一块风景异常秀美的平地,前临冉溪,后倚西山,场地空旷,柳宗元就在这里结庐安家。在溪的上游有一个小丘,往东北走六十步有一处泉水,共有六个泉眼,都出自山下的平地,水从地下向上涌出来,泉水合流后弯弯曲曲地南流,成一条沟。于是挑土垒石堵塞沟水的狭窄处,形成一口小池。池的东面建堂,南面建亭,池中央还有一个小岛。这里美好的树木和奇形怪状的石头错落杂置,都是非常罕见的山水景致。这就是柳宗元生活的环境。他在这里居住,应该是十分悠闲自得的。他在《溪居》诗中说:"闲依农圃邻,偶似山林客。晓耕翻露草,夜榜响溪石。来往不逢人,长歌楚天碧。"空闲时与农家的田圃为邻,偶然也像隐士一样在山林间散步。清晨荷锄耕地翻动含露小草,夜间划船夜归触动溪石作响。来往闲游不见一个人影,放声歌唱只见碧蓝楚天。这样的乡村闲居生活,表面看来也很自由自在,自得其乐。

那么他为什么要把冉溪改名为愚溪,并且用"愚"为住宅周围的丘、泉、沟、池、堂、亭、岛命名呢?"余以愚触罪,谪潇水上,爱是溪",道出了以"愚"命名的原因:我因为愚蠢而犯罪,贬谪到潇水边,喜爱这条溪。愚溪本身并不愚,一个以愚得罪遭贬之人喜爱这条溪,整治出这些景观,这样就被"愚"玷辱了。作者借景寄意,以溪本清美,却"见辱于愚",比喻自己无辜受辱获罪的境遇,抒发自己被贬谪的感愤。

文章说,愚溪自有可愚之处:它的水位低下不能够灌溉田地;加以水势湍急,多有露出水面的石头,大船无法驶入;溪流幽深僻远又浅又窄,蛟龙轻视它,不能兴风作雨,对世人没有一点益处,恰恰与我相类似,那即使用"愚"来称呼它,也是可以的。而自己是真愚:如今遇上政治清明的时代,却违背事理,做错事情,而遭贬谪,所以没有比我更愚蠢的人了。

这一段意思是说,对一条小小的溪流求全责备,达不到大江大河灌溉、运输之类的功用,就说它愚蠢,那是莫须有的罪名。而自己遇上政治清明的时代,却要做违背事理的事情,这才是真正的愚蠢。(做违背事理的事情,暗指参与永贞革新。)其实这种自抑自责之辞,是牢骚语,愤慨话,是以反话正说的方式宣泄无辜遭贬的郁闷不平之气。

文章又说,愚溪亦有可爱之处:溪水虽无益于世人,却善于映照万物,清净明亮,秀美澄澈,水声像钟磬般铿锵鸣响,能够让愚蠢的人欢笑爱慕,高兴得不愿离去。如此美溪,何愚之有?怎可以对它求全责备呢?联系作者自己,又何尝不是这样?虽不合于世俗,亦有一技之长:我也以能写文章而聊以自慰,我的笔下能够反映各种事物的本来面貌,捕捉它们的千姿百态,使一切无所遁形。我又何愚之有?

这一段转而自扬自励：溪虽说愚仍有可爱之处，人虽说愚亦有其可用之处，我有一支生花妙笔，可以从事写作，以另一种方式继续已往的事业。他在《寄许京兆孟容书》中说："贤者不得志于今，必取贵于后，古之著书者皆是也。宗元近欲务此。"他也确是这样做了的。在重新从政已经毫无希望的情况下，他没有悲观失望，自暴自弃，而是毅然拿起笔来，反映现实，批判丑恶，为实现自己的人生理想而继续奋斗。他以"愚"者自居，这种执着的精神，才是大智若愚的本色。

柳宗元建设好家园之后，于当年春夏之交搬进新居，开始了新的生活。他"为圃湘之西，穿池可以渔，种黍可以酒，甘终为永州民"（《送从弟谋归江陵序》）。在湘江之西垦地种菜，下到池塘里可以抓鱼，种植谷黍可以酿酒，日子过得有了滋味，因此他表示甘心情愿一辈子做永州的平民。他在庭院内外布置茅亭异石，种植自己喜爱的嘉木花卉和养生治病的药材，自己也参加一些力所能及的劳动：有时把锄种地，有时登山采药，有时临溪垂钓，好一派怡然自得的模样。一位长安的朋友来永州看望他，本想好好安慰他，但见他精神很好，态度达观，就说："我没有什么好安慰你了，让我更改初衷向你表示祝贺。"他回答说："子诚以浩浩而贺我，其孰承之乎？嘻笑之怒，甚乎裂眦，长歌之哀，过于恸哭。庸钜知吾之浩浩非戚戚之尤者乎？"（《对贺者》）其意思是说：你如果以我浩然达观的表现来祝贺我，谁能承受这样的祝贺呢？嬉笑怒骂，比瞪眼怒斥还要厉害，长歌当哭，比捶胸恸哭更加悲伤。你哪里知道我的外表达观不是心中更大的忧伤呢？这就表明了在他达观的表象之下，仍然深藏着挥之不去的忧伤：无辜遭贬的委曲，壮志难酬的痛苦，使他一直难以释怀。

六、寄情山水

投迹山水地,放情咏《离骚》。

——《游南亭夜还叙志七十韵》

柳宗元在永州,是一个编制以外的闲官,没有什么具体职务,整天无所事事使他感到十分无聊,名列"刑部囚籍"的处境更带来无穷的苦闷。无聊是人生的最大负担,苦闷是人生最大的难耐,他只有寻山问水,探幽访胜,到山川景物中寻求精神寄托,排遣心中的忧郁。

永州地处湖南南部,西、南、东三面环山,向东北开口的马蹄形盆地的南缘,南岭山脉的北麓。湘水自西南奔腾而来,到城北与东来的潇水会合,然后蜿蜒北流。由于一系列的地壳运动,加以风雨剥蚀,这里多形成奇岩怪石。在这样的背景上,点缀以茂林修竹,清溪碧潭,呈现出一派秀美的南国风光。长期生活在北方的柳宗元,带着无辜遭贬的苦闷来到这里以后,新奇的山川胜景自然成了他的一种精神慰藉。

初到永州的时候,柳宗元只在居住地附近观赏、游玩。他寄住的龙兴寺,所处的位置地势很高,西厢房的西边,紧临流水奔腾的湘江,湘江之外,有很多山谷森林。为了便于观赏,他在厢房西墙上开了一个门,在门外建了一道长廊。站在长廊上凭栏远眺,就可以望见辽阔壮观的自然景物,使他心旷神怡。

有一天,柳宗元游览了法华寺。法华寺又名高山寺,建立在永州城内最高处。他觉得这是一个观赏风物的好地方,就和法华寺高僧觉照商量,征得他的同意,把法华寺厢房西边的地面整修了一番,建起一个又高又大的西亭。

> 窜身楚南极,山水穷险艰。步登最高寺,萧散任疏顽。西垂下斗绝,欲似窥人寰。反如在幽谷,榛翳不可攀。命童恣披翦,茸宇横断山。割如判清浊,飘若升云间。远岫攒众顶,澄江抱清湾。夕照临轩堕,栖鸟当我还。菡萏溢嘉色,篔筜遗清班。舒神屏羁锁,志适忘幽潺。弃逐久枯槁,迨今始开颜。赏心难久留,离念来相关。北望间亲爱,南瞻杂夷蛮。置之勿复道,且寄须臾闲。

——《构法华寺西亭》

这首诗的前半部分,叙写建筑法华寺西亭的缘起与经过:我被放逐到楚地的最南端,这里的环境险恶艰难。迈步登上地势最高的法华寺,在这闲散日子潇洒地放诞一番。寺庙西檐下是陡峭的山崖,高得好像从天上俯窥人间。但那里反而如处幽谷之中,荆榛覆盖着令人难以登攀。我叫童仆把那里的草木砍伐干净,横对断崖修建起一座亭宇。诗的后半部分,抒写在西亭赏景时起伏不平的复杂心情:眼前景象分明可以判断清浊,飘飘欲仙仿佛登上云天。远处的群山朝着这里靠拢,澄澈的江流抱着东山绕弯。夕阳面临着轩窗沉落,归鸟在我的面前飞还。池塘里的荷花色彩鲜艳,山林间的竹子泪迹斑斑。精神舒畅,如同除了缰绳枷锁,心情安适,也就忘记了愁苦心酸。遭到弃逐以来一直身心憔悴,到今天登上西亭才开始愉悦开颜。可惜这种赏心乐事难以久留,离愁别恨顿时又涌上心头。举头北望,亲友远在千里之外,回视南方,我却杂居在夷蛮之地。还是放下这些念想不要再提,借着这须臾的悠闲忘掉忧烦。

这首诗,展示了柳宗元在永州时期山水诗文的基本情调。"作者虽因亭外景色的感染,乐以忘忧;然乐中有忧,'赏心难久留,离念来相关'四句,说明他的乐以忘忧是短暂的,而苦闷是难于排除的。所谓'置之勿复道,且寄须臾闲',不过是作者在无可奈何处境中聊以自慰而已。典型地体现了柳宗元山水诗的感情基调:孤愤沉郁,深沉凝重。"(吴文治、谢汉强主编《柳宗元大辞典》,第147—148页)

为了消磨时日,摆脱苦闷,他也常常漫无目的地浪游,足迹先后到达南亭、朝阳岩、湘口馆、华严岩、石门精舍、蒲州石矶、石角山等地。

柳宗元于永贞元年(805)年末到永州以后,并未摆脱"罪谤交织,群疑当道"的处境,原来相识的故旧大臣都不敢与之通音问,孤身待罪南荒,时时担心进一步的政治迫害再临头上,心情一直很压抑苦闷。随意而行的漫游,只是消遣一时,并没有让他从这种苦闷中解放出来。到了元和四年(809),突然接到父亲故交、时任京兆尹的许孟容的来信,受到莫大的鼓舞,使他萌发出"复起为人"的希望。他想有一个新的开始,寻求获得精神的自由解放。

这年九月二十八日,柳宗元在法华寺游览,坐在西亭向西眺望,发现远处的西山好像很特别。随后他便带着僮仆渡过湘江,开道前行,爬山了西山顶峰,果然看到了意想不到的境界,得到了异乎寻常的感受。他觉得这是一个新的开始,于是写了《始得西山宴游记》,记叙这一次游览的始末。

> 自余为僇人,居是州,恒惴栗。其隟也,则施施而行,漫漫而游,日与其徒上高山,入深林,穷回溪,幽泉怪石,无远

六、寄情山水

不到。到则披草而坐，倾壶而醉。醉则更相枕以卧，卧而梦，意有所极，梦亦同趣。觉而起，起而归。以为凡是州之山水有异态者，皆我有也，而未始知西山之怪特。今年九月二十八日，因坐法华西亭，望西山，始指异之。遂命仆人过湘江，缘染溪，斫榛莽，焚茅茷，穷山之高而止。攀援而登，箕踞而遨，则凡数州之土壤，皆在衽席之下。其高下之势，岈然洼然，若垤若穴，尺寸千里，攒蹙累积，莫得遁隐。萦青缭白，外与天际，四望如一。然后知是山之特出，不与培塿为类，悠悠乎与颢气俱，而莫得其涯，洋洋乎与造物者游，而不知其所穷。引觞满酌，颓然就醉，不知日之入。苍然暮色，自远而至，至无所见，而犹不欲归。心凝形释，与万化冥合。然后知吾向之未始游，游于是乎始，故为之文以志。是岁元和四年也。

既然认为这次西山之游是一个新的开始，就要对过去的情况做一番回顾，有个相互比较。因而文章开始用了一大段文字，叙写贬官永州之后、发现西山之前游览山水，排遣苦闷的情况：自从我成为罪人，住在此州，常常胆战心惊，忧惧不安。空闲的时候，就缓步行走，漫无目的地游览。每天与同伴上高山，进深林，穷尽萦回曲折的溪流，有幽泉怪石之地，无论多远都去看看。到一个地方就拨开野草坐下，壶底朝天喝个醉，醉了就相互依靠着睡倒，睡了就做梦，心里想到什么，梦中也梦见什么。睡醒了就起来，起来就回家。本来以为这个州的奇异山水都被我享有了，却还不曾知道西山风景的怪异奇特。

柳宗元这一段自述，是他在永州前期生活状态的实录，勾画出他恣意而游、随遇而安、一醉方休的神情意态，突出地显示了他内心无法排遣的苦闷和行动的无聊。这种麻醉一时、毫无收获的游山玩水，自然是带着苦闷的心情而去，依然带着苦闷的心情而归。作者这一段描述，与下面宴游西山的活动，形成了鲜明的对照。

　　文章的主体部分，正面叙写发现西山、攀登西山和游览西山的情景。作者坐在法华寺的西亭，遥望西山，指点观看才感觉到它的奇异，然后命仆人开道探胜。上山的路草木丛生，很少有人问津，他们一边开道，一边前进，披荆斩棘，攀援登高。登上顶峰以后，席地而坐，纵目四顾，山周围的数州土地都呈现在坐席下面。周围的山峦高高低低，千姿百态，有的像蚂蚁封窝的小土堆，有的像凹下去的小坑穴。从高处望去，千里之远，如同尺寸之间，重重叠叠的山峰，一览无余。青山萦回，白水缭绕，直到与天相接，眺望周遭，浑然一体。西山的高峻不凡和壮美景色，让作者赞叹不已：这一下我才知道西山的卓异不群，小土丘之类怎能和它相比！它与宇宙的浩气连为一体，无边无际；它和造物者一起交游，没有尽期。这是作者对西山的认识，对西山的评价，又含有明显的自况之意，自负之情。他是用自己的性情人格写西山，又借西山显示自己的性情人格。山不在高，寓情则灵。作者笔下特立的西山，已成了一种高尚人格的象征。

　　西山的卓异不群，使作者找到精神上的寄托；大自然的壮美景观，使作者心旷神怡，于是他举杯痛饮，颓然醉倒，连太阳下山都不知道。苍茫的暮色由远而近，直到什么都看不见时，仍然不想回家。此刻他无思无虑，无拘无束，周身松快，仿佛整个身心都与大自然融为一体，达到了物我契合无间的境界。这种境界是前所未有的，因此他说：我这才认识到往日等于没有游过山水，真正游赏山水从这一次开始。

　　总观全文，作者是以一个"始"贯穿始终的。作者处处提醒，反复强调，宴游西山是一个崭新的开始。从这一次开始，他真正发

六、寄情山水

现了永州山水的自然美,并从自然美的追求中获得了豁然开朗的境界,使他精神上有了寄托,思想上得到解放。这是谪居永州以来从来没有的。正因为如此,西山宴游,才是作者真正游览永州山水的一个新起点,也是他思想、创作历程的一个转折点。他著名的"永州八记",就以此为开篇。

游览西山之后,柳宗元继续出游探寻胜景。第八天,他在西山的西麓发现了钴鉧潭。潭的面积广大,状如熨斗,所以给它取名叫"钴鉧潭"。随后他多次到此游玩,并且买下潭周边的田地,筑台修泉,加以改造,写了《钴鉧潭记》:

> 钴鉧潭在西山西,其始盖冉水自南奔注,抵山石,屈折东流,其颠委势峻,荡击益暴,啮其涯,故旁广而中深,毕至石乃止。流沫成轮,然后徐行,其清而平者且十亩余,有树环焉,有泉悬焉。其上有居者,以予之亟游也,一日款门来告曰:"不胜官租私券之委积,既芟山而更居,愿以潭上田贸财以缓祸。"予乐而如其言,则崇其台,延其槛,行其泉于高者而坠之潭,有声潀然。尤与中秋观月为宜,于以见天之高、气之迥。孰使予乐居夷而忘故土者,非兹潭也欤?

作者站在钴鉧潭边,放眼源头流水,探求钴鉧潭的形成:钴鉧潭在西山的西麓,它的源头本是冉水向南奔流,抵触到山石,就折向东流,由于上下游落差大水势峻急,激荡冲击愈加猛烈,冲蚀水岸,所以钴鉧潭四面宽广而中间深沉,一直冲刷到露出山石才休止。流水激荡起的水沫如车轮般旋转,然后缓缓下流,潭中清澈平静的水面有十多亩,四周有树木环绕,泉水高悬。

接着,作者记叙自己得到钴鉧潭的经过,抒写山水之乐给他带来的慰藉:潭边有一户居民,见我多次去那儿游览,有一天前来敲门相告:"我承受不了官府租税和私人债券的不断增加,已经在山中开荒就要搬家了,愿意把潭边的田地卖点钱缓解灾祸。"我高兴地按照他的要求做了。买得田地之后,于是我加高了潭边的石台,延长了潭边的栏杆,疏导高处的泉水,使它坠落到潭中,发出淙淙的声响。此处尤其适合中秋之夜赏月,可以看到天空的高旷,大气的渺远。是什么让我乐于居住在蛮夷之地而忘记故乡呢,不就是这个钴鉧潭吗?

作者陶醉在钴鉧潭的水天美景之中,像一个征服者,购得了胜景之地,欣赏着自己改造的劳动成果,使他洋洋得意,乐而忘忧,摈弃了尘世的一切烦忧,身心感到轻松,精神获得自由解放。因此,他宁愿居住在这僻远的蛮夷之地,而忘掉那充满尔虞我诈的京城长安。

柳宗元的探胜之旅没有止步。不久,他又在钴鉧潭往西数十步的万绿丛中,发现了一个小山丘。小山丘奇石突出,竹木苍翠,却久被废弃。柳宗元觉得可惜,就把它买了下来,经过一番整修,使它呈现奇姿异彩。于是他写了《钴鉧潭西小丘记》,书于山石上。

得西山后八日,寻山口西北道二百步,又得钴鉧潭。潭西二十五步,当湍而浚者为鱼梁。梁之上有丘焉,生竹树。其石之突怒偃蹇,负土而出争为奇状者,殆不可数。其嵚然相累而下者,若牛马之饮于溪;其冲然角列而上者,若熊罴之登于山。丘之小不能一亩,可以笼而有之。问其主,曰:"唐氏之弃地,货而不售。"问其价,曰:"止四百。"余怜而售之。李深源、元克己时同游,皆大喜,出自意外。即更取器用,铲刈秽草,伐去恶木,烈火而焚之。嘉木立,美竹露,奇石显。由其中以望,则山之高,云之浮,溪之流,鸟兽之遨游,举熙熙然回巧献技,以效兹丘之下。枕席而卧,则清泠之状与目谋,瀯瀯之声与耳谋,悠然而虚者与神谋,渊然而静者与心谋。不

六、寄情山水

匝旬而得异地者二，虽古好事之士，或未能至焉。

噫！以兹丘之胜，致之沣、镐、鄠、杜，则贵游之士争买者，日增千金而愈不可得。今弃是州也，农夫渔父过而陋之，贾四百，连岁不能售。而我与深源、克己独喜得之，是其果有遭乎！书于石，所以贺兹丘之遭也。

文章首先记叙小丘的发现经过，点明小丘的方位：在发现西山以后的第八天，沿着山口往西北走两百步，又找到了钴鉧潭。潭西水深流急的地方，有一条石垒的鱼梁。鱼梁上面有一座小丘，生长着竹子和树木。接着，作者就为我们介绍小丘的奇特之处，集中笔墨描写千姿百态的奇石：小丘山的岩石有的突起如怒，有的高仰似傲，都顶着泥土向上钻，争相呈现各种奇形异态，多得几乎难以尽数。那些高高地耸起互相重叠又倾斜着向下延伸的，宛如牛马探身在溪边饮水；那些昂然突起像兽角一样排列向前的，犹如熊罴奋力向山上攀登。这些毫无生命的山石，在作者眼中都充满着生机，栩栩欲活。可见他对小丘的喜爱已经移情于石了。

文章接着记叙小丘的被弃与遇合：小丘的面积很小，不足一亩，简直可以用一个笼子把它装下。问到小丘的主人是谁，有人说："这是姓唐人家废置的土地，要卖却卖不出去。"问它的价钱，回答说："只要四百文。"这样一个奇美的小丘，竟然任其荒废，横遭冷落，使贬谪南荒的作者产生同病相怜的感情，于是买下了它。他与同游的两位朋友都很高兴，感到出乎意外。他们随即拿起工具，割杂草，伐恶木，点燃大火把它们烧掉。于是嘉木立，美竹露，奇石显。这时站在小丘上举目远眺，高耸的山峰，飘浮的云彩，流淌的溪水，以及遨游的飞禽走兽，全都欢欣地呈巧献技，呈现在小丘面前。席地躺在小丘上，那明净清凉的景色映入眼帘，潺潺的水声萦回耳际，恬淡空虚的境界融入神思，深沉幽静的气氛沁入心灵。这时他的心神已经与四周的景物契合无间，情景完全交融一体，徜徉山水自得其乐的心境也就跃然纸上。对于一个囚居穷乡，终年愁闷的人来说，这是多么值得珍惜的好事。因而文章接着说：不到十天就发现两处风景胜地，即便是古代喜欢登山临水的人，或许也做不到吧。

文章最后一段，作者就小丘的遭际，直接抒发自己的感慨：噫！凭着这个小丘的胜景，如果把它搬到长安附近的沣、镐、鄠、杜等地，那么爱好山水的王子王孙必定争相购买，即使每天增价千金也还是不能买到。现在被遗弃在这个僻远的永州，连农夫渔父从这里经过也看不上眼，价钱低到四百文，也还多年卖不出去。唯独我和李深源、元克己高兴地买下了它。这个小丘难道真的交上了好运。我把以上这些话写在岩石上，用它来祝贺这个小丘碰上了好运。

作者的这一番感慨，实际上是借端发挥，借小丘遭受弃掷的际遇，隐喻自己长期贬谪南荒的处境，抒发怀才不遇的悲愤与不平。篇末祝贺小丘交上了好运，它的奇美终于有人赏识，这一方面是以乐言忧，借以反衬自己的沦落不遇，另一方面也包含着一种期待，说明他对前途还抱有一定的希望。

柳宗元游过西山没有多少天，又和他的朋友吴武陵、龚古，以及他的弟弟宗玄，带了他的两个外甥恕己和奉壹，一起重游西山。在这次游览过程中，他们在钴鉧潭西小丘的西边又发现了一个小石潭。他写的《至小丘西小石潭记》，记叙了发现小石潭，游览小石潭，直至离开小石潭的全过程，以富有诗情画意的写景取胜，也反映游人心态的变化。

文章开头写发现小石潭："从小丘西行百二十步，隔篁竹，闻水声，如鸣佩环，心乐之。伐竹取道，下见小潭，水尤清冽。"未见小潭,先闻水声,水声如佩玉作响,心里很喜欢。于是伐竹开道,要探个究竟,终于看到了一个小潭,潭水特别清凉。精力没有白费,其乐更不待言。发现小潭的过程,着重表现作者探求胜景的急切和发现胜景的喜悦心情。

游览小潭,趣味在观鱼之乐:"潭中鱼可百许头,皆若空游无所依,日光下澈,影布石上,怡然不动,俶尔远逝,往来翕忽,似与游者相乐。"潭水清澈,潭中的百来条鱼,都像是游在空中无凭无依。日光向下透射,鱼儿的影子分布在石底上,呆痴痴地一动不动;突然又游走,消失在远方,往来飞快的样子,好像在与游人逗乐。这个场景,见鱼儿游动,也可见游人观鱼的情态。游人看到鱼儿高兴,鱼儿才好像与游人一起高兴。

文章最后写他离开小石潭的原因:

> 坐潭上,四面竹树环合,寂寥无人,凄神寒骨,悄怆幽邃。以其境过清,不可久居,乃记之而去。

作者坐在潭边,环视四周竹树环绕,寂静冷清,使人感到心神凄凉,寒气透骨,寂寞幽深。由于此处环境过于清冷,不宜久留,于是记下观感便离去。因为环境的清幽冷寂,引起他的身世之感,谪居边荒的冷漠凄凉,顿时涌上心头,使他感到难以承受。短暂的山水之乐,终究无法改变冷酷的现实境遇带来的痛苦。

柳宗元在元和四年(809)所写的这四篇游记,既是永州胜景游记,也是自抒怀抱之作。这时候,他已经不同于过去消磨时日的随意浪游,而是主动寻幽探胜,企图在大自然的美好境界中寻求寄托,获得精神解放。然而山水之乐终究是短暂的,不可能解除现实的人生困境,因此在这些文章中也难免有遭受弃掷之叹,凄神寒骨之悲。不过这几篇情景交融、别开生面的游记作品,在他的文学创作道路上却具有划时代的意义。

元和五年（810），柳宗元移居愚溪之畔以后，更加亲近大自然，经常徜徉于山水之间。

　　悠悠雨初霁，独绕清溪曲。引杖试荒泉，解带围新竹。亦吟亦何事？寂寞固所欲。幸此息营营，啸歌静炎燠。

——《夏初雨后寻愚溪》

初夏时节，连绵淫雨刚刚停息，他便独自围绕着愚溪散步。拿着手杖试探一下荒野里水泉的深浅，又解下腰带围拢东倒西歪的新竹。他说：我为什么喜欢在这里徘徊沉吟？因为寂静的境界正是我的追求。幸亏有这样一个地方可以平息我焦虑的心态，在溪边长啸歌吟还可以驱除夏天的炎热。作者觉得徜徉山水之间，可以解脱世俗尘网的束缚，超越人世间的烦扰和困惑，不再为自己的处境烦恼，就可以获得精神上的自由解放。

　　千山鸟飞绝，万径人踪灭。孤舟蓑笠翁，独钓寒江雪。

——《江雪》

隆冬时节，大雪纷飞。柳宗元踏雪出游。环视千山万径，不见一只鸟飞，不见一个人行，整个天地之间都是一片白茫茫的大雪，笼罩着一股凛冽逼人的萧森寒气。但在茫茫江面上，却有一只孤舟，孤舟上坐着一位披着蓑衣的渔翁，正独自在寒江中全神贯注地垂钓。

这首诗，不仅勾画出一幅渔翁雪天寒江独钓图，同时也是诗人借景抒写怀抱，在独钓寒江的渔翁身上，寄托了诗人矢志不移的高洁人格，显示其我行我素的傲然之气，身处困境而不忘追求的精神。"熟悉柳宗元身世遭遇，特别是他贬居永州期间境遇与心情的人会从这孤舟独钓寒江的渔翁身上看到诗人自己的形象。当时他的处境是'身编夷人，名列囚籍'，过去一些亲戚朋友都和他断绝了来往，处于十分孤寂的境地。诗的一、二两句描绘的千山万径，飞

六、寄情山水

鸟绝迹、行人无踪的寒寂萧森、空旷寥落的图景，实际上正渗透诗人对自己所处环境的感受。而在孤舟独钓寒江的渔翁身上，则正寄托着诗人那种'虽万受摈弃，而不更乎其内'的坚定思想、政治操守和顽强不屈的抗争精神。"（刘学锴撰《唐诗选注评鉴》七，第294－295页）

元和七年（812）秋天，柳宗元又进行了一次探胜之游。他从潇水西岸的朝阳岩乘船，溯流东南而上到芜江，发现了袁家渴。自袁家渴再向南走近百步，到了石渠。从石渠再往南走到尽头，就到了石涧。他游览石涧以后，又返程西北方向越过西山的黄茅岭，稍稍向北又转向东，走了不过四十丈，便发现了小石城山。游历了这四处胜景以后，他兴奋不已，回家就接连写下了《袁家渴记》《石渠记》《石涧记》《小石城山记》，记叙它们各具特色、幽美秀丽的山水景观。这四篇游记，便是"永州八记"的后四记。

后四记中，《袁家渴记》《石渠记》《石涧记》都是写景之作，唯《小石城山记》"借山石之瑰玮，以吐胸中之气"（茅坤《唐宋八大家文钞》卷二三）。

自西山道口径北，逾黄茅岭而下，有二道，其一西出，寻之无所得。其一少北而东，不过四十丈，土断而川分，有积石横当其垠。其上为睥睨梁欐之形，其旁出堡坞，有若门焉，窥之正黑。投以小石，洞然有水声，其响之激越，良久乃已。环之可上，望甚远，无土壤而生嘉树美箭，益奇而坚，其疏数偃仰，类智者所施设也。

噫！吾疑造物者之有无久矣，及是，愈以为诚有。又怪其不为之中州，而列是夷狄，更千百年不得一售其伎，是故劳而无用，神者傥不宜如是，则其果无乎？或曰："以慰夫贤而辱于此者。"或曰："其气之灵不为伟人，而独为是物，故楚之南少人而多石。"是二者,余未信之。

　　小石城山位于永州芝山城西。文章开头先叙述去小石城山的路径,以游览者的口吻写出作者发现小石城山的经过:从西山道口一直向北,越过黄茅岭往下走,眼前展现两条道路,其中一条往西延伸,沿路寻去,没有发现什么。另一条道路稍稍偏北又向东,走了不过四十丈便发现一座断裂的土山,河流从此分为两支,有一堆垒积的石头横挡在路的尽头。这就是作者要记叙的小石城山了。文章接着就正面描绘小石城山:石堆上面呈现女墙和房屋的形状,旁边耸立着一座小城堡,有个洞穴像城门,向门洞里窥视,黑乎乎的。投一块石头进去,隐约可以听见响亮清脆的水声回响其中,好一阵子才停息下来。绕着石堆可以攀登到城堡的顶上,在上面能够望得很远,堡顶没有泥土,而长出的嘉树美竹,却奇特而坚韧。竹子、树木长得疏密相间,高低俯仰,错落有致,好像是聪明人精心安排布置出来一样。

　　小石城山奇美无比,天然造化,鬼斧神工,却在边荒之地无人问津,这就自然而然地引发作者的联想和思索。文章后一部分,作者以自问自答的语气议论造物者的有无,探讨美好的景物为什么偏要处于荒僻的地方,借以诉说人事的不平。这一部分有三层意思。第一层说:唉,我怀疑有没有创造万物的神灵已经很久了,来到这里看到如此奇景,越是感到神灵确定是存在的。柳宗元其实并不相信神灵,这里之所以这样说,是为了强调小石城山景色的奇妙惊人。接着,作者笔锋一转,引出第二层意思:然而我又觉得奇怪,造物者为什么不把这样美好的景物置于中原,而偏偏把它放在这个边远的地方,使它经历千百年也没有机会向游赏者显示一下自己的奇姿美态。这实在是劳而无功的事。造物者或许不会这样做的,那么神灵果真是没有的吧?这样,作者又否定造物者的存在。于是文

六、寄情山水

章转入第三层,试图对于山川之美不在中原而在边远之地的现象做一番解释:有人说:"这是用来慰问那些贤明而受辱来到这里的人的。"有人说:"这是天地的神灵没有造成伟大人物,而是造成自然景物,所以永州一带人才少而奇石多。"对这两种说法,我都不相信。文章就这样戛然收尾了,其言外之意让读者自己去体会。

作者这一番议论,非同一般,它并不是明辨事理,论证某种观点,而是以议论之笔,抒写怀抱,以貌似平和的议论委婉地诉说自己心中的不平。作者从怀疑造物神灵之有无发端,似乎在反复探索一个问题:美好的景物为什么偏要置于荒僻的地方?他引用了几种解释,都不能令人信服。醉翁之意不在酒,作者在这里使用的是"言在此而义归于彼"的曲笔,表面上在谈论山水景物,实际上在诉说不平人事。他是以秀丽风景不在中原而在边荒,来隐喻贤能之士不为朝廷所用而被放逐到边地的情况,借以抒发自己横遭贬谪、壮志难酬的一腔悲愤。

柳宗元游览永州城南石涧之后,写了《石涧记》,还写了一首五言古诗《南涧中题》。游记以记游写景为主,诗则着重抒写诗人怀抱,倾诉长期谪居南荒忧伤孤寂的情怀,从中可见诗人的自我形象。

秋气集南涧,独游亭午时。回风一萧瑟,林影久参差。始至若有得,稍深遂忘疲。羁禽响幽谷,寒藻舞沦漪。去国魂已游,怀人泪空垂。孤生易为感,失路少所宜。索莫竟何事,徘徊只自知。谁为后来者,当与此心期。

深秋时节,诗人独游南涧,涧中寂寞森严,仿佛秋天的肃杀之气独聚焦于此。山谷的秋风骤起,树木摇动,林影参差,久久不已。初入其境,仿佛有所领悟,渐入深林,就全然忘记了疲惫。忽闻失群的禽鸟在幽谷啼鸣,又见清冷的水藻在随波漂荡,便令人想起自身境遇的凄凉。离开京城贬谪南荒,让我魂无所依,怀念亲友生死未卜,如今有泪空垂。孤身独处容易触景感怀,失意之人总是动辄得咎。踽踽独游,寂寞凄清,究竟所为何事？徘徊山涧,所思所念,只有自己知详。若有后来的贬谪者来到这里,也许会理解我此时此刻的心情。

诗人的南涧之游,本是解人烦闷的乐事,然而萧瑟的秋景,却偏偏勾起他的身世悲凉之感。更为难堪的是他的寂寞和痛苦只有自己知道,并不为世人所理解,流露出一种难以言状的空虚失落感与孤寂凄清感。出现在我们面前的是一个被当世所遗弃的孤独者的形象。

元和八年（813）五月十六日,柳宗元前往距永州七十里的黄溪游览,写了《游黄溪记》,记叙黄溪胜景,同时写了《入黄溪闻猿》一诗,抒写身世之感。

  溪路千里曲,哀猿何处鸣？孤臣泪已尽,虚作断肠声。

黄溪小路弯弯曲曲千里绵延,不知从哪里传来猿猴的哀啼。听猿啼声声使诗人心动神悽,沦落天涯的身世之感油然而生,可是他如今已经欲哭无泪：孤独无助的臣下眼泪已经哭干,你叫声再哀也是徒劳无益。

悲不待猿声而发,可见他贬谪永州七八年来一直都无法摆脱"宦情羁思",经常为有志难伸、有冤难诉而痛苦流泪,短暂的山水之乐,根本无法抚平心灵的创伤。他在《与李翰林建书》中说："仆闷即出游,游复多恐。……时到幽树好石,暂得一笑,已复不乐。何者？譬如囚拘圜土,一遇和景出,负墙搔摩,伸展支体,当此之时,亦以为适,然顾地窥天,不过寻丈,终不得出,岂复能久为舒畅哉？"他告诉朋友,心情烦闷就出去游览。有时遇到幽树好石,获得暂时的欣喜,然而已经不再有快乐可言了。为什么这样说

六、寄情山水

呢?因为这就像是被囚禁在牢狱之中,一遇到风和日暖的时候就出来,背靠墙壁搔痒,伸展一下四肢,每当这个时候,也觉得舒适惬意,然而看看上天下地,不过在寻丈之间,却始终不能出去,这难道还能认为一直可以在这里舒适畅快吗?事实上,正是囚徒般的生活处境,使他经常痛苦流泪:"宗元以罪大摈废,居小州,与囚徒为朋,行则若带上缧索,处则若关桎梏,彳亍而无所趋,拳拘而不能肆。"(《答周君巢饵药久寿书》)

正因为如此,他在《囚山赋》中,把永州四周的山林视为拘囚他的围城,把自己比作牢笼中的囚犯:

楚越之郊环万山兮,势腾踊夫波涛。纷对回合仰伏以离迾兮,若重墉之相褒。争生角逐上轶旁出兮,其下圻裂而为壕。欣下颓以就顺兮,曾不亩平而又高。沓云雨而渍厚土兮,蒸郁勃其腥臊。阳不舒以拥隔兮,群阴冱而为曹。侧耕危获苟以食兮,哀斯民之增劳。攒林麓以为丛兮,虎豹咆㘖代狌牢之吠嗥。胡井眢之管视兮,穷坎险其焉逃!顾幽昧之罪加兮,虽圣犹病夫嗷嗷。匪兕吾为柙兮,匪豕吾为牢。积十年莫吾省者兮,增蔽吾以蓬蒿。圣日以理兮,贤日以进,谁使吾山之囚吾兮滔滔?

此赋写于元和九年(814),柳宗元贬居永州已经十年,而戴罪之身依旧,归朝渺然无望。他冤屈无告,悲愤难遣。永州的山水自然,曾经为他消愁解闷,带来一时的精神慰藉,如今在他的眼里却成为拘囚他的牢笼。这篇赋,作者就是描写自己身处的山林环境,借以倾诉长期被拘囚边荒的怨情。赋的前一部分,描写万山环抱如同围城的形势和山内极其恶劣的环境:楚越的郊原万山环绕,山势起伏如同汹涌起伏的波涛。它们回合俯仰遮挡着空间,宛如重重包围的城墙。山石犬牙交错四处横生,山下开裂而成为深深的壕沟。

山势下趋的地方有一块平地，竟然还不到一亩就又高高拔起。山中多云雨把土地浸润，热气蒸腾弥漫着腥臊。阳气阻隔不得舒展，阴气固结凝冻如膏。百姓在山边耕种收获勉强养活自己，实在可怜他们格外辛劳。山林成了荆棘丛生的囚牢，其中虎豹的咆哮就像牢狱的犬吠。处在这样的地方如同坐井观天，极其艰险却无处可以逃跑！赋的后一部分作者直接抒写自己长期被囚困的悲愤：加给我的那些不明不白的罪名啊，即使圣人也会像病夫一样哀号。不是犀牛却把我锁在囚槛，不是野猪却把我关在牢笼。滞留了十年仍没有人省视，我日复一日埋没在野草蓬蒿之中。圣人一天天治国理政，贤人一天天进用朝廷，究竟是谁让这群山一直囚禁着我啊？

诗人的呐喊，是对当权者发出愤怒的质问。他不甘心长期被囚禁于牢笼之中，让生命价值日销月铄地磨灭。他是一只被关在牢笼中的苍鹰，渴望冲破束缚展翅奋飞云天。

  凄风淅沥飞严霜，苍鹰上击翻曙光。云披雾裂虹霓断，霹雳掣电捎平冈。砉然劲翮剪荆棘，下攫狐兔腾苍茫。爪毛吻血百鸟逝，独立四顾时激昂。炎风溽暑忽然至，羽翼脱落自摧藏。草中狸鼠足为患，一夕十顾惊且伤，但愿清商复为假，拔去万累云间翔。

——《笼鹰词》

诗人以笼中苍鹰自喻，托物抒志。他在《谢襄阳李夷简尚书委曲抚问启》中说："某负罪沦伏，声消迹灭，……瞻仰霄汉，邈然无由。网罗未解，纵羽翼而何施，囊槛方坚，虽虎豹其焉往？"这首诗就是以形象化的手段抒写这样的情志。诗的前半描写鹰击长空，叱咤风云的雄姿：它不畏风霜严寒，迎着曙光腾空高翔。穿云破雾冲断彩虹，霹雳闪电般掠过山冈。强劲的翅膀迅疾地劈剪荆棘，向下俯冲抓取狐兔又腾飞天上。它带毛沾血的形象令百鸟远

六、寄情山水

避,独立四望更显得意气昂扬。诗的后半叙写形势陡变,苍鹰横遭厄运,窘困不安:夏风酷暑忽然来临,苍鹰羽毛脱落身受挫伤。草中山猫野鼠猖獗为祸,它夜不成寐惊恐又悲伤。诗的末尾两句结以企盼之词:但愿苍鹰能够再度凭借秋风,挣脱羁绊重上云天高高飞翔!

这首咏物诗,咏物即是写人,是诗人自我形象的生动写照。它描写的是苍鹰在夏、秋两季的不同处境和不同形象,实际上是以季节的更替隐喻政治形势的变化,借以表达诗人在永贞革新前后不同的处境和情怀,从中可见他当年勇敢参加永贞革新的豪情壮志和果断行动,也可见遭受失败之后的险恶处境与悲惨遭遇。诗的结尾表明,诗人虽身陷困境,仍不甘沉沦,依然心系万里长空,期盼能冲破一切束缚,展翅奋飞,实现自己的人生理想。可见他"猛志固常在",昂扬进取的精神仍未泯灭。

这一系列作品,就是柳宗元的"离骚"。

七、不忘生民

仕虽未达，无忘生人之患。

——《答周均巢饵药久寿书》

周均巢，是柳宗元年轻时的一位朋友，如今在一个幕府中做幕僚，热衷于求仙炼丹，追求长寿。他得知柳宗元谪居永州处境不佳、身体有病，出于对朋友的关心，特地写信向他推荐隐居山野的方士，说他们既能长寿又有神通，而吃丹药就可以延年益寿。

柳宗元给周均巢复信，感谢朋友的好意，但明确拒绝了关于求仙访道、寻求长生的劝导。他在信中首先说尽管我的处境很坏、身体很差，但仍不愿去讲鬼神之事。

宗元以罪大摈废，居小州，与囚徒为朋，行则若带缧索，处则若关桎梏，彳亍而无所趋，拳拘而不能肆，槁然若枿，隤然若璞。其形固若是，则其中者可得矣，然犹未尝肯道鬼神等事。

他说：宗元我只因罪大而遭贬弃，住在偏远的小州，与囚徒为伍，走路时像戴着枷锁，居家时像捆着绳索，整天徘徊往复无可去处，身体蜷曲着不能随意伸展，形容枯槁像砍伐后的树桩，神情沮丧仿佛粗陋的玉石。我的形貌到了这种程度，其心情可想而知，但

七、不忘生民

我还是不愿去讲鬼神之事。

柳宗元在信中重申了自己的志趣。

> 尝以君子之道,处焉则外愚而内益智,外讷而内益辩,外柔而内益刚。出焉则外内若一,而时动以取其宜当,而生人的性得以安,圣人之道得以光。获是而中,虽不至耇老,其道寿矣。今夫山泽之臞,于我无有焉。

他说:我曾认为君子的养生之道,在家未做官时要使外表显得愚钝而内心更加睿智,外面不善言辞而内心更要机敏善辩,外表柔顺而内心更加刚强。出来做官时,则内外如一,顺时而动,务求措施得当,使人民得以安居乐业,圣人的思想得以发扬光大。如果实现了这样的理想,即使自己寿命不长,但理想信念也会永存。如今隐居山泽中那些采药炼丹、求仙学道的人,对我丝毫没有吸引力。

柳宗元在信的最后,表明自己不改初衷,不忘民生疾苦。

> 宗元始者讲道不笃,以蒙世显利,动获大僇,用是奔窜禁锢,为世之所诟病。凡所设施,皆以为戾,从而吠者成群。己不能明,而况人乎?然苟守先圣之道,由大中以出,虽万受摈弃,不更乎其内。大都类往时京城西与丈人言者,愚不能改。亦欲丈人固往时所执,推而大之,不为方士所惑。仕虽未达,无忘生人之患,则圣人之道幸甚,其必有陈矣。

他最后说:当初我学道不精,靠蒙骗世人得到一些显利,但一做事就犯大错,因此遭贬禁锢,为世人所指责。凡我所做的任何事情,他们都认为有悖正理,如同狗一样狂吠的人成群结队。连我自己都说不明白,更何况别人呢?只要谨守圣人之道,以大中为处事原则,即使是千万次被抛弃,我也不会改变内心的志向。我所谈的这些和在京城西居住时同你讲的一样,我愚钝不改初衷。我亦希望你坚持过去的主张,并且能够推而广之,不要被那些方士们所迷惑。仕途虽不畅达，但还是不要忘记人民的忧患，这样，对圣人之道来讲是件幸事，它一定有实现的希望。

柳宗元对友人的这一番真情表白，是他不改初衷、坚守人生理想的一篇宣言。他当时身如囚徒，形容枯槁，处境十分恶劣，身体异常虚弱，仍然要承受千人指责，万人唾骂，但他不服失败，不甘沉落，身上始终有一股强大的精神力量，抵御自己在困境中消沉下去，说服自己不能只考虑个人得失。这个精神力量，就是他"兴尧、舜、孔子之道，利安元元"（《寄许京兆孟容书》）的人生理想，就是他"无忘生人之患"的人道情怀。

柳宗元信奉孔孟之道，主张仁政爱民，"利安元元"。到永州以后，他有更多时机接触社会下层，了解民生疾苦，与劳动人民真正接近起来。

他常出游解闷，探访永州附近的山川郊野，开始接触群众。

南楚春候早，余寒已滋荣。土膏释原野，百蛰竟所营。缀景未及郊，穑人先耦耕。园林幽鸟啭，渚泽新泉清。农事诚素务，羁囚阻平生。故池想芜没，遗亩当榛荆。慕隐既有系，图功遂无成。聊从田父言，款曲陈此情。眷然抚耒耜，回首烟云横。

——《首春逢耕者》

这首诗，作者抒写早春郊游，接触田父的感受。南国春早，余寒未尽，荣华已开始滋长。春色未到郊城，农夫已开始耕种。他在田间遇到一位耕地的农夫，就亲切地攀谈起来。他说，从事农耕原是我喜欢的事，只是因为官职的羁囚阻碍了我的平生愿望。我家在长安西郊也有一片园地，如今大概已经荒芜。自己羡慕归隐田园的生活，心中又忘不了功名事业，左右为难弄得一事无成。他的倾诉，得到了农夫的同情和安慰。他抚着农夫的耒耜，很久才依依不

七、不忘生民

舍地离开。

柳宗元移居愚溪之畔以后,左邻右舍就是农夫渔父,相互交往更多了,彼此就产生了感情。

柳宗元在与农民的交往中,常常得到农民亲切的帮助。他患有脚气病,一到夏天,双脚肿胀,特别难受。好心的邻居知道后,就帮他在屋外种上一大片竹子。竹林长成了,一片浓荫,既能遮阳,又能生风,第二年夏天,屋里就凉爽多了,脚气病也好了许多。他外出采药,"俚儿供苦笋,伧父馈酸楂"(《同二十八院长述旧言怀感时书事奉寄澧州张员外使君》),得到别人的热情帮助,使他十分感动。他给长安的朋友写信时说:如果到永州来,只要事先给个消息,我就可以请猎人、渔父准备一些山珍、水鲜招待。这种召之即来的自信,可见他与当地农民的亲密关系。

柳宗元生活在农村,耳濡目染,往来交流,对农民艰难的生活,也就有了逐步深入的了解。

杪秋霜露重,晨起行幽谷。黄叶覆溪桥,荒村唯古木。寒花疏寂历,幽泉微断续。机心久已忘,何事惊麋鹿?

——《秋晓行南谷经荒村》

晚秋季节霜露浓重,诗人清晨起来,往幽深的南谷走去,踏上溪桥,到处是黄叶满地,荒凉的山村只剩下几株古树,山谷中耐寒的山花长得疏疏落落,从山谷里流出的泉水也时断时续,像是快枯竭了似的。看来这是一个久无人烟的地方。此时一只麋鹿从身旁飞奔而去,惊动了诗人超然物外的心事,使他不能不面对眼前村落荒芜的现实:村里的农民都去哪里了呢?也许是不堪繁重的赋税逃亡了?

的确,赋税、徭役的繁重,是造成农民生活困难,人口逃亡的主要原因。柳宗元根据自己对现实的体察,写出了《田家三首》,

具体揭示了农民在横征暴敛下艰难困苦的生活，着意为他们申诉无尽的疾苦。

> 蓐食徇所务，驱牛向东阡。鸡鸣村巷白，夜色归暮田。札札耒耜声，飞飞来乌鸢。竭兹筋力事，持用穷岁年。尽输助徭役，聊就空舍眠。子孙日已长，世世还复然。

这首诗，以农民的语气诉说自己早出晚归、终年劳碌却一无所获的悲惨命运：凌晨吃了早饭就下地干活，赶着牛去到东面的田里。每日天刚亮就出门，天黑才从田里回家。乌鸢听到我耒耜发出的声音，纷纷飞到田里来争食。竭尽自己全力，终年劳作不止，收获的东西都交官府抵偿徭役，自己一无所得，家徒四壁。这样的日子没有尽头，子孙后代还得照样过下去。

> 篱落隔烟火，农谈四邻夕。庭际秋虫鸣，疏麻方寂历。蚕丝尽输税，机杼空倚壁。里胥夜经过，鸡黍事筵席。各言官长峻，文字多督责。东乡后租期，车毂陷泥泽。公门少推恕，鞭扑恣狼藉。努力慎经营，肌肤真可惜。迎新在此岁，唯恐踵前迹。

这首诗，描写农家秋夜里的一件事：傍晚时分，隔着篱笆的家家院落里升起了袅袅炊烟，收工归来的四邻农民，隔篱对话在闲谈农事收成。庭院里响起了秋虫的鸣叫声，园子里的苎麻也显得稀疏凋零了。春天里缫成的蚕丝都交了赋税，眼看只有那织布机闲靠在墙壁。这时候村里来了不速之客，负责为官府催缴赋税的乡间小吏夜间经过村庄，村民杀鸡做饭备办宴席小心伺候。小吏们酒足饭饱之后，对村民训话：上头长官很厉害，发公文贴布告不断催逼赋税。东乡人因为车轮子陷进泥沼里，延误了交赋税的期限，官吏不问情由稍加宽恕，打得东乡人遍体鳞伤，东倒西歪。你们可要小心筹办，不然皮肉受苦实在可怜。村民听了乡间小吏的一番话，心里想：眼看新谷就要登场，今年的秋税可不敢延误，只怕重演东乡人的悲惨遭遇。钟惺《唐诗归》曰："诉得静，益觉情苦。"

古道饶蒺藜，萦回古城曲。蓼花被堤岸，陂水寒更渌。是时收获竟，落日多樵牧。风高榆柳疏，霜重梨枣熟。行人迷去住，野鸟竞栖宿。田翁笑相念，昏黑慎原陆，今年幸少丰，无厌馈与粥。

这首诗，描述作者秋收后行走乡村的见闻：城外的古道蒺藜丛生，城角的道路曲曲折折。蓼花开满了堤岸，池塘的水寒冽清澈。此时庄稼已经收割完毕，夕阳下往来的多是打柴放牧的人。榆树和柳树的枝叶已在秋风中凋零，梨和枣在严霜之后愈发成熟。此刻我不知该继续前行还是投宿，而野鸟已经争相回巢栖宿。好心的田家老翁笑着对我说：天黑了不要在野外随便行走。今年所幸收成还好，还可以招待你就便食宿，请不要嫌弃我家的粥是稠还是稀。

《田家三首》这一组诗，是经过作者深思熟虑，严密构思的作品，三首诗围绕着一个主题，分别展开，又相辅相成，突出重赋伤民的主旨。第一首概括叙述农民的劳苦生活，揭露官府赋税徭役的繁重伤民。第二首与第三首抓住秋收前后，也就是征收秋税前后的关键时刻，分别用两个具体的事例，反映繁重的赋税徭役让农民困苦不堪的现实：秋收之前，春蚕丝已全部用于输税，秋粮尚未登场胥吏就上门警告不得延误纳税。秋收之后，农民的粮食缴纳完赋税，连招待客人也只能用一碗稀粥了。丰年尚且如此，而荒年的悲惨情景，也就可想而知。

柳宗元见荒村，访农家，处处耳闻目睹的事实，使他越来越清楚地认识到，苛政重赋实为民生的最大忧患。他感到自己无法为他们分忧，也要尽力代他们申诉。于是他写了《田家三首》之后，感到意犹未尽，又写了散文《捕蛇者说》：

永州之野产异蛇，黑质而白章，触草木尽死，以啮人，无御之者。然得而腊之以为饵，可以已大风、挛踠、瘘疠，去死肌，杀三虫。其始，太医以王命聚之，岁赋其二，募有能捕之者，当其租入。永之人争奔走焉。

有蒋氏者，专其利三世矣。问之，则曰："吾祖死于是，吾父死于是，今吾嗣为之十二年，几死者数矣。"言之，貌若甚戚者。余悲之，且曰："若毒之乎？余将告于莅事者，更若役，复若赋，则何如？"蒋氏大戚，汪然出涕曰："君将哀而生之乎？则吾斯役之不幸，未若复吾赋不幸之甚也。向吾不为斯役，则久已病矣。自吾氏三世居是乡，积于今六十岁矣，而乡邻之生日蹙。殚其地之出，竭其庐之入，号呼而转徙，饥渴而顿踣，触风雨，犯寒暑，呼嘘毒疠，往往而死者相藉也。曩与吾祖居者，今其室十无一焉。与吾父居者，今其室十无二三焉。与吾居十二年者，今其室十无四五焉，非死即徙尔。而吾以捕蛇独存。悍吏之来吾乡，叫嚣乎东西，隳突乎南北，哗然而骇者，虽鸡狗不得宁焉。吾恂恂而起，视其缶，而吾蛇尚存，则弛然而卧。谨食之，时而献焉。退而甘食其土之有，以尽吾齿。盖一岁之犯死者二焉，其余则熙熙而乐，岂若吾乡邻之旦旦有是哉？今虽死乎此，比吾乡邻之死则已后矣，又安敢毒耶？"

吾闻而愈悲。孔子曰："苛政猛于虎也。"吾尝疑乎是，今以蒋氏观之，犹信。呜呼！熟知赋敛之毒，有甚是蛇者乎！故为之说，以俟夫观人风者得焉。

这是一篇人物访谈录。受访者是永州捕蛇者蒋氏。文章以蒋氏的故事，反映赋税毒于蛇的残酷现实。

文章首先介绍访谈的背景，交代永州人争相捕蛇的缘由：永州

七、不忘生民

的郊野出产奇异的蛇,黑色的身上有白色花纹,它接触过的草木全部会死,咬了人就无药可救。但捕捉到它杀死晾干做药饵,可以治愈麻风、挛踠、瘘疠等病,化去腐坏的肌肉,杀死人体内的寄生虫。当初,太医奉皇帝的命令征集这种蛇,每年征收两次,招募能捕捉蛇的人,用蛇可以抵充应缴纳的赋税,于是永州的人都争着去捕蛇。

文章的第二部分,是作者访问捕蛇者蒋氏的谈话记录。

蒋氏这个人,已经三代人享受这种捕蛇抵租的好处了。我问他,他就说:"我的祖父死于捕蛇,我的父亲死于捕蛇,如今我继承捕蛇十二年了,已经好多次差点被蛇咬死。"说到这儿,表情似乎很悲哀。我怜悯他,就说"你怨恨捕蛇这差事吗?我可以告诉掌管这件事的人,更换你的差事,恢复你的赋税,你看怎么样?"蒋氏更加悲伤,眼泪汪汪地说:"你是可怜我想让我活下去吗?那么我这差役之不幸,还不及恢复我赋税的不幸严重啊。当初我要是不干这差役,那早就困苦不堪了。我家三代居住在这村中,到如今已经六十年了,乡亲们的生活一天比一天艰难。缴纳田地的全部产出,竭尽全家的所有收入,倾家荡产之后只有哭喊着辗转迁移,饥渴劳累而仆倒在地,遭受风吹雨打,冒着严寒酷暑,呼吸着瘴疠毒气,常常是死人一个压着一个。以往与我祖父做邻居的,现在十家中剩不下一家;与我父亲做邻居的,现在十家中剩不下两三家;十二年来与我做邻居的,现在十家中剩不下四五家,不是死去就是逃亡。而我因为捕蛇才幸存下来。每当凶狠的官吏来到我们村中,便到处狂呼乱喊,骚扰破坏,人们喧哗惊恐,连鸡狗也不得安宁。我小心谨慎地起来,看看装蛇的瓦罐,见我的蛇还在,便安心地躺下。细心地喂养蛇,按规定的时间把它献上。回来就好好享受田地里的出产,用来度过我的一生。大致一年中冒死的风险只有两次,其余的时间就快快乐乐地生活,哪像我的乡亲们那样每天有死亡的危险呢!如今我即使因捕蛇而死,比起我的乡亲们来已经死在后面了,又怎么敢怨恨这个差事呢?"

文章的第三部分,是作者的采访感言,抒发自己的感慨:我听后愈发感到悲痛。孔子说:"苛政猛于虎。"我曾经怀疑这句话,以为现实未必会那么丑恶,现在从蒋氏一家的遭遇看,这句话是可信的。谁知道横征暴敛的狠毒竟然超过了这种毒蛇呢!所以我写了这篇《捕蛇者说》,等待那些视察民情的官员有所采择。

柳宗元这篇文章,用事实说话,通过蒋氏一家及其村庄农民的遭遇,揭露了天宝以后六十年间横征暴敛对人民的残害,反映了重赋伤民,导致百姓穷困逃亡,农村凋敝萧条的现实。作者在记叙访谈的过程中并不是无动于衷的,他与蒋氏的感情交流逐步加深,由怜悯而至悲伤,再至愈发悲痛,进而引发他的思考,由现实的惨状联想起"苛政猛于虎"的古训,得出了"赋敛之毒甚于毒蛇"的结论,借以斥责统治者残害人民的行径,代替贫困无告的人民申诉了疾苦,抒发了怨愤,彰显了作者为民请命的仁爱情怀。诚如前人所说:此文"以叙事起,入蒋氏语,出一'悲'字,后以'闻而愈悲'自相叫应。结乃明言著说之旨。一片悯时深思,忧民至意,拂拂从纸上浮出,莫作小文字观"(孙琮《山晓阁唐选唐大家柳柳州全集》卷四)。

柳宗元"无忘生人之患"的思想,没有停留在悲天悯人,同情民生疾苦的层面上,而是积极地主张官吏要为民解忧,为民服务。他在长安时期,就曾提出"吏者为人役也"(《送宁国范明府诗序》)的主张。到永州以后,他耳闻目睹地方官吏对百姓的残害,引起他对吏治问题的思考,在《送薛存义序》一文中,进一步发挥了官吏的职责是为民服务的光辉思想。

七、不忘生民

  河东薛存义将行,柳子载肉于俎,崇酒于觞,追而送之江浒,饮食之。且告曰:"凡吏于土者,若知其职乎?盖民之役,非以役民而已也。凡民之食于土者,出其十一佣乎吏,使司平于我也。今我受其直,怠其事者,天下皆然。岂唯怠之,又从而盗之。向使佣一夫于家,受若直、怠若事,又盗若货器,则必甚怒而黜罚之矣。以今天下多类此,而民莫敢肆其怒与黜罚,何哉?势不同也。势不同而理同,如吾民何?有达于理者,得不恐而畏乎?"存义假令零陵二年矣,蚤作而夜思,勤力而劳心,讼者平,赋者均,老弱无怀诈暴憎,其为不虚取直也的矣,其知恐而畏也审矣。吾贱且辱,不得与考绩幽明之说,于其往也,故赏以酒肉,而重之以辞。

  薛存义是河东人,与柳宗元是同乡,在零陵县担任县令两年后,调到新的地方去做官。在要离开永州时,柳宗元在托盘中盛了肉,在酒杯里斟满酒,赶到江边为他饯行。他在送行之际告诉友人要牢记为官的职责:"在地方上做官的人,应该是百姓的仆役,而不是让他来奴役百姓的。"但他告诉的对象并不局限在薛存义一个人身上,而是以"凡吏于土者,若知其职乎"劈头发问,那就是面向天下所有官吏说:"凡是在地方上做官的人,你知道自己为官的职责吗?"接着,他就针对天下吏治的现状进行批判:所有靠耕种土地吃饭的人,拿出收入的十分之一来雇用官吏,是为了官吏公正地为自己办事。如今官吏收受了百姓的酬金,却怠慢百姓的事,天下到处如此。哪里是仅仅怠慢百姓的事,他们还要不择手段掠劫百姓财物。在揭露了现实中普遍存在的吏治黑暗情况之后,他又指出:假如有人雇用一个仆人到家里,他收受了你的工钱,怠慢你的事,又偷盗你的财物,那你必定非常恼怒要赶走他了。如今天下的官吏大多如此,可是百姓不敢表示愤怒并且驱逐他们,这是为什么呢？因为情势不同啊。情势不同而道理相同，该如何对待百姓呢？有懂得这个道理的官吏，能不惶恐畏惧吗？

柳宗元对薛存义的这一席临别赠言，是借机宣扬"吏为人役"的观点，实际上提出了"人民公仆"的概念，主张民众雇用的官吏应该执行"司平于我"职能，为民服务，维护社会的公平和安定，批评当今众多官吏拿了老百姓的酬金，不但不替百姓办事，而且还不择手段掠劫百姓，警告这些官吏如果继续这样肆意妄为，不肯幡然悔改，老百姓也有理由起来造反，让你们得到应有的惩罚，因此你们做官行事应该有所畏惧。

文章接着称颂薛存义治理零陵的政绩：存义代理零陵县令已经两年了。每天清早起来工作，到夜里还在思考，辛苦又劳心，打官司的人得到公平，缴纳赋税的人负担合理，无论老幼都不心怀欺诈面露憎恶。他的确没有白拿百姓的工钱，他确实懂得惶恐畏惧了。我地位低贱而且遭贬受辱，不能参与考核官员政绩优劣的评议，在他离去的时候，特地用酒肉为他饯行，又写了这篇序。

柳宗元这一段勉励薛存义的话，实际上是借一个正面的典型事例，阐明作者的吏治理想。作者认为做官就应当像薛存义那样"蚤作而夜思，勤力而劳心"，做到"讼者平，赋者均"，让男女老少都满意，这样才算是不白拿百姓的报酬，才算是确实懂得当官要有所畏惧的道理。

柳宗元这篇文章，全文不过二百四十余字，却提出并精辟地论述了一个重大的政治理论问题——官吏的职责和官民关系问题。在封建社会里，官吏是骑在人民头上作威作福的老爷，他们从来都是以主人自居，把役使百姓看作是天经地义的事情。柳宗元却认为"官为民役"，百姓是主人，官吏是仆役而不是主宰，官吏是百姓出钱雇用的，应该好好地为百姓办事，否则百姓就有理由罢免和处罚

七、不忘生民

他。这就把被颠倒的历史颠倒了过来，肯定了人民群众的主体地位。这种蔑视传统、独持异说的勇气，在当时是非常难能可贵的。这种富有民主思想光辉的理论，不仅在唐代是石破天惊之论，而且至今仍然具有其现实意义。

八、愤世嫉俗

吾哀今之为仕兮,庸有虑时之否臧?

——《吊屈原文》

柳宗元是一个立场坚定、爱憎分明的人。他不仅关切民生疾苦,而且也痛恨黑暗现实,腐败官场,敢于讽喻时世,抨击种种社会丑恶现象。只是由于身处逆境,过着形同禁锢的生活,他不能畅所欲言,直陈政事,因此常取材于飞禽走兽和生活琐事,托物喻人,借事寄讽,表达自己的爱憎,发表自己的见解。他说故事,谈见闻,娓娓道来,言辞委婉,观点决不隐晦,针砭时弊,鞭挞丑类,态度十分鲜明:憎之,骂之,斩之,哀之,简直用尽各种手段,表达愤世嫉俗之情。

《憎王孙文并序》,憎恶的对象是一种名为"王孙"的猴子。柳宗元参与永贞革新的经历,使他加深对革新派和保守派不同面貌的认识。《憎王孙文并序》就是通过猿与王孙这两种动物的对照,表达对王叔文革新派的赞美和对保守派的憎恶。文章由序文和骚体辞赋两个部分组成。序文侧重客观记事,骚辞侧重主观抒情,两者相辅相成,淋漓尽致地表达了作者的寓意与讽托。

序文首先描写猿与王孙这两种动物截然不同的习性与特点:猿

八、愤世嫉俗

与王孙居住在不同的山上。因为品性不同,互不相容。猿的品性恬静而稳重,大家能互助互让,孝敬和善。它们住在一起时互相爱护,吃东西时彼此谦让,走起路来有队列,饮起水来有秩序。如果不幸有同伴失散了,它们就发出悲哀的叫声。遇到危难时,强壮的便保护弱小的。它们不践踏庄稼和蔬菜。树上的果子还没有成熟,就互相细心地看守,等到果子成熟了,便呼唤大家聚集在一起,然后大家快快乐乐地吃。遇到山里的小草木,必定绕道而走,让小草木能够顺其自然地成长。因此在猿居住的山上,草木总是郁郁葱葱的。而王孙的品性暴躁而嚣张,喜欢争吵嚎叫,经常大声喧哗,互相追逐。即使结伴群居也难以和睦相处。吃东西的时候互相乱撕咬,走起路来没有队列,饮起水来没有秩序。同伴失散了也无动于衷。遇到危难时,就把年小体弱的推出去抵挡,以便自己脱险。王孙喜欢践踏庄稼和蔬菜,凡是它们走过的地方,都被搞得乱七八糟。树上果子还没有成熟,它们就乱咬乱扔。偷了人家的食物,都只顾把它塞在自己两颊内的皮袋里。遇到山里的小草木,王孙必定要破坏摧残,一直把它弄得枯槁才肯罢休。因此它们住过的山上,总是荒芜不堪。这里,作者用两相对比的手法,具体生动地勾画出猿和王孙的不同形象。然后进一步叙写猿与王孙势不两立的情况:因此猿群多的时候就驱逐王孙,王孙众多的时候也撕咬猿群。猿厌弃王孙就离开它,始终不与它抗争。这时作者原先隐藏于字里行间的爱憎好恶之情,一下子迸发出来:"然则物之甚可憎,莫王孙若也。"接下去正文的直抒胸臆,也就水到渠成。

  正文以骚体形式,在序文所记叙的事实的基础上,进一步对王孙的罪行进行声讨和批判,抒发作者对王孙的憎恶之情,并对纵容王孙的山神提出质问:

    跳踉叫嚣兮,冲目宣龂。外以败物兮,内以争群。排斗善类兮，哗骇披纷。盗取民食兮，私己不分。充嗛果腹兮，骄傲欢欣。嘉华美木兮硕而繁，群披竞啮兮枯株根。毁成败实兮更怒喧，居民怨苦兮号穹旻。王孙兮甚可憎，噫！山之灵兮，胡独不闻？

这一段，集中声讨王孙所作所为的严重危害：王孙上蹿下跳，疯狂叫嚣啊，瞪着双眼，龇牙咧嘴。对外破坏万物啊，对内相互争斗。排斥打击良善啊，惊呼乱叫骚动混乱。偷盗老百姓的食物啊，都据为己有而不肯均分。把偷来的东西装满肚子和颊囊啊，得意洋洋傲慢欢腾。美丽的花草树木果实累累啊，王孙成群结队地攀折啃咬，弄得树枯根残。毁成败实啊，还要暴怒喧叫。老百姓叫苦不迭啊，哭喊苍天。王孙啊，你实在太可恶！山神啊，你为何偏偏置若罔闻？

作者大力声讨王孙嚣张跋扈，排挤良善，盗用民食，骚扰百姓的种种行径，实际上是托物寓意，影射人事，借以申斥朝廷保守势力为非作歹、祸国殃民的罪行。责问山神置若罔闻，实际是责问最高统治者为什么对残民害物之徒听之任之，纵恶为非。

《骂尸虫文并序》，骂的是一种人体寄生虫，即传说中的"尸虫"。据道士说：人体内有三尸虫，寄居在人腹中，窥见人有一点过错，总是用本子一一记录下来。到每月的庚申日，乘人昏昏熟睡的时候，就离开人体到天帝那里，讲坏话陷害人，以便得到天帝的酒肉款待。因此，人们往往受到惩罚，染上瘟疫，夭折早死。对于这种害人虫，柳宗元憎极而骂之：

来，尸虫！汝曷不自形其形？阴幽诡侧而寓乎人，以贼厥灵。膏肓是处兮，不择秽卑。潜窥默听兮，导人为非。冥持札牍兮，摇动祸机。卑陬拳缩兮，宅体险微。以曲为形，以邪为质，以仁为凶，以僭为吉，以淫谀谄诬为族类，以中正和平为

八、愤世嫉俗

罪疾，以通行直遂为颠蹶，以逆施反斗为安佚。僭下谩上，恒其心术，妒人之能，幸人之失。利昏伺睡，旁睨窃出，走逸于帝，遽入自屈。嘿然无声，其意乃毕。求味己口，胡人之恤？彼修蚘恙心，短蛲穴胃，外搜疥疠，下索瘘痔，侵人肌肤，为己得味。世皆祸之，则惟汝类。良医刮杀，聚毒攻饵，旋死无余，乃行正气。

这一段骂尸虫之文，可以说是亦物亦人，名为骂尸虫，实为骂那些专事造谣诼毁、陷害贤良的奸佞小人：喂，尸虫！你为什么不显露你的原形？偷偷摸摸、鬼鬼祟祟地寄生在人体里，残害无辜的生灵。你栖身在膏肓之处，不管肮脏与卑下。你到处窥视偷听，引导人们为非作歹，暗中拿着记事本，播弄害人的流言蜚语。你缩头缩脑地蜷缩着，躲藏在人体的阴险之处。你外形弯曲，本质邪恶，把仁爱为人看作凶险，把为非作歹看作吉利，把巴结奉承、造谣生非当作同类，把正直无邪、和平安宁视为罪恶，把通衢大道看成是崎岖不平，把倒行逆施看成是平安快乐。欺骗上司、讲下边人坏话，你的心术一贯如此，忌妒贤能，幸灾乐祸。你等到人们昏昏睡熟的时候，就贼头贼脑地溜出去，跑到天帝那儿讲人家的坏话，然后慌慌张张地钻回人的身体。静止下来没有了声音，你的恶念才算完毕。你只图自己吃得痛快，哪会顾惜他人！那些细长的蚘虫伤害人的心，短小的蛲虫钻破人的胃，在人体外表搜求疮疥，在人的下体寻求痔瘘，侵害人的肌肤，都是为了满足自己的嗜欲。人世上的祸害，就是你们这类坏东西。高明的医生把你们刮杀，集中毒物制成药饵来对付你们，立即让你们都死干净，人间才会充满正气。

这一席骂尸虫的话，是对朝中奸佞小人的声讨，揭露他们躲在阴暗的角落，专门搬弄是非，颠倒黑白，进谗致谤，陷害正直人士的罪恶行径，指出这种祸害人世的坏东西，绝不会有好下场。

这篇文章的矛头不仅针对尸虫，还讽刺庇护尸虫"天帝"，以天帝影射最高统治者，指出只有杀死尸虫，灭绝它的同类，使人们平安度过一生，尸虫造成的祸害不再发生，这样才称得上是天帝。否则，尸虫活跃，天帝还以酒肉相待，其"聪明正直"从何谈起？文章最后，期待"群邪殄夷，大道显明，害气永革，厚人之生"，"尸虫诛，祸无所庐，下民其苏"，正面表达了作者为民除害，伸张正义，根除邪恶，富足民生的理想追求。

《斩曲几文》，作者要砍掉的是形状奇异弯曲的几案。文章说，皇天后土养育植物，贵在修直，正直的木材可以建造家园，制为几案，君子靠着它处理大事，来辅佐他的德行。可是后人追求乖巧，不师从古式，制成曲几，奇形怪状，弯弯曲曲，使人支着不得舒服，靠着不得休息，扰乱人的正常秩序。追溯曲几的来源，原来是树木受到残害，禀持的元气失去中庸协调，生长发育不完全，因而做成器具也很不吉祥。作者这是借物喻人，以曲几喻指那些依靠诡怪伎俩获得进用的政治小丑。于是文章接着就直抒胸臆：

> 且人道甚恶，惟曲为先。在心为贼，在口为愆。在肩为偻，在膝为挛，戚施踦跂，匍匐拘拳。古皆斥远，莫致于前，问谁其类？恶木盗泉。朝歌回车，简牍载焉，昭王市骨，乐毅归燕。今我斩此，以希古贤，谄谀宜惕，正直宜宣。道焉是达，法焉是专。

作者对正直之士被排斥，邪曲之人获进用的现状表示强烈不满：世人的心思非常邪恶，竟然以弯曲为最好。在内心为贼，在口中为愆。在肩上为偻，在膝盖为拳，头不上仰，脚跟不着地，匍匐而行，双手痉挛。古人都把这种人斥退得远远的，不让他们到自己跟前来。试问谁和他们一样呢？恶木之阴、盗泉之水，（那是好人不屑一顾的东西）。听到城里在唱朝歌，墨子掉转车头离去。燕昭王用重金购买千里马的骨头,乐毅便从魏国回到了燕国。现在我斩断这个曲几,希望古代的圣贤人物出现。应该警惕阿谀奉承的话语,要大肆宣扬正道直行。一心向往中正大道,一意专守法典制度。

作者要砍掉曲几,意在扫除不正之风,伸张正直的用人之道。

《哀溺文并序》,哀叹一个因贪财而溺死者。序文记叙一个要钱不要命的故事:永州人都善于游泳,一天,湘水暴涨,有五六个人乘小船横渡湘水,行到江心,船破了,大家都下水游泳。其中有个人落后了,同伴问他:"你平时游泳最好,今天怎么落后了?"那人回答说:"我腰上带有一千铜钱,游不动。"同伴说:"为何不把它扔掉?"那人不回答,只是摇头。过了一会儿,那人越游越慢。游上岸的人大声呼喊:"你太愚蠢了!自己都快死了,要钱有什么用?"那人又摇摇头,结果淹死江中了。作者感慨说:"吾哀之。且若是,得不有大货之溺大氓者乎?"他可怜这个愚蠢的人,并且由此联想到那些贪图大利而被淹死的大蠢人,于是写下了《哀溺文》:

> 吾哀溺者之死货兮,惟大氓之为忧。世涛鼓以风涌兮,浩滉荡而无舟。不让禄以辞富兮,又旁窥而诡求。手足乱而无如兮,负重逾乎崇丘。既浮颐而灭膂兮,不忍释利而离尤。呼号者之莫救兮,愈摇首以沉流。发披鬖以舞澜兮,魂怅怅而焉游?龟鼋直进以争食兮,鱼鲔族而为羞。始贪嬴以啬厚兮,终负祸而怀仇。前既没而后不知惩兮,更览取而无时休。哀兹氓之蔽愚兮,反贼己而从仇。不量多以自谏兮,姑指幸者而为谋。夫人固灵于鸟鱼兮,胡昧尉而蒙钩?大者死大兮小者死小,善游虽最兮卒以道夭。与害偕行兮以死自绕,推今而鉴古兮鲜克以保。

进入正文,作者就针对那些贪图大利而被淹死的大蠢人进行批判：我可怜那贪恋钱财而淹死的人啊，替那些大蠢人担忧。这世界就像波涛汹涌的激流啊，波澜壮阔而又无船可渡。那些大蠢人不但不肯推让禄位和财富啊，还要玩弄诡计去窥探索求。手忙脚乱而不知所措啊，就像背负重物翻越高山峻岭。灭顶之灾已经要来到啊，还不肯放弃财物而自取灭亡。那在一旁呼喊的人也无法解救他啊，他总是摇头以致沉没洪流。散乱的头发在波涛中浮荡啊，无主的魂魄要向何方漂游？龟鳖争先恐后来抢食啊，鱼类成群地把他当作美味珍馐。起初贪钱啬财啊，最终都遭祸患怀抱仇怨。前人已淹死而后人不知惩戒啊，还拼命捞取钱财而不肯罢休。悲叹这种人不明事理又愚蠢啊，反而毁灭自己去追随冤仇。不考虑危害的严重而自我匡正啊，却苟且把侥幸得利的人当作榜样去追随。人本来比鱼鸟聪明啊，为什么看不清前面摆着罗网和钓钩？大蠢人为大利而死啊，小蠢人为小利而亡。虽然最会游泳啊却正因此而丧命。因为你是与祸害同行啊是自己进入死亡圈套，放眼古往今来啊这种人很少能保全自己的性命。

《哀溺文并序》以"哀溺者之死货"为主旨，但作者对"小者死小"的哀，是同情、怜悯，对"大者死大"的哀，则是讽刺、奚落。文章"由小及大，由此喻彼，由普通氓推及到'大氓'，把批判的矛头指向贪财爱钱，利令智昏的贵族官僚，警告他们如果贪婪无厌，执迷不悟，必将落得身败名裂的下场"（吴小林《柳宗元散文艺术》，第157页）。作者奚落这些利令智昏的人并不比鱼鸟聪明，喜欢自投罗网、自上钓钩，自己进入死亡圈套。

《罴说》，写一个猎人被野兽吃掉的故事：

鹿畏䝙，䝙畏虎，虎畏罴。罴之状，被发人立，绝有力，而甚害人焉。楚之南有猎者，能吹竹为百兽之音。昔云持弓矢罂火而即之山，为鹿鸣，以感其类，伺其至，发火而射之。䝙

八、愤世嫉俗

闻其鹿也,趋而至,其人恐,因为虎而骇之。貙走而虎至,愈恐,则又为罴,虎亦亡去。罴闻而求其类,至则人也,捽搏挽裂而食之。今夫不善内而恃外者,未有不为罴之食也。

故事说:鹿害怕貙,貙害怕虎,虎害怕罴。罴的头上披着毛发能像人一样站立,非常有力,对人危害很大。楚地南部有个猎人,善于用竹管吹出各种野兽的叫声。有一次,他拿上弓箭和装在瓦罐中的灯火,走进山里。他吹出鹿鸣的声音来引诱鹿,等到鹿来了,就亮出灯火用箭射它。貙听到鹿鸣的声音,便快步赶来。猎人害怕,就吹出虎啸的声音来吓唬貙。貙吓跑以后,老虎听到同类声音却跑来了,猎人更加害怕,就又吹出罴的叫声,老虎也吓得逃跑了。罴听到声音就来寻找它的同类,跑到跟前才发现是个人,就抓住猎人,把他撕咬成碎块吃掉了。

作者感叹说:当今不加强自身力量而只是依赖外力的人,没有不被罴吃掉的。

一个猎人只会吹竹管模拟野兽的叫唤声,而无擒龙伏虎的真本领,一旦人兽遭遇,猎人不是利用手中的弓矢制服它,而是企图用吹出比眼前野兽更凶猛的野兽的叫声来吓跑它,以使自己免遭其害,结果反而引来一个比一个更为凶猛的野兽,最后,当他无法吹出比罴更凶猛的野兽的叫声来吓唬罴时,只能落得被吃掉的可悲下场。作者讲这个故事的用意,在末尾两句话中已经清晰点明。"末尾'今夫不善内而恃外者,未有不为罴之食也'两句,意味深长,令人警省,是'卒章显其志'的画龙点睛之笔,揭示故事的内涵意义,由隐而显,从而起到振聋启聩、匡谬正俗的社会作用。它不仅讽刺了生活中一般'不知推己之本,而乘物以逞'的人士,而且把批判的笔锋直指那些外强中干、腐败无能的封建官吏,隐喻朝廷在藩镇割据的严重威胁下,如不革除弊政,加强中央集权的实力,而采取'以藩制藩'的错误做法,其结果必然招致像猎人一样的灭顶之灾。"(上海辞书出版社《柳宗元诗文鉴赏辞典》,第88—89页,贝远辰文)

《永某氏之鼠》,是以寓言故事的形式讽刺仗势肆虐者:

> 永有某氏者,畏日,拘忌异甚。以为己生岁直子,鼠,子神也,因爱鼠,不畜猫犬,禁僮勿击鼠。仓廪庖厨,悉以恣鼠不问。由是鼠相告,皆来某氏,饱食而无祸。某氏室无完器,椸无完衣,饮食大率鼠之余也。昼累累与人兼行,夜则窃啮斗暴,其声万状,不可以寝。终不厌。数岁,某氏徙居他州,后人来居,鼠为态如故。其人曰:"是阴类,恶物也,盗暴尤甚,且何以至是乎哉!"假五六猫,阖门撤瓦灌穴,购僮罗捕之,杀鼠如丘,弃之隐处,臭数月乃已。呜呼!彼以其饱食无祸为可恒也哉?

寓言说的是永某氏家老鼠的故事:永州有个人,对于日子的好坏很迷信,有非常多的忌讳。他认为自己出生的那年正值子年,老鼠是子年的生肖神,因而喜欢老鼠,不养猫狗,禁止僮仆打老鼠。粮仓和厨房全都任凭老鼠恣意糟踏而不过问。因此老鼠奔走相告,都到这个人家里来,吃得饱又没有灾祸。这个人家的房间里没有一件完好的器具,衣架上没有一件完好的衣服,吃的喝的大都是老鼠糟踏后剩余的东西。白天老鼠成群结队与人一起行走,晚上老鼠偷啃东西互相打架,发出各种各样的响声,吵得人不能入睡。可是这个人始终也不厌恶。几年后,这个人迁居到别的州。后人搬来居住,老鼠仍像过去一样恣意妄为。新搬来的人说:"老鼠是在阴暗处活动的坏家伙,偷东西打架特别厉害,为什么竟猖狂到如此地步啊!"他借来五六只猫,关上大门,撤去屋瓦,用水灌鼠洞,奖励僮仆围捕老鼠。结果捕杀的老鼠堆积如小山,把它们丢弃到偏僻的

八、愤世嫉俗

地方,臭气几个月才散尽。讲完这个故事,作者奚落说:唉!老鼠还以为自己饱食无祸的日子是可以长久的啊!

　　这个寓言,借助生动的动物形象,讽刺那些像老鼠一样依仗主人的姑息养奸而肆意妄为、作威作福的人。这种人在当时并不少见,仗势肆虐、横行无忌的宦官就是最为突出的代表。宦官擅权是柳宗元所深恶痛绝的,自然是他心目中要讽刺的主要对象。寓言还表明,一旦江山改,主子易,这些猖狂一时的人必定没有好下场,会落得死无葬身之地,遗臭万年。这个结局,彰显了柳宗元愤世嫉俗的激情,寄托着要扫除一切害人虫的壮志。柳宗元坚信正义终究会战胜邪恶,所以他在文章最后才奚落这些害人虫的好日子长不了。

九、沦落之交

好音怜铩羽，濡沫慰穷鳞。
——《酬娄秀才将之淮南见赠之什》

柳宗元谪居永州期间，他所交往的人，除了州县官吏、寺庙僧侣和农民，还有一些天涯沦落之士。这些人与柳宗元的处境和命运类似，有较多的共同语言，因此彼此交往也就比较密切。

柳宗元到永州的初期，交友很少。秀才娄图南的来访，给他带来了慰藉。柳宗元早在参加进士考试时，就知道娄图南的大名，他所写的诗歌、文章已经闻名京城。可是事过十几年以后，柳宗元在永州见到他时，他竟然还是一个白衣秀才，而且穷愁潦倒，居无室宇，出无僮仆。娄图南因为看不惯更是做不来官场上那些卑鄙龌龊的事情，就放弃科举求仕之心而四处云游，寻求长寿方术。柳宗元同情他的境遇，款留他在永州住了三年，两人经常诗酒唱和，一起登山临水，亲密相伴。但对他消极避世、不求进取的人生态度也多有劝解。

远弃甘幽独，谁言值故人。好音怜铩羽，濡沫慰穷鳞。因志情惟旧，相知乐更新。浪游轻费日，醉舞诳伤春。风月欢宁间，星霜分益亲。已将名是患，还用道为邻。机事齐飘瓦，嫌

九、沦落之交

猜比拾尘。高冠余肯赋，长铗子忘贫。晼晚惊移律，暌携忽此辰。开颜时不再，绊足去何因？海上销魂别，天边吊影身。只应西涧水，寂寞但垂纶。

——《酬娄秀才将之淮南见赠之什》

娄图南即将离开永州游淮南，柳宗元写下这首诗，抒写依依惜别的深情：我被抛弃在边荒之地只好甘心过着幽独的生活，没有想到昔时的朋友竟然还来看我。赠诗用美好的语言怜惜我这铩羽的罪人，相濡以沫慰藉我这穷途末路的旧友。虽然有志难伸而我们的感情依旧，互相知音更增添彼此的了解。携手同游日子过得真快，痛饮醉舞哪有伤春的悲情。美好的风月中没有中断过欢乐，星霜的日子里情感更加亲密。名声已经成为我们的祸患，大道才是我们可靠的友邻。心中的机巧如风吹飘瓦一样散去，相互的猜疑就像颜回偷食一样虚无。我虽如行吟《涉江》的屈原也无怨无悔，你虽贫如弹铗的冯谖亦不以为意。日暮降临让人吃惊岁月的变迁，离别的日子竟然就在眼前。开颜欢笑的时刻从此再也没有，羁绊世事不知你前去为了什么？在海角我们黯然销魂而别，在天涯只有我一人顾影自怜。看来只好在城西的冉溪之滨，独自垂钓打发寂寞的日子。

在娄图南临行之际，柳宗元又写了《送娄图南秀才游淮南将入道序》送别。他在序文中对娄图南的人生态度坦诚地提出自己的意见。

> 夫君子之出，以行道也；其处，以独善其身也。今天下理平，主人亟下求士之诏，娄君智可以任职用事，文可以宣风歌德，行于世，必有合其道而进荐之者。遽而为处士，吾以为非时。将曰老而就休耶？则甚少而锐；羸而自养耶？则甚硕且武。问其所以处，咸无名焉。若苟焉以图寿为道，又非吾之所谓道也。夫形躯之寓于土，非吾能私之。幸而好求尧、舜、孔

115

子之志，唯恐不得，幸而遇行尧、舜、孔子之道，唯恐不慊，若是而寿可也。求之而得，行之而慊，虽夭其谁悲？今将以呼嘘为食，咀嚼为神，无事为闲，不死而生，则深山之木石，大泽之龟蛇，皆老而久，其于道何如也？仆尝学于儒，时之不得，以陷于是。以出则穷，以处则乖，其不宜言道也审矣。以吾子见私于仆，而又重其去，故窃言而书之而密授焉。

柳宗元针对娄图南学道以求长生的思想进行劝导：君子出仕，是为了实现济世之道；君子隐居，是为了能够独善其身。如今天下大治，皇上多次下诏寻求贤能之士，娄先生智能可以任职从政，文才可以宣扬风雅、歌功颂德，在这世上，一定会有欣赏并举荐你的人。如果娄先生这样急切做隐士，我认为是不合时宜的。是说自己老而罢休吗？我看你还年富力强；是由于身体羸弱而要自我保养吗？我看你身强力壮。我问隐退的原因，你都说不出个所以然。如果仅仅为了长寿而追求一种"道"，可这又不是我所说的"道"。人的身体活在地球上，这不是我们个人可以左右的。幸而娄先生喜好探求尧、舜、孔子的志向，唯恐自己探求不到；幸而娄先生正遇上施行尧、舜、孔子之道，唯恐不能完全实行，如果是这样，然后求长寿，这就可以了。探求圣人之道而能获得，施行圣人之道而能完成，这样虽然不能长寿又有谁会悲伤呢？如果娄先生将要以呼吸作为食物，以清谈作为精神，无所事事谓之清闲，不死谓之生，那么深山中的木石，大泽中的龟蛇，都活得很长久，它们是否也已经得"道"了呢？我曾经学习儒道，却没有得到其中的精髓，因此陷入今天的困境。出仕却走投无路，隐居又违背事理，看来确实是不适宜来谈论"道"了。由于你对我有所偏爱，在这里住了这么长时间，如今却又要离去，所以私下里说了这些话，并把它写下来密封着送给你。

九、沦落之交

柳宗元在孤寂的困境中获得娄图南的友情,有一种相濡以沫的温暖,因此他对娄图南怀有感激之情,对于他的离去感到十分依恋不舍。但他并不苟同娄图南消极避世、追求长寿的人生态度,所以在临别时郑重其事地进行了一番劝解,指出"以图寿为道"实在不合时宜,认为人生的价值不在于寿命的长短,而在于对社会有所奉献,鼓励他应该积极争取功名,为实施兼济天下的圣人之道而贡献自己的才力。"丁宁珍重之意,溢于言表。"(《王荆石先生批评柳文》卷六)柳宗元劝告友人的一席话表明,他虽身陷贬地,律己劝人仍念念不忘"行尧、舜、孔子之道",此时积极进取的思想并没有泯灭。

柳宗元在永州的人际关系圈中,交往密切的多是贬官流人。唐代的永州,距京城长安三千二百多里,地处僻远,是朝廷安置贬官流人的地方。元和二、三年,南承嗣、吴武陵、李幼清、元克己等人先后被流放到永州。柳宗元经常和他们一起游山玩水,饮酒赋诗,议政论学,成为亲密无间的朋友。柳宗元在与他们交往过程中,写下不少诗文。这些诗文,不仅表达了沦落天涯、同病相怜的感情,而且反映了奸邪当道、迫害贤良的黑暗政治,并且针对相关的一些社会问题发表评论。

这些贬官流人之中,与柳宗元交情最深的是吴武陵。吴武陵,信州(今江西上饶)人,祖籍濮阳(今河南濮阳),所以也称濮阳吴武陵。这是一个年少志壮、才华横溢的人物。他在家乡信州,曾以言词唐突,得罪了在那里做刺史的李吉甫。元和二年(807),李吉甫入朝为相。同年,吴武陵到长安参加进士考试。李吉甫曾向知贡举的崔邠问起吴武陵,崔邠误以为他有保荐之意,结果以"德行虽即未闻,文笔乃堪采录"(范摅《云溪友议》卷下)放之及第。大概李吉甫对此颇不高兴。吴武陵入职为官不久,就以莫须有的罪

名被贬到永州。柳宗元在长安时期就认识吴武陵,很赞赏他的文章。对于这样一位才华出众的人遭受贬黜,柳宗元非常愤慨:

> 理世固轻士,弃捐湘之湄,阳光竟四溟,敲石安所施?铩羽集枯干,低昂互鸣悲。朔云吐风寒,寂历穷秋时。君子尚容与,小人守兢危。惨悽日相视,离忧坐自滋。樽酒聊可酌,放歌谅徒为。惜无协律者,窈眇弦吾诗。
>
> ——《零陵赠李卿元侍御简吴武陵》

诗开头四句,以激愤不平的讽刺之词,为遭贬友人抒发怀才不遇的不平:太平世界当然会轻视才智之士,把他们抛弃在荒远的湘水之边。正如阳光照耀四海之时,击石闪出的火光有什么用场?中间八句,用形象化的比喻,具体描写遭贬人士的悲惨境况:他们如同折羽的鸟聚集在枯枝上,在深秋寒冷的北风中悲鸣。每天战战兢兢地不知所从,只有凄惨地相对而视,徒增忧伤。最后四句,诗人抒写自己无奈的悲伤情怀,表达了对知己友人的思念(当时吴武陵不在场)。他把吴武陵比作自己诗作的"协律者",即为诗谱曲的人,说明两人契合无间、相互了解的关系。

柳宗元把吴武陵视为知己朋友,不仅因为关系亲密,情投意合,而且在学术上、写作上能够互相启发,互相促进。他在写给杨凭的信中说:"去年吴武陵来,美其齿少,才气壮健,可以兴西汉之文章,日与之言,因为之出数十篇书。庶几铿锵陶冶,时时得见古人情状。"(《与杨京兆凭书》)柳宗元很欣赏吴武陵的才气,每天和他谈论文章,为他选出几十篇范文,指导他阅读。吴武陵是年轻晚辈,因此称柳宗元为老师,然而柳宗元愿尽老师之责,却不愿受老师之名。他感到吴武陵是一个超拔出众的人才,文章已经写得很出色,自己在与吴武陵的交往中也得到很多启发和帮助。他曾对吴武陵说:"拘囚以来,无所发明,蒙覆幽独。会足下至,然后有助

九、沦落之交

我之道。一观其文，心朗目舒，炯若深井之下仰视白日之正中也。足下以超轶如此之才，每以师道命仆，仆滋不敢。每为一书，足下必大光耀以明之，固又非仆之所安处也。"(《答吴武陵论〈非国语〉书》)他写了《非国语》，自己有些犹豫不决，得到吴武陵的肯定，才感到有些自信。他们不以师生之道相处，却大有教学相长的意味。柳宗元《复吴子松说》一文，记录了他们之间讨论问题、反复推难的情形。

子之疑木肤有怪文，与人之贤不肖、寿夭、贵贱，果气之寓欤？为物者裁而为之欤？余固以为寓也。子不见夫云之始作乎？欻怒冲涌，击石薄木，而肆乎空中，偃然为人，拳然为禽，敷舒为林木，碣礝为宫室，谁其搏而斫之者？风出洞窟，流离百物，经清触浊，呼召窾穴，与夫草木之俪偶纷罗，雕葩剡芒，臭朽馨香，采色之赤碧白黄，皆寓也，无裁而为之者。又何独疑兹肤之奇诡，与人之贤不肖、寿夭、贵贱参差不齐者哉？是固无情，不足穷也。然有可恨者。人或权褒贬黜陟，为天子求士者，皆学于圣人之道，皆又以仁义为的，皆曰："我知人，我知人。"披辞窥貌，逐其身而覼其所蹈者，以升而降。其所升，常多蒙瞀祸贼、僻邪罔人以自利者；其所降，率多清明冲淳、不为害者。彼非无情物也，非不欲得其升降也，然犹反戾若此。逾千百年，乃一二人幸不出于此者，征之，犹无以为告。今子不是病，而木肤之问为物者有无之疑，子胡横讯过诘扰扰焉如此哉！

吴武陵提出疑问：松树皮上有奇怪的纹理，同人的贤良或不肖、长寿或早夭、高贵或低贱，果真是元气的寄寓，还是造物主有意识造成的？柳宗元回答：松树皮有怪文，自然界的一切变化，与人之好坏、寿夭、贵贱不同，都是自然形成的：你难道没有看见风起云涌的情形吗？狂风勃然发怒，四处冲涌，击打山石，扑向树木，然后肆虐于空中，卧倒的样子像人，卷起的样子像飞禽，舒展的样子像林木，高耸的样子像宫室，是谁把它弄成这个样子的呢？狂风从洞穴中吹出，吹得万物摇荡飘飞，行经清水，刮起尘埃，又呼召洞穴，与草木的俪偶纷罗、雕葩锋芒、臭朽馨香，与颜色的赤绿白黄，都是元气寄寓的缘故，并非造物主有意识造成的，你又为什么单单怀疑这松树皮的奇怪纹理，把它同人的好坏、寿夭、贵贱参差搅和在一起呢？它本来是无情物，不值得去深入探究。

  柳宗元认为无情物的变化不值得研究，应该把注意力转移到社会现实中来。社会上人为的奇怪现象很多，他认为最令人可恨的是贤愚不辨，埋没人才：那些把持着官员的选拔升黜、替皇帝搜求人才的当权者，都学过圣人之道，以仁义相标榜，都说自己知人善任。我们听其言观其行，经他们手有升迁的，也有贬斥的。他们所升迁的，大都是昏庸无知、损人利己的人；他们所贬斥的，大多是清明正直、不做坏事的人。千百年来很少有人能避免这样的遭遇。

  现在你看不到这种弊病，却以树皮的奇怪纹理来怀疑造物主是否存在，你横讯过诘怎么会如此混乱！

  吴武陵与柳宗元这一场关于"造物者"有无的哲学辩难，探讨的是元气一元论和天命论究竟哪一种观点正确的问题。柳宗元根据吴武陵提出的问题，首先论述自然生态的本能属性，阐发了元气一元论的朴素唯物主义观点，然后又引向对社会现实的批判，抨击了埋没人才的现象，反映了他在理论斗争中的战斗性。"以复吴武陵的形式写成这篇文章，也说明了吴武陵对他的启发和教益。"（孙昌武著《柳宗元传论》，第 128 页）

  另一位与柳宗元比较接近的是李幼清。李幼清原是睦州刺史。他在睦州任职时，政绩卓著，后来皇甫湜曾称赞他"为政更年，大惠一州"(《睦州录事参军厅壁记》)。当时睦州属镇海节度使李锜管辖。李锜蓄意谋反已久,在辖内各州安插亲信,排斥异己。他知道李幼清不为己用,就罗织罪名,到朝廷诬告他。朝廷迫于压力,不顾是非,判定李幼清有罪。到元和二年(807)十月,李锜公开叛乱失败。可是李幼清的冤案并没有得到甄别,仍按原来的罪名把他流放到惠州(今属广东)。在途中,他又受到盗贼拦劫,边战边跑,才幸免于难,到达贬所。直到元和三年(808)正月,遇上大赦,才从惠州量移到永州。对于李幼清这样的坎坷遭遇,柳宗元听说之后义愤填膺,写了《同吴武陵赠李睦州诗序》,揭露事件的原委,批判朝政的腐败,为无辜遭贬者鸣不平。

  李幼清在仕途上遭受打击之后,意志消沉,迷上了道教养生术,喜好"服气"以求长生。"服气",原本是古代的一种呼吸养生法,后来被道教徒加以神秘化,宣称利用一定的方法呼吸吐纳,可以服食"日精月华",修炼成仙。由于服气时饮食诸多禁忌,反而会给人的身体造成很大损伤。李幼清到永州后连年服气,反而显得更加苍老。有一天,柳宗元和几个朋友一起到愚溪一带游玩,登上池西的小山,坐在柳荫下休息,饮酒行令,很是快乐。大家都为李幼清没能一起来游乐感到遗憾。谈起李幼清自从服气以来,容貌变得更加苍老,心情也很少欢愉,大家都神情沮丧地互相观望,想找个办法来劝说李幼清停止服气,但是没有想到好办法。过了一天,吴武陵自告奋勇,给李幼清写了一封信,上谈天地、日月、黄帝,下论列仙、方士都难免死亡,企图说服他停止服气。李幼清看了此信以后,微微一笑,颇不以为然。柳宗元见吴武陵吃了败仗,不肯罢休,决心亲自披挂上阵,鸣钟击鼓再次进军,力图决战取胜。于是他费尽心机,给李幼清写了一封长信,谆谆开导,动之以情,晓之以理,希望他能顿然醒悟,停止服气。信的最后一段说:

> 兄其有意乎卓然自更，使仇者失望而懔，亲者得欲而抃，则愚愿椎肥牛，击大豕，刲群羊，以为兄饩；穷陇西之麦，殚江南之稻，以为兄寿。盐东海之水以为咸，醯敖仓之粟以为酸，极五味之适，致五藏之安，心恬而志逸，貌美而身胖，醉饱讴歌，愉怿䜣欢，流声誉于无穷，垂功烈而不刊，不亦旨哉？孰与去味以即淡，去乐以即愁，悴悴然肤日皱、肌日虚，守无所师之术，尊不可传之书，悲所爱而庆所憎，徒曰"我能坚壁拒境"，以为强大，是岂所谓强而大也哉？无任疑惧之甚。
>
> ——《与李睦州论服气书》

柳宗元以满腔的热情，对李幼清提出恳切的希望：如果老兄您有意决心改正，让您的仇敌失望恐惧，让您的亲友欣喜欢迎，那么，我愿意宰肥牛，杀大猪，宰群羊，为您设宴庆贺。愿用尽陇西的麦子，江南的水稻，来为您祝寿。还要把东海的水制成咸盐，把仓库中的粮食酿成酸醋，让五味适合您的胃口，使您的五脏感到安适，以至于心欢而志远，貌美而体胖，吃饱饮足之后放声高歌，欢乐舒畅，让您的声誉永远流传，功勋业绩永垂史册，这不是很好吗？哪像您现在放弃美味而要寡淡，放弃欢乐而要忧愁，整天皱着眉头闷闷不乐，弄得肌肤日渐干瘦，坚守没有师传的养生术，尊崇不能传世的书本，使爱者伤心，让恨者高兴，竟然还夸口"我能坚守阵地"，自以为很强大，这哪里是什么强大呢？我对您的行为感到十分不解和担心。

柳宗元劝导友人的这一席话，语重心长，情理俱在，"服气"的危害，改过的好处，说得头头是道，切中要害。"劝其'极五味之适，致五藏之安'，是文中本意。"（林纾《韩柳文研究法·柳文研究法》）期望友人积极有为，"流声誉之无穷，垂功烈于不刊"，能够成就一番利在当代、功在千秋的事业，表明作者劝人律己始终

九、沦落之交

没有忘记许身为国、建功立业的初心。

元和三年（808），南承嗣贬谪来到永州，成为柳宗元的好友。柳宗元对南承嗣说过："永州多谪吏，而君侯惠和温良，故其欢愉异于他部。"（《送南涪州量移澧州序》）他觉得永州多被贬的官吏，而南承嗣性美温和，所以和他交往欢愉不同于他人，更加合得来。南承嗣是安史之乱中参加睢阳保卫战的著名将领南霁云的儿子。南霁云是柳宗元敬仰的英雄人物，他应南承嗣之请所写的《唐故特进赠开府仪同三司扬州大都督南府君睢阳庙碑并序》中，以夹叙夹议的行文，生动形象地记叙了南霁云与张巡、许远在平定安史之乱中固守睢阳，保卫江淮，牵制敌人的历史功绩，满腔热情地歌颂了南霁云忠诚为国，英勇不屈，与城俱亡的高贵品质，称赞他"超千祀而挺生，奋百代而特立"，是永垂不朽的英雄。

南承嗣以功臣之子，七岁授婺州别驾。不足十五岁时，已是四品官。开始为施州刺史，后转任涪州刺史。元和元年，当西川刘辟叛乱时，他白天手不离刀，夜里睡不脱甲，日夜守备，并且说："我是忠烈后代，要拼死抗敌。"后来叛乱平定，南承嗣却被刀笔吏无端诬陷，于元和二年（807）以御敌无备的罪名贬到永州。但他并不消极，仍想有所作为。元和四年（809），河北三镇节度使留后王承宗叛乱，朝廷兴师讨伐。南承嗣闻讯，立即请柳宗元代写《请从军状》和《上中书门下乞两河效用状》，主动请战。

> 伏见明制兴师，讨伐恒冀，蔑尔小丑，尚欲逋诛。某材非古人，志慕前烈，愿得身当一队，效死戎行，竭平生之忠恳，申幽明之冤痛。抚剑心往，发言涕零。
>
> ——《为南承嗣上中书门下乞两河效用状》

南承嗣慷慨陈词，恳切请求：我看见诏令兴师出兵，讨伐恒冀，那些叛乱的小丑，需要去诛灭。我才能虽不如古人，有志追随前辈英烈，甘愿身为士卒，效死战场，竭尽平生的忠诚，洗白不明的冤痛。手抚宝剑，心驰神往，慷慨陈词，涕泪纵横。

南承嗣的满腔热血，耿耿忠心，却没有得到朝廷的理解，他报效国家的愿望并没能实现。这使他很失望，他怎能甘心"食人力之粟，守无事之官"（同上），碌碌无为地虚度年华。

同年三月，朝廷册立皇太子实行大赦，南承嗣符合宽赦条件，量移澧州长史。柳宗元写了《送南涪州量移澧州序》，为他送行，勉励他"凡君子之志，欲其优柔而益固，愤悱而不忘"，要坚定志向，持之以恒地保持那种爱国忧时的精神。柳宗元这样勉励友人，也是借以自勉自励。

柳宗元和吴武陵、李幼清、南承嗣这些贬官流人的交往，不仅得以相濡以沫，相互安慰，而且使他进一步认识社会的黑暗，朝政的腐败。这些人境遇各不相同，但都是仕途的沦落者，现实政治的牺牲者。他们的遭遇，都反映了社会黑暗的侧面。柳宗元的有关诗文，不只表达了同病相怜、同气相求的感情，也揭露了朝政的腐败与黑暗；不只为沦落者鸣不平，也为沦落者加油打气。

柳宗元在谪居永州期间，对外交往主要是昔日参与永贞革新的战友。他不改初衷，无所顾忌，一直和他们保持着联系，互相关心，互相鼓舞，还在书信往来中讨论学术和文章，并且取得了许多有益的成果。

刘禹锡是和柳宗元交谊最密切、通信最频繁的人，堪称"昵亲密友"（刘禹锡《答道州薛郎中论书仪书》）。刘禹锡谪居朗州，孤寂穷愁，以文章吟咏解闷。柳宗元最早同他联系，于元和二年（807）写给他一封信，并附新文两篇，使他感到无比欣慰："相思之苦怀，胶结赘聚，至是泮然以销。"他称赞柳宗元的文章："余吟而绎之，顾其词甚约，而味霭然以长。"（《答柳子厚书》）此后他们

九、沦落之交

常互赠诗作。元和六年衡州刺史吕温逝世,刘禹锡写了《哭吕衡州,时余方谪居》,柳宗元读后,即作《同刘二十八哭吕衡州,兼寄江陵李元二侍御》奉和。张署贬任澧州刺史,刘禹锡有《述旧言怀感时书事奉寄澧州张员外使君五十二韵》之作,柳宗元即赋《同刘二十八院长寄澧州张使君八十韵》以赠。诗中说:"同病忧能老,新声厉似姱。"意思是说:与我同病相怜的刘君也会因忧愁而变老,不过他最近的诗作却写得美丽而富有才气。说明两人相互体贴,又相互鼓励。两人还常常进行学术问题的讨论。刘禹锡写了《辨〈易〉"九六"论》,柳宗元读后,觉得言犹未备,写了《与刘禹锡论〈周易〉"九六"书》,与他进行商榷。他们关于"天人关系"的讨论,把一代对于"天人之际"问题的思考推向了高峰。柳宗元写了《天说》,批评韩愈的天命论观点。刘禹锡读了之后,认为柳宗元的看法尚不完善,写了三篇《天论》加以发挥和补充,畅论天人之关系。柳宗元读后,又写了《答刘禹锡〈天论〉书》,认为梦得所论,与己无异:"凡子之论,乃《天说》传疏耳,无异道焉。"经过他们两人的讨论,深刻阐明了天是自然的物质存在,彻底否定了天命论,对于古代唯物主义自然哲学的发展做出了巨大的贡献,在中国思想史上具有很大意义。

凌准,和柳宗元早年相识,视为知己。两人志同道合,一起参加永贞革新。德宗逝世后,宦官集团勾结部分官僚准备延期发丧,阴谋另立太子接位。凌准此时挺身而出,独抗危词,抵制了宦官企图废置李诵的阴谋,立下了汗马之功。他被贬为连州司马后,柳宗元仍与他保持联系,陆质的一套《春秋》学著作就是从他那里得到的。凌准谪居岭南连州,他的母亲留在富阳老家,老人忧愤而死,也不得回家奔丧。接着他的两个弟弟又相继去世,家中只剩下呼天抢地的孩童。他伤心哭泣,导致双眼失明,肾脏也受到伤害,连脚也不能走动，最终死于桂阳佛寺。柳宗元听到凌准的死讯，十分哀痛，挥笔写下《哭连州凌员外司马》一诗。诗的开头说："废逐人所弃，遂为鬼神欺。才难不其然，卒与大患期。"作者首先为凌准的悲惨遭遇鸣不平：人一旦被贬逐便为别人所遗弃，甚至鬼神也敢来欺负。像凌准如此难得的人才，最终都要遭受大灾大难。接着，叙写凌准的生平事迹，赞扬他的学识、才华，从政的诸多建树，以及对永贞革新的贡献。诗的最后说：

> 念昔始相遇，腑肠为君知。进身齐选择，失路同瑕疵。本期济仁义，今为众所嗤。灭名竟不试，试议安可支。恬死百忧尽，苟生万虑滋。顾余九逝魂，与子各何之？我歌诚自恸，非独为君悲。

作者在写尽凌准生平事迹之后，不禁冤号恸哭，抒发自己同病相怜的悲痛：记得我们初次相识的时候，很快就成为肺腑相知的朋友。走上仕途，我们有了共同的选择；失路被贬，又一起被指责有罪过。本想以仁义普济天下，如今却被众人嗤笑。名声灭绝已经不能实现素志，世俗非议实在令人难以承受。恬淡死去，一切忧虑也就烟消云散；苟且活着，各种烦恼都会不断滋生。看我一夕九逝的迷魂，与你一起漂泊到哪里去呢！我放声悲歌不仅为你逝世而哀悼，也为自己不幸的境遇而悲恸。

同年，柳宗元应凌准后人之请，写了《故连州员外司马凌君权厝志》，详细记叙了凌准的生平，特别哀悼他"有道而不明白于天下，离愍逢尤夭其生"，即哀叹他有正道主张而不能昭彰于天下，遭逢挫折过度忧伤而过早地逝世。这既表示对亡友的惋惜之情，也表明自己对革新事业的评价仍然坚持固有的立场。元和四年（809），朝廷为立太子实行大赦，凌准的灵柩才容许返归故里安葬。在凌准的儿子扶柩归葬之时，柳宗元又写了《故连州员外司马凌君

九、沦落之交

墓后志》。可见他对战友至死不渝的深情厚谊。

吕温,是柳宗元早年志同道合的朋友:"君昔与余,讲德讨儒。时中之奥,希圣为徒。志存致君,笑咏唐虞。"(《唐故衡州刺史东平吕君诔》)两人常常一道谈论道德,研讨儒学。吕君时时切中经典奥旨,希望成为圣人的门徒。志存高远,笑谈辅佐君主治理天下,使其成为唐尧、虞舜。吕温也是王叔文党人,因为他贞元二十年出使吐蕃被羁留,到永贞革新已经失败的永贞元年十月才回到长安,没有参与推行革新的活动,所以才避免了遭贬官的厄运。回长安后,他担任刑部郎中,又兼任御史台副职。为官刚正不阿,打击邪恶,整肃纲纪,令奸臣畏惧。后来终于为宰相李吉甫所不容,弄法陷害,把他贬为均州刺史,未至,再贬道州刺史。在道州两年,于元和五年(810)转任衡州刺史。道州、衡州都与永州紧邻,柳宗元同他联系密切。柳宗元写作《非〈国语〉》,曾与吕温讨论,写有《与吕道州温论〈非国语〉书》,并派人将稿子送给吕温,请他提出意见,帮助他完善书稿。吕温在两任刺史职位上,清理户籍,均平赋税,压抑豪强,采取了一些安定民生的措施,深受百姓欢迎和爱戴。元和六年八月,吕温因病去世,时年仅四十岁。对于吕温的英年早逝,柳宗元悲痛万分。他写了祭文,派专人前往祭奠,又写了长篇诔文,记叙其生平事迹,颂扬其才学品德,惋惜其"佐王之志,没而不立",为其遭受谗毁、大才不用而鸣不平。

对于吕温逝世,刘禹锡也写了吊唁诗,柳宗元随后与之唱和,并将诗寄给当时被贬在湖北江陵的李景俭、元稹两位侍御史。

一夜霜风凋玉芝,苍生绝望士林悲。空怀济世安人策,不见男婚女嫁时。遗草一函归太史,旅坟三尺近要离。朔方徙岁行将满,欲为君刊第二碑。

——刘禹锡《哭吕衡州时余方谪居》

    衡岳新摧天柱峰,士林憔悴泣相逢。只令文字传青简,不使功名上景钟。三亩空留传磬室,九原犹寄若堂封。逞想荆州人物论,几回中夜惜元龙。

    ——柳宗元《同刘二十八哭吕衡州兼寄江陵李元二侍御》

  刘禹锡和柳宗元为失去亲密战友而同声悲泣,哭其英年早逝,伤其才不逢时,哀其贫不能葬。前人解读柳诗说:"首言温之死,士林相逢者,莫不悲切而憔悴,盖惜其传文字于青简,未勒功名于景钟也。且官清且贫,室如悬磬,今已物化,见其封若高堂耳。昔刘备知惜元龙,岂二侍御而不惜衡州哉!"(廖文炳《唐诗鼓吹注解》卷一)也许人们很难理解,堂堂一州之长官,怎么会贫不能葬?柳宗元《唐故衡州刺史东平吕君诔》中记述他一心为民,廉洁奉公,又乐于助人,所以搞得家庭一贫如洗,死后葬于江陵之野:"廪不余食,藏无积帛。内厚族姻,外赒宾客。恒是悬罄,逮兹易簀。僮无凶服,葬非旧陌。呜呼哀哉!"对于这样一位品德高尚的朋友,柳宗元久久不能忘怀。有一天他偶然在段秀才处看到一封亡友的书信,见字如面,激动不已,挥笔抒写了难以抑制的思念之情。

    交侣平生意最亲,衡阳往事似分身。袖中忽见三行字,拭泪相看是故人。

    ——《段九秀才处见亡友吕衡州书迹》

  诗人见到亡友吕温的书法手迹,引发了无限的悲痛和感慨,顿时回想起彼此志同道合、亲密无间的友谊和吕温高效治理衡阳的政绩。"衡阳往事似分身",是说吕温处理政事效率很高,似乎有分身之术。诗的后两句抒写睹物怀人之情,情态毕现,真切动人。

  柳宗元与贬官流人的交往,或朝夕相处,相濡以沫,或书信往来,诗歌酬唱,都光明正大,理直气壮。他们相互关心,相互勉

九、沦落之交

励,矢志不移,并没有低头屈从,也没有悲观丧气。"这样,柳宗元在同被贬官的这批'战友'的交往中,丝毫不见畏惧之态,也没有追悔之情,而是执着地宣扬他们所从事的事业的正当与合理,申述他们的不平和愤慨。从而他的有关诗文的意义就远远超出表达私交的范围了。……这种坚定的品格也是他开拓出思想和文学创作的新局面的重要思想基础。"(孙昌武著《柳宗元评传》,第 112-113 页)

十、著书立说

苟一明大道，施于人世，死无所憾。

——《贞符并序》

柳宗元贬谪永州之后，虽然对朝廷还存在一定的幻想，但几经努力都毫无结果。残酷的现实使他认识到，重返政坛，建功立业，这已经成为不可能的事。不过他并不甘心得过且过，碌碌无为地虚度人生。这样，就需要重建自己的生活目标。他在给许孟容的信中说："贤者不得志于今，必取贵于后，古之著书者皆是也。宗元近欲务此。"（《寄许京兆孟容书》）柳宗元从古人身上得到启发，打算把自己的生活目标从追求事功转向从事著作。他觉得，文章未必是士人的末技，如果运用得好，同样可以通过文章立圣人之道，实现"辅时及物"的政治理想，也可以垂名后世。他在《贞符》序文中说："苟一明大道，施于人世，死无所憾。"他决心用文章阐扬大道，施于人世，力求做到死而无憾。可见他虽处于困境而不肯屈服。于是，永州孤寂的十年，也就成为他在著书立说和文学创作中自强奋斗的十年。柳集中百分之八十以上的作品即作于这一时期。这十年，是他写作成就最为辉煌的时期。

为了从事著述，柳宗元广泛搜集图书资料。到永州后，他从凌准处借得陆质的三部《春秋》学著作，从长沙求得《鹖冠子》一部。元和四年（809）他在给李建的信中说"仆近求得经史诸子数百卷，尝候战悸稍定，时即伏读，颇见圣人用心、贤士君子立志之分。……贫者士之常，今仆虽羸馁，亦甘如饴矣。"（《与李翰林建书》）可见，柳宗元从各种渠道收集到了相当丰富的典籍，并且认真阅读，从阅读中得到无穷的乐趣。他写的五言古诗《读书》，就记述自己在病中日夜读书的情形：

幽沉谢世事，俯默窥唐虞。上下观古今，起伏千万途。遇欣或自笑，感戚亦以吁。缥帙各舒散，前后互相逾。瘴疴扰灵府，日与往昔殊。临文乍了了，彻卷兀若无。竟夕谁与言，但与竹素俱。倦极便倒卧，熟寐乃一苏。欠伸展支体，吟咏心自愉。得意适其适，非愿为世儒。道尽即闭口，萧散捐囚拘。巧者为我拙，智者为我愚。书史足自悦，安用勤与劬。贵尔六尺躯，勿为名所驱。

柳宗元贬谪永州前期，由于精神上遭受打击，又多病缠身，以致影响记忆力。他在元和四年（809）《寄许京兆孟容书》中说："往时读书，自以不致抵滞，今皆顽然无复省录。每读古人一传，数纸已后，则再三伸卷，复观姓氏，旋又废失。"不仅以前读的书忘得一干二净，当前读书也是读到后面忘了前面。就是在这种情况下，他仍坚持日夜读书。

身处幽居当中不问世俗之事，伏案静心阅读唐虞以来历史。通观古今历史长河，起伏变化千千万万。遇到令人高兴的事便暗自窃笑，感到悲哀的事也唏嘘长叹。书卷各自展开，前后互相叠放。因瘴气而生的疾病扰乱心灵，每天心境都与往日越发不同。读书时候觉得已经清清楚楚，读完之后却似乎一无所知。整天可以和谁去说话呢？只有这书籍是我的伴侣。看书感到疲倦了便倒头而睡，熟睡之后顿觉精神复苏。打哈欠伸懒腰舒展四肢,吟咏诗文感到心情愉快。读书得意处在于情意契合,并非要做世上那寻章摘句的腐儒。大道不存就闭口不言,清静闲散中抛却囚拘枷锁。乖巧人说我这是笨拙,聪明人讲我这是愚蠢。只要研读史书可以使我快乐,何必到官场去奔波操劳?好好珍惜六尺之躯吧,莫要为功名去东奔西跑。

此诗叙写作者研读史书,情态历历可见,如在目前。研读的目的也清楚,一为通观古今沧桑之变,探索历史规律,二为寻求情意契合,摆脱现实困境。对书的内容并不迷信,而有自己的独立思考,不做世俗之儒。

事实上,柳宗元的阅读范围是很广泛的,他"读百家书,上下驰骋"(《与杨京兆凭书》),经、史、子、集,广泛涉猎。他深入钻研儒家圣贤的言论和史籍,广泛阅读诸子百家的著作,取其精华,弃其糟粕,形成以儒家为主、融会百家的独特的思想体系,并且针对社会思潮和政治现实,写出了一批思想深刻、哲理性强的理论著作,创立一家之说,在哲学、历史等领域做出了杰出的贡献。

中国古代的天命观念由来已久。天主祸福凶吉之说最早见于《尚书》中的《周书》。孔子继承了周人的"天命"思想,把天看成有意识和意志、人格化的神。在《论语》中,记载着许多他关于"天命"的言论,把"畏天命"列为"君子有三畏"之首,说"小人不知天命而不畏也"(《论语·季氏》)。天命观、天人感应论,一直渗透在孔子以来的儒家思想之中,长盛不衰。唐代古文运动的领袖韩愈也还相信天命。柳宗元虽然主张文章要"直趣尧舜之道、孔氏之志"(《与杨京兆凭书》),传承儒家的仁政等主要思想,但他不认同天命观,在《贞符》《天对》《天说》《非〈国语〉》等论著中,对天命观、天人感应论做了深刻的批判,大力宣扬天是元气、"天人相分"的朴素唯物主义观点。

十、著书立说

《天对》是柳宗元对战国时期伟大诗人屈原所作的《天问》的回答。屈原在《天问》里，一共提出了一百七十几个问题，涉及天地、宇宙、古代传说、历史事件诸多方面，对于殷周以来的传统观念进行大胆质疑。他虽然只问不答，但这些问题本身就带有批判和否定的意味，给人们留下了无穷的思索空间。对于屈原所提出的这许多问题，从战国时期一直到唐代，从未有人做出回答。只有到了唐代中期，贬谪永州的柳宗元大胆应战，根据当时自然科学的发展水平和自己对历史的认识，对这些问题一一做了回答，表达自己的理论主张。"柳宗元在对《天问》所做的对答中，否认了天地为'神'所创造，论证了'元气'为天地之本源和宇宙的无边际、无极限的无限性，反对了神话传说和荒诞不经的迷信。"（侯外庐主编《中国思想史纲》，第224页）下面我们就宇宙观的问题，看看《天对》对《天问》的回答：

问曰：遂古之初，谁传道之？上下未形，何由考之？冥昭瞢暗，谁能极之？冯翼惟像，何以识之？明明暗暗，惟时何为？（远古宇宙形成的情况，是谁传下来的？那时天地还没有形成，根据什么来考察它？当时昼夜不分一片混沌，谁能探知它的究竟？只有大气混沌的形象，又怎么认识它？昼夜明暗互相交替，那是由谁造成的？）

对曰：本始之茫，诞者传焉。鸿灵幽纷，曷可言焉。智黑晰眇，往来屯屯。庞昧革化，惟元气存，而何为焉！（对于宇宙的起源本来是不清楚的，只有一些荒诞不经的人留下一些传说。至于鸿灵开天辟地的故事更是乱说一通，又有什么可以评论的？昼往夜来、周而复始的宇宙，只有一团混沌的元气，谁能去创造它呢？）

问：阴阳三合，何本何化？（阴、阳、天三者互相结合，哪个是本体，哪个是化生的？）

对：合焉者三，一以统同。吁炎吹泠，交错而功。（阴、阳、天三者结合，统一为一个元气。元气缓慢吹动，造成炎热的天气，元气快速地吹动，造成寒冷的天气。冷热交替，阴阳结合，从而具有推动万物发生、发展、变化的作用。）

问：圜则九重，孰营度之？（天有九重，是谁营造的？）

对：无营以成，沓阳而九。转锟浑沦，蒙以圜号。（天不是谁营造的，而是由于阳气层层积累才有九重。这团阳气像车轮一样不断转动，浑浑沌沌，因而被认为是圆形的。）

问：惟兹何功，孰初作之？（这伟大的功绩，是谁开始创造的？）

对：冥凝玄厘，无功无作。（元气中的阳气自然而然凝聚起来构成了天，没有人出力去创造它。）

问：斡维焉系？天极焉加？（天的旋转枢纽上的绳子，是怎样缚系的？天的极柱，又是怎样加上去的？）

对：乌偠系维，乃縻身位。无极之极，漭弥非垠，或形之加，孰取大焉！（天本来就在那里，哪里需要系上绳子固定自己的位置。天无边无极，无限广大。如果要将某种形体强加给天，又从哪里得到这么大的东西呢！）

问：天命反侧，何罚何祐？（天命如此反复无常，它对恶人怎样惩罚，对好人怎样保佑？）

对：天邈以蒙，人厶以离。胡克合厥道，而诘彼尤违。（天高高在上，无知无觉，而人是十分渺小的，又与上天按不同规律运动，为什么把天与人扯在一起，去诘责上天赏罚不当的过失！）

柳宗元认为宇宙是一团混沌的元气，元气是一切自然现象发生之源，元气的无限积聚形成"天"，"天"是浑沦空漠的一片，无极无边，没有意识，没有感知。因而，不存在什么天帝造物的问题，也不存在天命如何的问题。这种见解，主要是承继荀子、王充的主张。在坚持元气一元论的基础上，"柳宗元认为无限的宇宙统一于元气，元气的矛盾运动产生了万物。这种彻底的元气一元论，虽然还属于朴素唯物主义的形态，却排除了物质之外、宇宙之外有造物主存在，否定了'天'具有能主宰、有意志的神秘本性，从而与唯心主义'天命'论划清了界限"（孙昌武著《柳宗元传论》，第198－199页）。

在说明天的实质是元气的基础上，柳宗元对日月星辰、四时昼夜、山河大地等自然现象，做出了自己的解释。

问：日月安属？列星安陈？（日、月、众星都安放在什么地方？）

对：规毁魄渊，太虚是属。棋施万荧，咸是焉托。（太阳和月亮都寄托在元气构成的天上，众星如棋子分布，也都寄托在那里。）

问：出自汤谷，次于蒙汜？（听说太阳从汤谷升起，止息于蒙汜，是这样吗？）

对：辐旋南画，轴奠于北。孰彼有出次，惟汝方之侧。平施旁运，恶有谷汜！（当车辐转向南方的时候，车轴就处于北方。哪里有太阳的升起和止息，只是你观察的位置发生了偏移。太阳在天上往复运行，哪里有什么汤谷和蒙汜！）

问：自明及晦，所行几里？（从日出的天亮到日落的天黑，太阳运行了多少里？）

对：当焉为明，不逮为晦。度引久穷，不可以里。（向着太阳的地方是白天，背着太阳的地方是黑夜。测量那遥远的距离,不可以用里来计算。)

问:夜光何德,死而又育?(月亮有何功德而居于天地之间,暗死以后又能复明?)

对:毁炎莫俪,渊迫而魄,遐违乃专,何以死育!(太阳的光焰强烈无比,月亮靠近它时,就见到背面暗淡无光;月亮远离它时,就见到正面圆满光亮,哪里有什么黑暗之后又复明!)

问:厥利维何,而顾菟在腹?(玉兔居住在月亮之中顾望,这对它有什么好处?)

对:玄阴多缺,爱感厥兔,不形之形,惟神是类。(月亮上有许多缺损,那阴影使人感觉像是兔子,而只是和兔子的神态相似。)

问:何阖而晦?何开而明?(为什么天门关上就天黑,为什么天门打开就天亮?)

对:明焉非辟,晦焉非藏。(天亮不是天门打开的结果,天黑也不是太阳隐藏起来的缘故。)

问:鲧何所营?禹何所成?康回冯怒,地何故以东南倾?(鲧经营了些什么工程?禹成就了些什么功业?为什么康回大怒,大地便会向东南倾?)

对:圆焘廓大,厥立不植,地之东南,亦已西北。彼回小子,胡颠陨尔力,夫谁骇汝为此,而以愿天极!(苍天覆盖着大地极其广大,它的存在无需依靠什么东西支撑。大地虽然向东南倾斜,但也像西北那样自然形成。康回那个小子哪里有使天倾地陷的大力气!是谁让你惊骇成这个样子,竟然提出这样的问题来扰乱天极!)

问:九州何错?川谷何洿?(九州的边缘是怎样错置的?

河流峡谷为什么这样深?)

　　对：州错富媪,爰定于趾。躁川静谷,形有高庳。(九州的边缘在大地上错置,是大禹亲历各地后确定的。湍急的川流,安静的峡谷,自然的地形有高也有低。)

柳宗元关于日月星辰、四时昼夜、山河大地等自然现象的解释,是元气一元论的具体发挥,同时也是对它的进一步论证。他以朴素唯物主义宇宙观考察天文地理,否定了许多无稽的臆说和古旧的传闻,在当时的自然科学水平上,对许多自然现象做出了实事求是的、比较合乎科学的解释。值得称许的是,柳宗元对某些自然问题的解释,不仅达到了当时认知的最高水平,而且已经接近现代自然科学的认识。

柳宗元的《非〈国语〉》,主要是批判《国语》中所宣扬的"天人感应"论的。所谓"天人感应"论,是天命观的一种表现形式,认为天能干预人事,人的行为也能感应上天,自然界的灾异和祥瑞表示着天对人们的谴责和嘉奖。

《国语》是一部历史著作,主要记述西周末年到春秋时各国贵族的言论,一般认为是战国时期左丘明所作。此书中有许多关于灾祥、福佑、命数、禄相、卜筮、谣应、神怪、妖异等记载,充斥着"天人感应"论和命定论的思想。柳宗元以"其说多诬淫,不概于圣"(《非〈国语〉序》),写了《非〈国语〉》,对其荒唐邪僻的言论一一予以批判,以抨击唯心主义的"天人感应"和命定论。

《国语》卷一《周语上》记载：周幽王二年(前780),泾、渭、洛三川都发生了地震。大夫伯阳父说：周朝就要灭亡了。天地的阴阳之气有一定的次序,如果有扰乱了它的次序,阳气潜藏而不能出来,阴气受迫而不能蒸腾,就会发生地震。现在三川一带发生了地震,是因为阳气失去了它的位置而被阴气所镇服。阴气主宰了阳气，水源就会堵塞，国家必定灭亡。国家灭亡不超过十年，因为十年是气数转变的一纪。被上天所抛弃，是不会超过一纪的。那一年，三川枯竭，岐山崩塌，周幽王被杀，周朝的首都也迁到了东部的洛阳。

这是把地震当作灾异，宣扬周王朝的命数早有天定，地震是上天事先发出的警告。对这种论调，柳宗元写了《三川震》予以批驳：

> 山川者，特天地之物也。阴与阳者，气而游乎其间者也。自动自休，自峙自流，是恶乎与我谋？自斗自竭，自崩自缺，是恶乎为我设？被固有所逼引，而认之者不塞则惑。夫釜鬲而爨者，必涌溢蒸郁以糜百物；畎汲而灌者，必冲荡渍激以败土石。是特老妇老圉者之为也，犹足动乎物，又况天地之无倪，阴阳之无穷，以颃洞轇轕乎其中，或会或离，或吸或吹，如轮如机，其孰能知之？且曰"源塞，国必亡"；"人乏财用，不亡何待"，则又吾所不识也。且所谓者天事乎？抑人事乎？若曰天者，则吾既陈于前矣；人也，则乏财用而取亡者，不有他术乎？而曰是川之为尤！又曰"天之所弃，不过其纪"，愈甚乎哉！吾无取乎尔也。

柳宗元对地震问题做了比较科学的解释，批判了宣扬阴阳灾异的迷信思想：山川，不过是天地之间的自然之物。阴与阳，是游动在天地间的元气。它们自行运动，自行停止，自行聚集，自行流散，哪里是为我们安排的呢？它们自行相斗，自行枯竭，自行崩塌，自行缺损，又哪里是为我们设置的呢？自然界本来就有互相排斥和互相吸引的现象，以为与人事有关的人不是无知就是糊涂。架起锅灶来炊煮东西，一定要汤水翻滚、热气蒸腾，才能把食物煮烂；打水灌溉田畦，一定要用水冲击喷射，才能把土石冲散。这种老妇老农所做的事，尚且能够使物体发生变化，更何况无边无际的大地、无穷无尽的阴阳之气，纵横交错地弥漫在当中，有时聚集，有时分离，有时吸引，有时吹开，就像车轮和纺机一样不停地转动，又有谁知道发生了什么变化呢？还说什么"水源堵塞，国家必定灭亡"；"人们缺乏财物，不灭亡还有什么指望"，这又是我所不能理解的。他所说的到底是天然之事呢，还是人为之事？如果说是天然之事，那么我前面已经讲过了；如果是人为之事，那么因缺乏财物而导致灭亡的，不是还有其他原因吗？却偏要说成是几条河流造成的罪过。又说什么"上天所抛弃的东西，不会超过十年的界限"，就更加过分了。我反对这个说法。

  在这里，柳宗元认为山川是自然界的物质存在，其中相互矛盾的阴、阳二气在不断运动，聚集分散，吸引排斥，必然呈现出动与休、峙与流、斗与竭、崩与缺等各种形态，也就可能发生意料不到的天灾。地震就是这种运动产生的一种地动山摇的自然灾害。既然地震是自然物自身的矛盾运动而产生的自然现象，那就是"天事"，不可能征兆人事的凶吉，国家的兴亡，对人发出警告之类的说法，也就纯属无稽之谈。所谓"天人感应"，是子虚乌有的。西周的灭亡自有其原因，与地震没有关系。

  《三川震》一文，在阐述自然运动的问题上，继承了王充的自然万物自生非故生的观点，进而发挥了自然自己运动的观点，揭示了元气生化万物以及自然现象自生、自动、自变的最终原因。"柳宗元不仅从自然界的矛盾（即阴阳二气）方面去说明自然界的运动变化，而且力图解释阴阳二气的各种运动变化的形态，这比王充前进了一步。……因为他不但承认了自然界的运动，反对自然僵死不动的观点，同时也承认了自然运动形态的复杂性和多样性。"（侯外庐主编《中国思想史纲》，第 223－224 页）

柳宗元的《天说》，是他在"天人关系"问题上的基本观点的集中概括，也是他批判唯心主义"天命观""天人感应论"的理论总结。

在"天人关系"问题上，柳宗元和韩愈观点不同，他们在书信往来中，有过一场论战。《天说》就是柳宗元对韩愈有关来信的答复。韩愈的信，在今存韩愈文集中没有收录，但从柳宗元的转述中可以得知韩愈看法的要点：（一）"坏而后出"是宇宙间各种事物的一个普遍规律。他认为，物类败坏，虫类就从中生长出来，元气阴阳被破坏，人类于是就产生了。（二）韩愈把人间"功""祸"的概念，曲解为人对"天"的关系。是功是祸，认为应以"天"的意志或损益为标准。所以他把人类征服自然、发展生产的行为，也看成是对元气阴阳造成的祸害，是破坏天意安排的秩序。（三）把"天"看成是有意旨的人格神，能够对人类活动赏功罚祸，指责"今夫人举不能知天"，认为现在的人都不懂上天的旨意。

柳宗元不同意韩愈的观点，着重针对天意赏罚之说予以批驳：

> 柳子曰：子诚有激而为是耶？则信辩且美矣，吾能终其说。彼上而玄者，世谓之天；下而黄者，世谓之地。浑然而中处者，世谓之元气；寒而暑者，世之谓之阴阳。是虽大，无异果蓏、痈痔、草木也。假而有能去其攻穴者，是物也，其能有报乎？繁而息之者，其能有怒乎？天地，大果蓏也；元气，大痈痔也；阴阳，大草木也，其乌能赏功而罚祸乎？功者自功，祸者自祸，欲望其赏罚者大谬矣。呼而怨，欲望其哀且仁者，愈大谬矣。子而信子之仁义以游其内，生而死尔，乌置存亡得丧于果蓏、痈痔、草木耶？

柳宗元说：你必定是有所激愤才发这番议论的吧？你这番话的确是既雄辩又华丽。但我可以就天人关系问题从头到尾讲讲这番道理。那个在上面青色的东西,人们称它为天;在下面黄色的东西,人们称它为地;弥漫充斥于天地之间的东西,人们称它为元气;冷与热轮换交替,人们称它为阴阳。这些东西虽然很大,但与瓜果、毒疮、草木并没有什么不同。假使有能除掉那些蛀空它的仇敌的人,这些物类能有所报答吗?助长那些仇敌的人,它会有所怨怒吗?天地,就是大的瓜果;元气,就是大的毒疮;阴阳,就是大的草木,它怎么能够奖赏有功的、惩罚为祸的呢?有功于大地的人按照自己的方式对待大自然,祸害大自然的人也按照自己的方式对待大自然,这样,想得到上天的赏罚是非常荒谬的。呼号责怪,想得到上天的怜悯和恩赐,就更加荒谬了。你如果坚持自己的仁义观而游走于天地之间,就从生到死坚持到底好了,何必把存亡得失寄托在如同瓜果、毒疮、草木一样的天上呢?

柳宗元的回答言简意赅,把天人关系说得清清楚楚。他认为,天、地、元气、阴阳,都是物质存在的形式,与瓜果、毒疮、草木是一样的,都是无意识的自然物。自然物不可能有赏罚人类功过的意志。他强调人类"功者自功,祸者自祸",自作自受,与天无关。既然人类的祸福都是自身造成的,物质的天不能对人类进行赏罚,因而人们怨天、祈天,都是非常荒谬的。人类还是自行仁义之道,持之以恒坚持下去,不要把自己的存亡得失寄托于天命。"这样,柳宗元坚定地站在唯物主义的立场上,明确地解决了'天'的本质与'天人之际'的问题。他把天看作是与果蔬、草木、痈痔一样的'物',这就比一般地概括为'元气'又前进了一步。"(孙昌武著《柳宗元传论》,第211页)

"柳宗元的《天对》《非〈国语〉》《天说》,作为唯物主义思想的重要文献,在中国思想史上占有一定的位置。它们总结和发展了前人批判'天命'论的思想、理论成果,就'天人之际'这个问题,创立了唐代唯物之际的一个高峰。"(同上,第213页)柳宗元不仅对作为自然物质的"天",在认识上更加明晰,说明上更加确切,而且在理论建树上较前人有所发展,达到了新水平。

在史学领域,柳宗元在著书立说时也有自己独到的建树。《贞符并序》《封建论》,就是这方面的代表作。

《贞符并序》是柳宗元在长安任礼部员外郎时开始写的,后因贬官外放中断了写作。到永州以后,在吴武陵的促进下,完成了这一写作。他决心写成这篇文章,意在为国家治理指明大道:"念终泯没蛮夷,不闻于时,独不为也。苟一明大道,施于人世,死无所憾"(《贞符并序》)。柳宗元想到自己最终将要在这个蛮夷之地被埋没,不为世人所知,为什么不将文章写出来呢?如果能阐明治国大道,并施行于人间,即使自己死后也不会有什么遗憾了。可见作者忠诚为国的一片心意。

《贞符并序》的内容,是论述国家怎样才能长治久安。"贞符",即正符,就是真正的符瑞。符命之说,大致是根据神话传说进行理论编造,然后再从现实中弄出祥瑞之物作为受命之符,附会某种天意。这种符命之说,是天命论的一种表现形式。柳宗元称符命之说"斯皆诡谲阔诞,其可羞也",完全是荒诞无稽、诡诈欺骗的伎俩,简直达到可耻的地步。他认为帝王愚忘迷信符命,臣下竞献符瑞,都是荒唐的行为。

作者放眼古今几千年历史,寻求国家兴亡真正的符命究竟是什么?

他首先回顾人类由蒙昧状态到国家产生的过程,并没有什么"天命"的干预,而是由尧、舜等君王以仁德治理天下建立了国家。于是他说:"稽揆典誓,贞哉!惟兹德实受命之符,以奠永祀。"意思是说,考察、揣度诸典、誓等《尚书》中的篇章,我发现了真正的符命！只有这种仁德才确确实实是受命的符信，可以奠定永久统治的基础。

接着，他重点分析汉、唐两代的历史经验：汉代刘邦为人宽宏大量，能替百姓着想，选贤任能，治理国家创伤，为饥寒交迫的人带来温暖，让人民得到光明和太平，这是他成为帝王的真正符命。隋朝末年，人民生活在水深火热之中，没有人来拯救。这时候，李渊、李世民出来，如甘霖浇灭烈火，滋润大地，百姓终于摆脱苦难而得以安居乐业。残酷的刑罚不再使用，流离失所、家破人亡的祸害没有了，人民都得到了和平与幸福，便抛弃了隋朝，归顺了唐朝。唐朝开国以来的君主，以祖宗为效法的榜样，以仁德治理国家，得到了人民的爱戴。事实证明，决定国家命运的真正符命是人心的向背，是统治者能否实行仁政从而获得人民的拥护。他提出了一个富有理论价值的论断。

> 是故受命不于天，于其人；休符不于祥，而于仁。惟人之仁，匪祥于天。匪祥于天，兹惟贞符哉！未有丧仁而久者也，未有恃祥而寿者也。

柳宗元认为帝王不是受命于天，而是受命于人；真正吉祥的征兆不表现于祥瑞之物，而表现在是否实行仁政；对人民实行仁政，而不从上天求吉祥。只有对人民的"仁"，才是合乎正道的"符命"，而不是从天上降下什么祥瑞。从来没有丧失仁德而可以长治久安的，也没有人依靠祥瑞而可以长生不死的。

在这里，柳宗元大胆破除对天的迷信，对君权的迷信，公然否定帝王受命于天的传统观念，而提出帝王受命于人的光辉论断，可谓识高千古。在我国，天命之说由来已久，《易·系辞上》说："天生神物，圣人则之；天地变化，圣人效之；天垂象，见凶吉，圣人象之；河出图，洛出书，圣人则之。"（《周易注疏》卷七）到了汉代董仲舒,认为王者承天意以行事,提出了"君权神授"的理论。柳宗元一反传统观念,用君权人授代替君权天授,把民心向背视为国家长治久安的最具决定意义的条件,也就在理论上提高了人民群众在国家政治和历史发展中的地位与作用。在那个时代,柳宗元提出这种以人民意愿为动力的历史发展观,是破天荒的创见,具有不可低估的理论价值。

《封建论》的议题,是"封建制"的存废及其与郡县制的优劣得失。该文所说的"封建制",是指古代"封国土,建诸侯"的分封制度,与今天所说的封建社会制度含义不同。分封制是古代专制制度下的地方分权制,各诸侯国实行世袭制。秦始皇统一中国之后,废除了分封制,实行中央集权"郡县制",即把全国分为许多"郡"和"县",作为中央在地方的行政单位,郡守和县令由中央王朝直接派任。分封与郡县这两种政治体制,到底谁优谁劣,是秦朝以来一直争论不休的问题。唐朝建立以来,这种争论也一直继续不断。到中唐时期,藩镇割据,各自以独立列国自居,还纷纷要求世袭,"封建"理论成为他们搞独立王国的依据。一些人提倡恢复分封制,更加助长了藩镇的嚣张跋扈,使国家局势更加混乱。针对这种情况,柳宗元有感而发,写作《封建论》,评论历史上的政治制度,是要从理论上回答现实的政治问题,抨击妄图复辟分封制的反动思潮。

文章以唯物主义历史观论述社会历史的发展过程,说明它有一种不以人们主观意志转移的客观发展的必然趋势。文中用一个"势"字概括这种思想,意思是势在必行,历史发展有它必然的趋势,不依人的意志为转移,不是圣人的个人意志所能决定的。首先从人类社会的形成和发展,说明早期实行分封制是客观形势使然。从原始人群生存竞争,发展为"君长刑政生焉",直到"天下会于一",是社会的一大进步。但分封制发展到后来,便暴露出种种严重弊端。周朝列土分封,到了周夷王时代,随着诸侯国的壮大,天子已丧失了昔日的尊严。到了周幽王、周平王时代,王室东迁,周天子实际上沦落到与诸侯同列的地位,诸侯羞辱天子、叛逆朝廷的事屡有发生,周朝"徒建空名于公侯之上",最后便出现春秋争霸、战国争雄的局面。秦始皇统一中国,实行郡县制,在行政上实现了中央集权,全国统一,社会安定,体现了"生人之意"。由诸侯林立的分封制,发展到"公天下"的郡县制,又是社会的一大进步。新的郡县制能够克服分封制所产生的种种弊害,显示出它的优越性,因而郡县制代替分封制,也是历史发展的必然趋势。柳宗元极力赞赏郡县制,反对分封制复辟,是他进步的历史发展观的表现。

柳宗元在畅论郡县制优越性,驳斥分封制优于郡县制言论的过程中,涉及"公天下"与"私天下"、任人唯贤与任人唯亲、政治体制与政治措施等问题,其见解均具有现实意义和理论价值。

文章指出:"秦之所以革之者,其为制,公之大者也,其情私,私其一己之威也,私其尽臣畜于我也。然而公天下之端自秦始。"意思是说,秦始皇废分封而行郡县,就制度来说是最大的公,但其动机则是为私,是企图树立皇帝自己的权威,使天下人都臣服于自己。然而天下归公是从秦始皇开始的。作者把作为执政者个人方面的问题,与郡县制作为政治体制所具有的性质和作用,两者区别开来看待,充分肯定郡县制开创"公天下"之功。

柳宗元认为"公天下之端自秦始",也就是说,公天下是郡县制才具有的性质,秦以前的分封制不是公天下,而是私天下。他之所以认为分封制是私天下,主要因为实行分封就有世袭,而世袭就"私其力于己也,私其卫于子孙也",是为了维护自己子孙的特权,把国家的权力完全垄断于私人家族之内。他称郡县制为"公天下",

因为郡县制取消了分封，实现了全国空前统一的局面，地方官吏直接由中央王朝选派委任，打破了血缘亲族关系对政权的世袭垄断，这样，不属于皇室和贵族的社会成员就有了参政的可能性。特别是隋、唐实行科举考试选拔人才以后，官员的选用突破了贵族和士族的范围，向社会开放，一般地主阶级成员就有了较多的机会参政。"所以，柳宗元所肯定的'公天下'，实际上指国家政权较多地向地主阶级开放，较少被皇室和贵族所垄断。从历史上看，这种现象属于民主的社会基础从狭小走向远大。而民主的社会基础得到扩大，总是有进步性的。"（刘光裕、杨慧文著《柳宗元新传》，第197页）肯定公天下，也就是肯定社会的民主化进程，它不失为是柳宗元民主思想的一种体现。

基于这种民主思想，柳宗元对秦始皇利用中央集权制，无限扩大个人权威的问题，也提出了严厉的批评。当然，他没有，也不可能对君权世袭的问题提出非议。不过，他在《贞符并序》中提出君权人授的思想，认为"生人之意"最终决定皇权属于谁，虽然不可能产生具体的约束作用，但就思想观点而言，已经是十分难能可贵了。

文章指出："夫天下之道，理安，斯得人者也。使贤者居上，不肖者居下，而后可以理安。今夫封建者继世而理。继世而理者，上果贤乎？下果不肖乎？则生人之理乱，未可知也。"意思是说，按照天下的道理，国家治理太平，才能获得人民的拥戴。让贤能的人居于上位，不才的人处于下位，然后国家才能够治理得太平。封建诸侯，一代一代继承统治，那些世袭的统治者，处于上位的人果真都是贤能的吗？处于下位的人果真都是不才的吗？那么人民得到太平还是遭到祸乱就无法知晓了。

在这里，柳宗元阐明"用人唯贤"对于国家治理的重要性。分封制凭着王族的血统,世代继承统治,与君主有血缘关系的人,不管贤与不贤,都定位在社会的上层,这种任人唯亲的制度,自然不利于国家的治理。而郡县制是与用人唯贤的人事制度相联系的。它打破血缘的限制选拔人才,委任官吏,使贤能之士有机会得到选拔,参与治国理政。同时,皇帝还可以随时撤换不称职、不守法的地方长官:"朝拜而不道,夕斥之矣,夕受而不法,朝斥之矣。"这就为"贤者居上,不肖者居下"创造了前提,也使贤能者治国得到了某种保证。柳宗元就这样,通过评论郡县制与分封制的优劣,阐明"用人唯贤"的吏治思想。

主张"用人唯贤",反对世袭特权,是柳宗元政治思想的重要组成部分。"柳宗元的'用人唯贤'思想,在当时是有一定进步内容和积极意义的。一方而,他要求做到'使贤者居上,不肖者居下',反对豪强亲贵专权,也反对世袭门荫制度的残余,这样可以使那些非统治阶级当权派的'贤者'得以参与政权。另一方面,则可以加强中央对地方的统驭,使地方官'有罪得以黜,有能得以赏。朝拜而不道,夕斥之矣;夕授而不法,朝斥之矣'。选择和任免官吏的权力操在中央,才能够改善吏治,避免权奸害民蠹政不得惩处,也防止强藩割据形成独立王国。"(孙昌武著《柳宗元传论》,第225页)

由于第一个全面实行郡县制的秦王朝历二世而亡,就给了反对派以攻击的口实。柳宗元回答这个问题,首先列举事实,说明国运长短与分封还是郡县并无必然联系。指出周朝是"失在于制,不在于政",秦朝是"失在于政,不在于制":"秦之事迹,亦断可见矣。有理人之制,而不委郡邑,是矣。有理人之臣,而不使守宰,是矣。郡邑不得正其制,守宰不得行其理,酷刑苦役,而万人侧目。失在于政,不在于制,秦事然也。"这段话的意思是说,秦朝有治理人民的制度，也有专管治理的大臣，不让郡县各搞一套，也不让郡县长官独断专行。制度上没有问题，问题出在朝廷政治措施不当，严酷的刑罚和繁重的劳役，使万民怨恨。过失在于政治措施，不在于制度。

这里提出了"制"和"政"这两个概念，并做了严格的区分。"制"就是政治体制。分封和郡县都属于政治体制；"政"，就是政治措施，即执政者的具体施政行为。某种政治体制一旦建立起来，它就成为一种客观的实际存在，而政治措施是一种灵活的能动力量。制度的优越性，只是提供了实现治理目标的可能性，而能否实现这种可能性，发挥制度的优越性，还要靠政治措施，靠执政者的具体施政行为。秦朝的短命而亡，就因为施行统治的人行政暴虐，不能以仁政理民，结果就不能发挥出制度的优越性，造成人民揭竿而起，把它推翻。所以文章指出："咎在人怨，非郡邑之制失也。"秦胡的错误在于暴政激起人民的怨恨，并不是郡县制的错误。

柳宗元在论述秦朝的历史教训的时候，特别指出"人怨""万人侧目"是导致其速亡的原因。这不仅表明他的仁政爱民的一贯主张，也再一次表明他的历史发展观：民心向背是国家能否长治久安的关键所在。

柳宗元的《封建论》，思想深刻，观点卓绝，以透辟的说理与有力的论证，为历史上关于分封制和郡县制的争论，做了一个令人信服的总结。所以宋代的苏轼说："宗元之论出，而诸子之论废矣。虽圣人复起，不能易也。……柳宗元之论，当为万世法也。"（《苏轼文集》卷五《论封建》）说柳宗元对这个问题的评论已经无与伦比，可让纷纭众说作废，即使圣人能再出，也无法更改他的观点。柳宗元评论的方法，可为后代长期效法。这是一个极高的评价。

柳宗元著书立说，成果丰硕，他在哲学、历史领域独到的理论建树，奠定了他在我国思想史上作为一位杰出的唯物主义思想家的地位。

十一、倡导古文

> 道假辞而明,辞假书而传,要之,之道而已耳。道之及,及乎物而已耳。
>
> ——《报崔黯秀才书》

柳宗元既是杰出的思想家,也是杰出的文学家。作为倡导唐代"古文运动"的主将,他以明确的指导思想和丰富的创作成果,为唐代散文的变革与发展做出了突出的贡献。

中唐时期,韩愈和柳宗元倡导的文体和文风改革,称为古文运动。古文是与今文相对而言的概念。今文是指当时流行的骈体文。古文则是指取法三代两汉的以奇句单行为主要特征的散体之文。魏晋南北朝以来,流行着一种骈体文,直到隋唐时代仍然风靡文坛。这种文体综合散文和韵文的特点,讲究句子对称、词语对仗,文章由两两相对的句子组成,所以用双马并行"骈"字来为它命名。文章还讲究声律和谐、使用典故、辞藻华丽,注重结构严整。这种文体在几百年的发展过程中也产生过一些瑰丽典雅的好作品,但它末流日趋堕落,倾力雕章琢句,一味追求辞藻华丽,以至于内容贫乏,文风萎靡,形式僵化,成为自由表达思想的障碍,严重束缚文学的发展。从南北朝到唐代前期,虽然也有一些人反对骈体文,提

十一、倡导古文

倡古文,但因为他们有的近道而不能文,有的学古而不能化,都奏效不大。只有到中唐时代,经过韩愈、柳宗元等人的大力提倡,推动了一场文学革新运动,打破骈体文的垄断局面,恢复并发展了古代散文传统,才让语文一致、内容和形式一致的古文风行天下,成为奔流不息的主流。唐代古文运动对我国散文的发展做出了继往开来的巨大贡献,因此,苏轼说:韩愈"文起八代之衰"(《潮州韩文公庙碑》)。茅坤说:"昌黎韩退之崛起八代之衰,又得柳柳州相为羽翼,故此唱彼和,譬之喷啸山谷,一呼一应,可谓盛矣。"(《唐宋八大家文钞·柳州文钞引》)其中柳宗元的作用是举足轻重的。可以说,如果没有柳宗元的参与,古文运动也难以成就兴盛的大业。

唐代古文运动的崛起,韩愈有揭竿首倡之功。他比柳宗元年长五岁。贞元三年(787),韩愈到长安之后,就开始写作古文。贞元八年(792),他在《谏臣论》中明确提出"文以明道"的改革纲领,有意识地大力推动古文运动。而这时柳宗元还在埋头准备科举考试,第二年才进士及第。柳宗元早年学习写作是从骈文开始的,那是为了科举考试和官场应酬的需要,难免趋附时风。在长安为官时期,受到当时文学革新风气的影响,也写过一些古文。但柳宗元真正有意识地倡导古文,大力写作古文,是在永州时期。他在《与杨京兆凭书》中说:

> 然则文章未必为士之末,独采取何如尔。宗元自小学为文章,中间幸联得甲乙科第,至尚书郎,专百官章奏,然未能究知为文之道。自贬官来无事,读百家书,上下驰骋,乃少得知文章利病。

这时柳宗元改变了自己早年热衷于实际政治活动而认为文章是"博弈之雄"的片面看法,认识到文章并不一定就是人才的末技,只看你采取什么办法把它运用好罢了。他回顾自己学习写文章的经历：我从小就学作文章，其间有幸接连中了进士科和博学宏词科，到做了礼部尚书员外郎之后，就专门掌管大小官吏的奏章，然而却未能探究到写好文章的方法。自从贬官以后，闲居无事，阅读百家著作，纵览古今上下，之后才稍稍懂得文章的好坏。

柳宗元提高了对文章功用的认识，又懂得了文章的得失要领，这就成为他创作道路上的一大转折。从此，他把写作当作立言垂世、救国济世的事业来做。他远离政治中心，身处边荒之地，又无实际政务，也使他能够集中主要精力从事文学创作和理论著述。因而他在古文写作上也就佳作连篇，取得了很大的成就。

柳宗元的文章写成后都分别寄送给朋友们看，朋友们看了好文章又分别介绍给自己的朋友。唐代四通八达的驿道交通，把柳宗元的文章不断传到各地，受到人们的赞赏。因而他的名气越来越大，吸引了许多青年人，有些人不远千里前来拜师求学，有些人寄自己的作品请他指教，也有的人寄自己的文集请他作序。对于这些素不相识的人，柳宗元都热情地予以帮助。在这过程中，他写下不少书信和文章，阐述自己的文学思想，介绍自己的写作经验，对推动古文的普及、扩大古文运动的影响，做出了自己的贡献。

有一个叫韦中立的青年，从长安千里迢迢来到永州向柳宗元求教。柳宗元除了当面指导之外，还专门写了《答韦中立论师道书》，详细介绍自己的写作经验和文学主张。其中说：

> 始吾幼且少，为文章，以辞为工。及长，乃知文者以明道，是固不苟为炳炳烺烺，务采色、夸声音而以为能也。凡吾所陈，皆自谓近道，而不知道之果近乎？远乎？吾子好道而可吾文，或者其于道不远矣。

柳宗元谦虚地对韦中立说：当初，我还年轻时，写文章，以为讲究文辞就能把文章写好。后来年纪稍大,才懂得写文章在于阐明圣人之道,而不是靠浮光耀彩、辞藻华丽、声律顿挫来表现才识。凡我给你看的文章,我都自认为比较接近圣人之道,但不知道离圣人之道是近呢,还是远呢?你喜爱圣人之道,又肯定我的文章,或许我的文章真的离圣人之道不远了。

柳宗元现身说法,否定自己初学写作时"以辞为工"的想法不妥,告诫韦中立写文章要以阐明圣人之道为宗旨,浮光耀彩的美文不可取。他明确提出了"文者以明道"的主张。他对文、道关系的理解,与韩愈是一致的。

在向柳宗元求教的青年中,有一个名叫崔黯的,是代宗朝宰相的侄孙,大和二年(828)登进士第,后官至谏议大夫。他当时"好辞工书",热心钻研科场需要的"无用之文"。柳宗元在写给他的《报崔黯秀才书》中说:

> 圣人之言,期以明道。学者务求诸道而遗其辞。辞之传于世者,必由于书。道假辞而明,辞假书而传,要之,之道而已耳。道之及,及乎物而已耳,斯取道之内者也。今世因贵辞而矜书,粉泽以为工,遒密以为能,不亦外乎?吾子之所言道,匪辞而书,其所望于仆,亦匪辞而书,是不亦去及物之道愈以远乎?

柳宗元首先指出圣人之言,目的在于明道。学者一定要探求其道而不追求文辞。接着他通过道(儒道)、辞(辞章)、书(书法)三者关系的论述,阐发了文以明道的主张:作品的思想内容必须通过文辞来表达,而文辞必须根据思想内容的需要来抉择。要诀在于宣扬儒道,推行儒道,而推行儒道,在于要"及物"。所谓"及物",就是惠及生物,解决现实问题,有补于国计民生。作者的意思是宣扬儒道,推行儒道,不要局限于儒家经典的教条,关键要联系社会现实,发挥其惠及民生的社会作用。他在《答吴武陵论〈非国语〉书》中,更简洁明确地提出了"辅时及物"的主张。

> 仆之为文也久矣,然心少之,不务也,以为是特博弈之雄耳。故在长安时,不以是取名誉,意欲施之事实,以辅时及物为道。自为罪人,舍恐惧则闲无事,故聊复为之。然而辅时及物之道,不可陈于今,则宜垂于后。言而不文则泥,然则文者固不可少耶?

柳宗元对吴武陵谈自己对"文"的认识过程。他原先以为写文章只不过像下棋一样的游戏,做些实在的事,才是辅时及物之道。到永州后,自己写文章,感到文亦不可少,也是辅时及物之道,即使现今不能实现,也可以传给后人。他意在强调作文明道同样可以"辅时及物",达到辅助时政、惠及世人的目的。

柳宗元认为,文以明道,达到辅时及物的目的,并不是要求人们用文章去进行抽象的说教,而是要让作品对现实社会起到褒贬和讽谕的作用。他在《杨评事文集后序》中说:

> 文之用,辞令褒贬,导扬讽谕而已。虽其言鄙野,足以备于用,然而阙其文采,固不足以竦动其听,夸示后学。

作者把文学的社会功能归结为"辞令褒贬"和"导扬讽谕"两方面,也就是说,写作应该对社会美好事物进行歌颂、宣扬,对丑恶事物进行批判、讽刺。而文章要竦动时听,夸示后学,还要借助于文采,做到"文质相资"。这种主张,就进一步明确了文学在社会现实生活中的地位和作用,以及发挥作用的具体途径和方法。

韩愈、柳宗元倡导"古文"得以成功的一个关键,他们在写作理论与实践上的一个重要贡献,就是明确提出并努力贯彻了"文以明道"的原则。韩愈首先提出"文以明道",作为古文运动的纲领,大旗高扬引领古文运动的展开。柳宗元完全赞成"文以明道"纲领,是韩愈的有力支持者。他一样主张文章要明圣人之道,但对"圣人之道"的内容又有自己新的理解,认为"道之及,及乎物而已耳"(《报崔黯秀才书》),因而对"文以明道"的内涵进行了充实和发挥,提出了"辅时及物""辞令褒贬,导扬讽谕"的主张,使这个古文运动的纲领具有更明确的目的性,更现实的可行性。这对于古文运动的进一步开展和提高具有重要的指导作用,因此柳宗元也就自然而然地跻身于古文运动引领者的行列,成为其中的领导者。韩愈在《柳子厚墓志铭》中说:"衡湘以南为进士者,皆以子厚为师。其经承子厚口讲指画为文词者,悉有法度可观。"可见柳宗元在南方指导古文写作的业绩。韩愈和柳宗元,一个在北方,一个在南方,同心协力,共同推进了古文运动的胜利。

柳宗元对古文运动的贡献,还在于他以丰硕的创作成果,开拓古文的领域,丰富古文的表现方法,提高古文的思想水平和艺术水平,从而扩大了古文运动的影响。

韩愈着重运用古文宣扬儒道,锐意进行思想战线批判佛、道的斗争,而柳宗元则着重运用古文反映社会现实,针砭时弊,这就为古文写作别开了新生面,提高了古文的现实性和战斗性。他的许多作品,广泛而深刻地反映了现实问题,揭示了当代的重大矛盾,如宦官专权、藩镇割据、民不聊生等问题,无不真实再现,不愧为中唐时期时代生活的一面镜子。

柳宗元的生活经历,使他能够深入现实,既了解上层社会的黑暗和统治阶级的腐败,又了解下层社会的状况和黎民百姓的疾苦。这样广阔的视野和丰富的社会见识,就为他的创作提供了自由驰骋的广阔天地。他的政治活动和学术素养,形成了他对现实问题的批判态度、明晰的理论意识和深刻的历史观念,这就使他的创作在思想深度和现实内容方面都具有更高的水平。"在'古文运动'的主要参与者中,他在思想上、政治上是最为激进的,他的创作的思想性也是最充实、最丰富的。"(孙昌武著《唐代古文运动》,第157页)

柳宗元的创作,按内容可划分为两大类,一类侧重于阐述理论问题,多为学术论文与政治论文,另一类则是反映现实生活各种题材的文学散文,这类作品体裁、形式多种多样,表现方法更富于艺术性,在艺术上也取得了更高的成就。关于他在理论建树方面的成就,我们在《著书立说》一章中已做介绍,本章则介绍其文学创作方面对散文发展的贡献。

柳宗元写作了大量的杂文,题材广泛,思想内容丰富,当时社会政治、经济、文化及哲学、历史、宗教、伦理等各方面的重大问题,都有所反映,其中一个突出的特点是贴近生活,针砭时弊,具有强烈的现实性,在写法上则善于以小见大,就事论理,具有新颖的构思。《永州铁炉步志》可以说是一个典型的例子:

> 江之浒,凡舟可縻而上下者曰步。永州北郭有步曰铁炉步,余乘舟来,居九年,往来求其所以为铁炉者无有。问之人,曰:"盖尝有锻者居,其人去而炉毁者不知年矣,独有其号冒而存。"余曰:"嘻,世固有事去名存而冒焉若是耶?"步之人曰:"子何独怪是?今世有负其姓而立于天下者,曰:'吾门大,他不我敌也。'问其位与德,曰:'久矣其先也。'然而彼犹曰'我大',世亦曰'某氏大',其冒于号有以异于兹步者乎?向使有闻兹步之号,而不足釜锜、钱镈、刀铁者,怀价而来,能有得其欲乎?则求位与德于彼,其不得亦犹是也。位存焉而德无有,犹不足以大其门,然世且乐为之下,子胡不怪彼而独怪于是?大者桀冒禹,纣冒汤,幽厉冒文武,以傲天下,由不知推其本而姑大其故号,以至于败,为世笑僇,斯可以甚惧。若求兹步之实,而不得釜锜、钱镈、刀铁者,则去而之

十一、倡导古文

他,又何害乎?子之惊于是,末矣。"余以为古有太史,观民风,采民言,若是者,则有得矣。嘉其言可采,书以为志。

这是一篇借题寓讽的杂文。讽刺的对象是唐代尚存的门阀世族残余势力。这样重大的主题,却从永州城北的一个船埠头切入。这个船埠头叫"铁炉步"(步,通"埠",即码头),顾名思义,这里应该有铁匠炉。但当柳宗元到这里的时候,却早已不见铁炉的痕迹了。于是他反复寻找把这里叫"铁炉步"的根据,却一直没有找到。他向别人打听这件事,别人回答说:"曾经有一个铁匠住在这里,他离开这里而铁炉毁掉不知有多少年了,到现在只有铁炉步这个空名保留了下来。"柳宗元对这种"事去名存"的假冒情况感到奇怪,引起了埠头人的一番批评。

你为什么唯独对这个感到奇怪呢?现今世上还有依仗他的家族姓氏而立足于天下的人,他自己说:"我家门第高,别人都不能和我相比。"当查问他的官位和功业怎样时,别人说:"那是很久以前他祖先的事情。"然而他却还说"我家门第高",世人也说"某某人家门第高"。这种冒用虚名的事情和这铁炉步有什么两样呢?假使有人听到这个铁炉步的名称,而家里正缺炊具、农具、刀斧之类的铁器,于是带着钱到这儿来,这里能够实现他的愿望吗?这样的话,如果想要在自以为门第高的人身上寻求他自己的官位和功业,那就像到铁炉步来买铁器一样会一无所得。即使官位保存了而没有功业,这也还是不能够光大他的门第,可是当今世人却甘心情愿地拜倒在他们的门第之下。你为什么对那样的事情不感到奇怪,却唯独对铁炉步感到奇怪呢?从大的方面来看,夏桀空冒夏禹的名望,商纣空冒商汤的名望,周幽王、厉王空冒周文王、武王的名望,用来傲视天下。由于他们不知道去推求祖先的名望之所以很大的根由,而只用他们祖先的称号来虚张声势,以至于最后身败名裂,为世人耻笑羞辱,这很可以令人戒惧。相比之下,如果有人来访求铁炉步的铁炉,买不到他们想要的锅锄刀斧之类的铁器,那么离开这里到其他地方去买,又有什么害处呢?你为此感到惊奇,见识未免太浅薄了。

埠头人的这一番批判性的议论,是全文的主体,也是作者写这篇文章的真正意图所在。文章"运用类比对照,从冒号的铁炉步引出冒号的高门、冒号的帝王,从铁炉步的人去炉毁,引出高门的无位无德、妄自尊大,进而引出末世帝王'不知推其本而姑大其故号',从'余'的惊怪引出世人不重才德、但重门第的陋风和无视政治上冒号的危害的短见,层层转进加深。作者借步之人的这番议论,不但揭露了政治上已趋没落,但还以高门自诩的世家旧族,揭露了承袭祖宗旧业和名号、昏庸无能的封建统治者,而且批评了但重名号、不求才德的唐人陋习"(上海辞书出版社《柳宗元诗文鉴赏辞典》,第151—152页,刘学锴文)。可以说,作者从身边信手拈来的一个小题目,为我们展现了关乎时代风气的一个大主题。

柳宗元的杂文,在一定程度上打破了"文以明道"致力于宣扬儒道的局限,"把广阔现实生活中的各种迫切问题纳入作品中来,并以广泛的现实生活为创作的素材,大大扩展了文章的表现内容,提高了它们的思想性。因此,在整个'古文运动'中,他的杂文在思想性和现实性两个方面都是很突出的"(孙昌武著《柳宗元传论》,第293页)。

唐代"古文运动"的使命,包括以散体替代骈体的行文体制变革和发展文学散文两个方面的内容。在行文体制变革方面,韩愈冲锋在前,柳宗元跟进在后。在发展文学散文方面,韩愈努力改革旧文体,使碑志、送序、书启等传统文体面貌一新,具备文学要素,而柳宗元则致力开辟新天地,以寓言、山水游记等新文体扩充古文

十一、倡导古文

园地，使古文的表现形式更加丰富多彩，讽喻现实、抒情写意也就可以更加运作自如。

柳宗元谪居永州，愤世嫉俗之心不改，只是由于身处逆境，不能畅所欲言针砭时弊。于是他借鉴我国先秦诸子寓言和从印度传来的佛经寓言，推陈出新，创作了一批寓言作品。这些寓言作品，托物寓意，思想深刻，以鲜明的寓言形象和生动的故事情节，对丑恶现实进行冷嘲热讽，是他散文中最富于独创性的一个组成部分。

柳宗元把先秦的哲理寓言发展为社会性的讽刺寓言，使寓言从论说的附庸演化为艺术完整的一种文学形式，这是他的一个突出的贡献。他的寓言作品，大都是写动物故事，却饱含深厚的社会内容，都具有很强的现实针对性。《三戒》是他的代表作，包括《临江之麋》《黔之驴》《永某氏之鼠》三个寓言。这个总题目，就标明文中写的是三种应该引为警戒的情况。正文前还有一个小序，具体说明作者的创作意图。

> 吾恒恶世之人，不知推己之本，而乘物以逞，或依势以干非其类，出技以怒强，窃时以肆暴，然卒迫于祸。有客谈麋、驴、鼠三物，似其事，作《三戒》。

作者首先旗帜鲜明地表明自己的态度，提出鞭挞的对象：我一向厌恶世上的一些人，不知审察自己的实际本领，却仗着有所凭借而肆行无忌。然后分述他所厌恶的三种人，指出他们的最后结局：一种人依仗他人势力冒犯不是他的同类，一种人炫耀自己的本领去激怒强大的对手，一种人得势时候便肆意妄为。但无论哪种人，最终都逃脱不了灭顶之灾。作者因此以麋、驴、鼠三个动物的故事，告诫这些人。从此可见，作者写作寓言不是自娱自乐，而是有为而作，有着明确的讽喻现实的目的。

> 临江之人，畋得麋麑，畜之。入门，群犬垂涎，扬尾皆

来，其人怒，怛之。自是日抱就犬，习示之，使勿动，稍使与之戏。积久，犬皆如人意。麋麑稍大，忘己之麋也，以为犬良我友，抵触偃仆，益狎。犬畏主人，与之俯仰，甚善，然时啖其舌。三年，麋出门，见外犬在道甚众，走欲与为戏，外犬见而喜且怒。共杀食之，狼藉道上。麋至死不悟。

——《临江之麋》

这个寓言故事讽刺恃宠而骄者：临江这地方有一个人打猎时捕获一只小麋鹿，把它养起来。回家才进门，一群狗都流出口水，翘起尾巴朝小麋鹿围过来。那人很生气，大声恐吓狗。从此他每天抱着小麋鹿接近狗，让狗习惯小麋鹿，命令狗不许动它，逐渐让狗与它戏耍。日子久了，狗都能顺从主人的意愿。小麋鹿渐渐长大，忘记了自己是麋鹿，以为狗真是自己的朋友，一起碰撞翻滚，更加亲热。狗害怕主人，表面上与麋鹿周旋得很好，但是时时馋得舔着舌头。过了三年，麋鹿走出门外，看见狗在路上成群结队，跑去想和它们戏耍。外面的狗见了又高兴又发怒，便一同把它咬死吃掉了，皮毛骨头散乱在路上。麋鹿到死也没有明白过来。

这个故事告诉人们，麋鹿的悲剧不在于它的弱小和糊涂，而在于它自不量力，恃宠而骄，从而讽刺了那些依靠别人的力量而得意一时，一旦脱离了这种力量便逃脱不了灭亡命运的人。作者还讽刺了纵容庇护麋鹿的主人，隐含着对于宠幸腐败无能官僚的最高统治者的抨击。可谓一箭双雕。

　　黔无驴，有好事者船载以入。至则无可用，放之山下。虎见之，庞然大物也，以为神。蔽林间窥之，稍出近之，慭慭然莫相知。他日，驴一鸣，虎大骇远遁，以为且噬己也，甚恐。然往来视之，觉无异能者。益习其声，又近出前后，终不敢搏。稍近，益狎，荡倚冲冒，驴不胜怒，蹄之。虎因喜，计之曰:"技止此耳。"因跳踉大㘎,断其喉,尽其肉,乃去。噫!形之庞也类有德,声之宏也类有能,向不出其技,虎虽猛,疑畏卒不敢取。今若是焉,悲夫!

——《黔之驴》

  这个寓言讽刺无能而又缺乏自知之明者:贵州这地方没有驴,一个喜欢牲口的人用船从外地运了一头进来。驴运来之后没有用处,把它放在山下。老虎看见它是个庞然大物,以为是神灵。隐蔽在树林里偷偷观察它,渐渐走出来靠近它,惊恐疑惑不知道是什么东西。有一天,驴叫了一声,老虎非常害怕,逃得远远的,以为驴要来吃自己,非常害怕。可是来来回回地观察驴,又觉得它没有什么特殊本领。渐渐熟悉驴的叫声后,老虎又在它的身边前后走动,仍始终不敢搏击。渐渐逼近它,更加轻慢它,撞动挤靠、冲击冒犯它,驴非常愤怒,用蹄子踢了一脚。老虎于是很高兴,心里盘算道:"你的本领不过如此罢了!"于是跳跃大吼,咬断驴的喉咙,吃光它的肉,然后才离去。

  这个故事说明,驴子的可悲之处不在于它的老实和无能,而在于它外强中干,色厉内荏,明明没有实际本领,却要借势吓人,可是和比它强大的对手一较量,就立即显露出原形,遭到覆灭的结局。因此作者不禁出面评论道:驴子啊,你身材庞大仿佛德高望重,吼声洪亮好像挺有能耐,倘若一开始你就有点自知之明,不暴露你的那一点本事,老虎再猛,也不至于吃掉你。如今落得如此下场,可悲啊!可见,作者讽刺的对象就是那些官高名显而没有真才实学,却要显露自己的可怜虫,深刻地揭露了这种人外强中干的本质。由于黔驴的形象达到了现实针对性和典型性的统一,寓言也就有了恒久的生命力。因此"黔驴技穷"后来也就成为讽刺这类人的一个成语。

"柳宗元的寓言散文立意深刻警策、新巧精卓。这些作品是对客观事物规律的科学总结,闪耀着智慧的光辉;是剔除丑恶现象的利刃,抉微显隐,锋芒逼人;又是社会现实的生动漫画,展现着时代的毒瘤,陈列着政治的脓疮。他的寓言文成了哲理性、讽刺性与现实性和谐统一的典范。"(吴小林著《柳宗元散文艺术》,第96页)

柳宗元谪居永州,无所事事,常常出游。在游山玩水、寻幽探胜的过程中,他饱览了大自然美好的山川景色,感受到自然美,发现了自然美,并且从中获得一种精神上的慰藉和寄托。因此,他继承六朝开始崛起的山水诗文的传统,运用散文形式描绘山川景物之美,借以抒怀写愤,创作出一批富有诗情画意的山水游记,开拓了古文创作反映生活的新天地。

柳宗元的山水游记,反映自然美,又富有诗情,是他散文中最富有艺术特色的部分。

柳宗元主张"文以明道",创作上又没有局限于儒道宣扬。他根据自己长期生活在南国山川环境中的生活体验,把自然山水作为一个重要的反映对象,"漱涤万物,牢笼百态"(《愚溪诗序》),描写自然界形形色色的自然景物,表达自己的审美感受和审美评价。从地理环境看,永州属于丘陵地带,其山川风物在南方算不得什么奇景胜境,而是多荒山僻野。不过山川不以穷僻为不美,重要的是要有知者发现和欣赏。柳宗元徜徉于山水之间时,常常精心体察,能够敏锐捕捉住大自然的美妙动人之处,形神毕肖地再现出来,达到写景如画、出神入化的境地。他的名作"永州八记",就是一轴永州山水的长卷,其中无论是特立的西山,怪异的小丘,还是清幽的石潭,蜿蜒的石溪,无不形容如画,生动传神。下面看看两处风景的描写:

十一、倡导古文

有小山出水中,山皆美石,上生青丛,冬夏常蔚然。其旁多岩洞,其下多白砾,其树多枫楠石楠,楩槠樟柚,草则兰芷。又有异卉,类合欢而蔓生,轇轕水石。每风从四山而下,振动大木,掩苒众草,纷红骇绿,蓊勃香气,冲涛旋濑,退贮溪谷,摇扬葳蕤,与时推移。

——《袁家渴记》

袁家渴是一条西流的河水。这一段写水中小山的风物。先描写小山上石头岩洞和树木花草,如同一幅色彩斑斓的图画:有座小山在水中突起,山上尽是美好的石头,上面青葱的草木丛生,无论冬夏都很茂盛。山边有很多岩洞,山下有许多白色的碎石。山上的树木大多是枫、楠、石楠、楩、槠、樟、柚,草则是兰草和白芷。还有一种奇异的花草,样子像合欢树却是蔓生,交错缠绕在水中的石头上。在静态描写之后,突然笔法一转,腕底生风,化静为动,画面陡变:每当风从四面山上刮下来,摇撼大树,吹拂柔弱茂盛的小草,红花绿叶纷乱摇荡,散发出浓烈的香气,大风冲起波涛,卷起漩涡,使河水倒流到溪谷中。迎风飘荡的叶波草浪,随着时间不断变化。文中作者运用"掩苒""纷""骇""摇扬"这样的动词,不仅描绘出风吹草木使之偃伏摇曳的动态,仿佛还传达出草木心悸惊动的神情,这就使得客观景物具有一种生命的活力,使得自然生态具有一种盎然的生机。无怪乎苏轼称赞说:柳子厚"善造语,若此句,殆入妙矣"(《苏轼文集》卷六七《书子厚梦得造语》)。

其侧皆诡石怪木,奇卉美箭,可列坐而庥焉。风摇其颠,韵动崖谷,视之既静,其听始远。

——《石渠记》

这一段描写石渠周边的景色:石渠的两旁都是形状诡异的石头和树木,还有奇异的花卉和秀美的细竹,游人可以并排坐在这里荫庇。一阵山风吹过，竹尖树梢摇荡起来，和谐悦耳的声响在崖谷中回荡。随声转目视之，见树木竹子已经静止，而听着它们发出的声音才开始传向远方，余音袅袅，不绝如缕。这种情景易于感受，却难于表达，作者仅用十六字，写尽了它的神韵，给予读者以无穷的回味。

　　林纾曾指出：柳宗元的山水游记，"每一篇，必有一篇中之主人翁，不能谓其漫记山水也。……此等文字，……须十分画理，又著以一段诗情，方能成此结构。"（《韩柳文研究法·柳文研究法》）。柳宗元的确没有止步于模山范水，欣赏自然美景，而是常常移情入景，以景言情，或借景抒情，也就是以写景作为抒情言志的手段，展现自己的思想人格和现实处境。如画的景物之中含有诗情，作品才显得更加真切动人。

　　在柳宗元的游记作品中，也抒写自己的人生感慨，但作者的主观感情一般并不是直白地抒发，而是借物态传达心态，借自然环境表现自身心境。由于他勇往直前参加永贞革新，失败后横遭贬斥，谪居南荒，抑郁孤寂，但又不改初衷，表明"虽万受摈弃，不更乎其内"（《答周君如巢饵药久寿书》）。因此他在作品中爱写清冷幽邃之景，遭遗被弃之地，卓异特立之物，除荒去秽之事，寄情其中，构成各种情景交融的境界。

　　　　因坐法华西亭，望西山，始指异之。遂命仆人过湘江，缘染溪，斫榛莽，焚茅茷，穷山之高而止。攀援而登，箕踞而遨，则凡数州之土壤，皆在衽席之下。其高下之势，岈然洼然，若垤若穴，尺寸千里，攒蹙累积，莫得遁隐。萦青缭白，外与天际，四望如一。然后知是山之特出，不与培塿为类。悠悠乎与灏气俱，而莫得其涯，洋洋乎与造物者游，而不知其所穷。

十一、倡导古文

——《始得西山宴游记》

这一段文字，作者首先抒写自己发现和开拓西山胜景的喜悦，洋溢着追求美好事物积极向上的感情。接着抒写自己登上西山之后举目四望的感受："然后知是山之特出，不与培塿为类。"西山拔地倚天，高大特出，四周的群山不过是大大小小的土堆。这种卓异不群、傲然独立的形象，是作者主观感受中的自然景物，也是经过作者加工的艺术创造，可视为作者人格的自况，显示出他坚持崇高理想，不与保守腐朽势力同流合污的浩然气概。此时此刻，他站在西山之巅，觉得自己仿佛与元气混而为一，消融在渺远无边的大自然之中；与天地同游，不知道哪里是它的终极。人心升华到了与自然契合的境界，精神也就获得了彻底的自由解放。这种主宾俱化、物我两忘的境界，既是对自己内心世界的抒写，也是对西山特有景色的描摹。渗透在这种境界中的作者的感情，初看似乎心旷神怡，飘飘欲仙，其实不过是暂时解脱，偶然的遗忘。一时的乐而忘返，恰恰反衬了平日难以摆脱的抑郁与苦闷。

柳宗元的山水游记，开创了情景交融的散文意境，在我国古代游记史上起着继往开来的重要作用。他在此类文章中融合南北文风创立一种尽善尽美的新文风，古文运动才在艺术上取得足以抗衡骈文的巨大成功。

"总之，柳宗元对于'古文'写作艺术确有重大的发展。由于他的努力，'古文'的领域扩大了，'古文'的艺术手法丰富了，'古文'的表现力也大大提高了。这对整个'古文运动'的发展和成功起了重大的作用。柳宗元在散文史上的地位是不可低估的。"（孙昌武著《唐代古文运动通论》，第204页）

十二、诏还外放

十年憔悴到秦京,谁料翻为岭外行。

——《衡阳与梦得分路赠别》

元和十年(815)正月,柳宗元喜出望外地接到朝廷的诏书,召他返回长安。同时召回的还有刘禹锡、韩泰、韩晔、陈谏,都是原来永贞革新的主要成员。朗州司马刘禹锡已经启程先行,友人朗州刺史窦常给他发来《寄刘二十八诗》,催促柳宗元也快马加鞭回长安去。于是他挥笔疾书写诗酬答:

投荒垂一纪,新诏下荆扉。疑比庄周梦,情如苏武归。赐环留逸响,五马助征骖。不羡衡阳雁,春来前后飞。

——《朗州窦常员外寄刘二十八诗见促行骑走笔酬赠》

柳宗元的这首诗抒写了他接到诏书之后极其兴奋和喜悦的心情。开头两句,高度概括了十年贬谪南荒的生活,经历了多少苦难与折磨,终于盼到了新诏,盼到了回京的一天,怎么不令人惊喜若狂呢?他喜极疑梦,感到有似庄周梦中化蝶一般;事出意料,简直就像因禁匈奴的苏武终于一朝得归长安。赐还的玉环留着逸响,太守又催促快马加鞭,我怎能不火速回朝?最后他自豪地说:如今我已不羡慕北飞的大雁了,因为自己在春天来时也可以从衡阳飞回北

十二、诏还外放

国了。

回京途中,柳宗元思念永州为了热情送行的人,又担心回京后恐怕会遭到更大的不幸。

　　无限居人送独醒,可怜寂寞到长亭。荆州不遇高阳侣,一夜春寒满下厅。

——《离觞不醉至驿却寄相送诸公》

离别永州时送行的朋友很多,酒也喝了不少,大家都为自己能回京而庆幸,但"众人皆醉我独醒",自己并没有沉醉在一片热烈的祝愿声中。一路上也高兴不起来,只感到冷清、寂寞。担心到了荆州再也遇不到像你们这样豪饮如山简的酒友了,在歇息的客舍里料峭的春寒令人彻夜难眠。这里"春寒"二字,既切合自然时令的寒冷气候,也暗指朝廷的政治气候依然是乍暖还寒,前景难以预测。

柳宗元船行途经湘江边界围岩时,写下《界围岩水帘》一诗:

　　界围汇湘曲,青壁环澄流。悬泉粲成帘,罗注无时休。韵磬叩凝碧,锵锵彻岩幽。丹霞冠其巅,想像凌虚游。灵境不可状,鬼工谅难求。忽如朝玉皇,天冕垂前旒。楚臣昔南逐,有意仍丹丘。我今始北旋,新诏释缧囚。采真诚眷恋,许国无淹留。再来寄幽梦,遗贮催行舟。

他第一次以愉快的心情欣赏眼前的美景,感到界围岩水帘格外的美妙神奇:湘江在界围这个地方曲折盘旋,青翠的崖壁环绕着澄澈的水流。垂直而下的清泉水量巨大形成瀑布,向下倾注无止无休。瀑布飞流之声好像磬玉相叩在碧绿的深潭当中,锵锵的清脆之声响彻幽深的岩丘。红色的云霞如冠帽戴在界围的顶峰,让人想象升于天际的遨游。灵妙仙境实在是无法描述,料想这样的鬼斧神工可遇不可求。就好像去朝拜天上的玉皇,水帘仿佛是皇冠前垂下来的玉串。这样美如仙境的山水景观,真令人流连忘返。然而诗人却不能在此久留:当年我像楚臣屈原一样被放逐在南方,曾经有意要学仙成道。如今我又要回到北方去,皇上的诏书解除了我的羁绊和拘囚。采真求仙的日子真让人眷恋,但我早已以身许国没法再作停留。只得再将幽梦寄托在这里,停留片刻,因为行舟催我离去。诗人心心念念,还是要实现以身许国的夙愿。

舟行过回雁峰时,柳宗元写了《过衡山见新花开却寄弟》:

  故国名园久别离,今朝楚树发南枝。晴天归路好相逐,正是峰前回雁时。

他看到衡山梅树南枝新开的花,不禁回想起长安久别的故园。在这难得的晴朗春日,我正好跟随雁群一起北还了!喜悦之情溢于言表。

柳宗元在衡阳没有停留,立刻渡汨罗江北上,遇到了大风,他想起了南来时的情景,写下《汨罗遇风》:

  南来不作楚臣悲,重入修门自有期。为报春风汨罗道,莫将波浪枉明时。

诗人想到十年前南来时,曾在汨罗江畔凭吊屈原,虽然心情十分沉痛,但并没有学楚臣屈原悲愤地投江自尽,因为他相信终会有再返长安的那一天。值得庆幸的是自己的命运不同于屈原,如今终于有了重返长安的机会。因此他告诉汨罗江不要兴风作浪,阻碍行程,耽误他为国效劳的时机,辜负了这清明的时代。

来到鄂州,他登上汉阳北原,回望临川,感慨时事,在临川驿题诗一首:

  驱车方向阙,回首一临川。多垒非余耻,无谋终自怜。乱松知野寺,余雪记山田。惆怅樵渔事,今还又落然。

        ——《北还登汉阳北原题临川驿》

十二、诏还外放

他在驱车回京路上,回望临川一带到处是军壁残垒,一片战乱之后破败的景象。虽然不是自己的耻辱,但没有机会参与国政,出谋划策,毕竟是极大的遗憾。望见杂乱的松树,使我想起那原是一座寺庙;残雪覆盖的地方,依稀记得那是一片山田。世事沧桑,今不如昔,此时的衰败,完全是执政无能导致战乱不断所造成的。自己的渔樵闲逸生活,此次回到朝廷总算结束了,许身为国应该有所作为了。

二月,柳宗元到达长安近郊的灞亭时,看到景色宜人,百感交集,写下《诏追赴都二月至灞亭上》一诗:

十一年前南渡客,四千里外北归人。诏书许逐阳和至,驿路开花处处新。

十一年前,自己就是从这里出发,投奔南荒之地;十一年后,自己从四千里外北归,终于回到长安。怎不令人感慨万千?可喜的诏书跟随着阳春之气到来,给人带来了新的希望,千里驿道上沿途鲜花盛开,到处是一派新的气象。

柳宗元这次应诏回京,尽管有过前途未卜的担忧,但总的来说还是满怀着报效国家的期望。

对于柳宗元、刘禹锡等王叔文余党的态度,宪宗一朝内部一直有着不同的派别。这一次,由于朝廷与淮西藩镇斗争剧烈,急需人才,使朝廷征召他们的提议得以实现。但反对他们的势力仍然很大。柳宗元、刘禹锡等人回京之后,久别重逢,兴高采烈,以洗雪沉冤的胜利者的姿态出现在长安,更使反对派难以忍受。

在一个春光明媚的日子,刘禹锡同柳宗元等几个刚回京的朋友同游玄都观,看到花开烂漫的桃树都是近十年来新栽种的,联想到回京后见到满朝新贵的情况,借景抒情,挥毫写下一首诗:

紫陌红尘拂面来,无人不道看花回。玄都观里桃千树,尽是刘郎去后栽。

——刘禹锡《元和十年自朗州承召至京，戏赠看花诸君子》

诗是顺手写给同伴看的，想不到不胫而走，政敌们很快知道了，好容易抓到一个把柄，就拿了去作为"无悔过之心"的证据，向皇上告状，说这些人公然讽刺朝廷，不宜留在朝廷任职。唐宪宗本人，也没有忘记永贞元年与这班人结下的冤仇，这一下正合他的心意，就决定把这班人外贬。结果，柳宗元他们二月回长安，三月十四日就宣布五人全部出任远州刺史：柳宗元为柳州（治所在今广西柳州）刺史，刘禹锡为播州（治所在今贵州遵义）刺史，韩泰为漳州（治所在今福建龙海西）刺史，韩晔为汀州（治所在今福建长汀）刺史，陈谏为封州（治所在今广东封川）刺史。官虽进而地益远，对他们是一次更沉重的打击。

在外贬的诸人中，刘禹锡所受打击最重。当时的播州，是个人迹稀少的地方，遥远荒凉，路途崎岖，而他有一个八十多岁的老母亲，老人到那里去，旅途颠沛，将是九死一生。柳宗元说："播非人所居，而梦得亲在堂，万无母子俱往理。"准备上诉朝廷，"愿以柳易播"（《资治通鉴》卷二三九），请求以自己的任职之地与刘禹锡对调。他对亲近的人说："禹锡有母年高，今为郡蛮方，西南绝域，往复万里，如何与母偕行？如母子异方，便为永诀。吾与禹锡为执友，胡忍见其若是？"（《旧唐书·柳宗元传》）他见了宰相裴度，也一再为刘禹锡苦苦请求，后来由于得到裴度的帮助，在宪宗面前疏通，刘禹锡才改贬为连州（今广东连州市）刺史。这件事，彰显了柳宗元忠于友情而不计较个人得失的高风亮节，可敬可佩！

是年三月，柳宗元和刘禹锡挥泪告别送行的亲友，一起离开京城，奔赴贬地。他们结伴而行。在途经商山时，柳宗元看见临路受伤害的孤松得人保护，引起对自己身世的联想：

十二、诏还外放

> 孤松停翠盖,托根临广路。不以险自防,遂为明所误。幸逢仁惠意,重此藩篱护。犹有半心存,时将承雨露。
>
> ——《商山临路有孤松往来斫以为明好事者怜之编竹成援遂其生植感而赋诗》

他见这孤松像一把翠绿的大伞,亭亭挺立在大路之边。它没有生长在深山来保护自己,反而因为能用来照明而受人摧残。幸亏世上还有仁惠的人,为它设置篱笆保护平安。他因物思情,联想到自己一再遭贬的境遇,并没有真正犯什么过失,不过是因为"不以险自防,遂为明所误"罢了。于是他以孤松勉励自己:只要还有半边树心活着,它也会承受雨露重展新颜。他虽然受到摧残,仍期望得到保护,受人赏识,能够再展才华。

柳、刘两人出襄阳,跨长江,过洞庭,溯湘水,水陆兼程辗转来到衡阳。他们要在这里分手,刘禹锡要改走陆路去连州,柳宗元继续乘船沿湘江溯流而上,前往柳州。临别依依,百感交集,柳宗元挥笔写下《衡阳与梦得分路赠别》:

> 十年憔悴到秦京,谁料翻为岭外行。伏波故道风烟在,翁仲遗墟草树平。直以慵疏遭物议,休将文字占时名。今朝不用临河别,垂泪千行便濯缨。

诗人首先抒发再次遭贬的失落情怀:我们经历十年憔悴的谪居生活,被召还京,以为云开见日,谁能料想不到一个月又被外放,须到五岭之外远行。如今展现在我们面前的是昔日伏波将军南下道路上的风烟,而为秦汉旧都的京城却又留在一片茫茫的草树之后了。功业已经无望,前途一片迷茫,语中饱含无限凄怆。接着转笔写自己一再遭贬的主观原因,总结经验教训与刘禹锡共勉:只因为我们懒散粗疏,不会献殷勤,才招致无穷非议,为了不再取祸,日后切莫再吟诗弄赋博取时名。诗的最后,直接抒写挚友离别的悲恸：今日无需像李陵和苏武那样到河边濯缨惜别，流下的泪水已经可以洗涤帽缨。

读了柳宗元的赠诗，刘禹锡立即吟诗酬答。

去国十年同赴召，渡湘千里又分岐。重临事异黄丞相，三黜名惭柳士师。归目并随回雁尽，愁肠正遇断猿时。桂江东过连山下，相望长吟《有所思》。

——刘禹锡《再授连州至衡阳酬柳柳州赠别》

刘禹锡的酬答诗抒写依依惜别之情，并设想别后对朋友的思念：离开京都十年，才一同奉命返回朝廷，行经湘江千里，今日又要分手南行。再度授官连州，有别于黄霸两任颍川的政声，三次受到贬黜，也不如柳下惠直道事人的美名。极目远眺，归思追随着回雁的踪影，愁肠寸断，那堪凄切的猿鸣。桂江向东，也会流过连山脚下，遥相怅望，吟不尽《有所思》的一片深情。

柳宗元读了答诗，吟一首《重别梦得》，抒发前诗未尽之情：

二十年来万事同，今朝岐路各西东。皇恩若许归田去，晚岁当为邻舍翁。

首句概括了两人二十年来宦海浮沉、进退与共的经历，表明彼此志同道合、命运与共的情谊。次句说今朝岐路执手，倏忽之间又将各自东西，一个东去连州，一个西去柳州。既然目前皇命在身，不得不分别，那就寄望于将来：如果有一天皇上开恩，准许我们归田隐居，那么一定做相邻而居的田舍翁，共度晚年。诗人以这样的梦想来安慰分路的离愁别恨，表明两人生死至交的深情厚谊。

刘禹锡回赠《答重别》诗：

弱冠同怀长者忧，临歧回想尽悠悠。耦耕若便遗身世，黄发相看万事休。

诗意与柳诗大体相同，希望一起归田养老。柳宗元随后又吟

十二、诏还外放

《三赠刘员外》诗:

> 信书成自误,经事渐知非。今日临湘别,何年休汝归?

临别依依,似有道不完的珍重。诗人先向老朋友诉说人生感悟:年轻时以为按圣贤书上说的去做定会有好结果,谁知竟落得如此悲惨的下场,经历沧桑世事之后,才知道其中的是非曲直。他感到往事不堪回首,前景一片迷惘,因此临别时说:今天我们歧路一别,不知何夕是归年?在殷切的期望中带有浓浓的伤感之情。

与刘禹锡在衡阳分手以后,柳宗元继续乘舟溯湘江而上,前往柳州。经过零陵时,写了《再上湘江》一诗:

> 好在湘江水,今朝又上来。不知从此去,更遣几年回?

他谪居永州十年,与湘江朝夕相处,因此再上湘江,与老友相见,不无温存、亲切之感:湘江水啊,你可还安好?今天我又回来了。然而,此次离你远去,真不知什么时候才能再回来?此番匆匆回来事出意料,往后日子也是前途未卜,一种迷惘、伤感之情溢于言表。

他乘舟过零陵,沿湘江进入广西,穿过灵渠,由漓江转入桂江前行,岭南的风物扑面而来。古代中原人把到岭南生活视为畏途。因此,初见岭南奇异的风物,不禁使他浮想联翩,感到有些惊恐和忧虑。

> 瘴江南去入云烟,望尽黄茆是海边。山腹雨晴添象迹,潭心日暖长蛟涎。射工巧伺游人影,飓风偏惊旅客船。从此忧来非一事,岂容华发待流年。

——《岭南江行》

诗人站立船头,眺望远方,映入他眼帘的是见所未见的奇异景物:瘴气弥漫的江水向南流去,融入茫茫云烟之中。两岸丛生的黄茅草望不到边,它的尽头应该就是大海之边吧。雨后的山腰漂浮着形如大象的白云，阳光下的深潭中有蛟龙吐沫喷涎。灵巧的射工窥伺着游人的方向，准备含沙射影，天上的虹霓预示着飓风将至，令船客胆战心惊。诗人把眼前的奇异景观和古代的神话传说结合起来，表现出初到岭南的独特感受，反映自己充满忧惧的复杂心境。此时此刻，他预感到这种全新的处境会给日后的生活和工作带来许多新的考验：今后我忧虑的事啊，岂止是一桩一件？尽管已头发花白，年老力衰，也不能坐待时日，虚度年华。这个结尾自然有力，并不消极。这里包含着迁谪流离、时不我待的深沉慨叹，但更多的还是想趁着有生之年来南疆奋发一番，以向命运做最后的抗争。

六月二十七日，柳宗元经历了三个多月的长途跋涉，车船劳顿，终于到达了柳州任所。

十三、遗惠柳州

柳州柳刺史,种柳柳江边。

——《种柳戏题》

  柳宗元来到柳州,就急不可耐地登上城楼,要看一看这个城市的环境,也想遥望四位同来南方战友的贬所。登楼所见,使他百感交集,愁绪满怀,挥笔写下《登柳州城楼寄漳汀封连四州》一诗:

  城上高楼接大荒,海天愁思正茫茫。惊风乱飐芙蓉水,密雨斜侵薜荔墙。岭树重遮千里目,江流曲似九回肠。共来百越文身地,犹自音书滞一乡。

  诗人登上高入云天的城楼,展现在眼前的是无边无际的荒野,极处海天相接,一片迷茫,而自己的愁思也像这辽阔的海天一样,浩茫无际。此时此刻,突起的狂风,使得满池水波动荡,荷花都东倒西斜;密集的雨点,侵袭着爬满薜荔的墙头,薜荔也零落不堪。重重叠叠的山岭和密密层层的树林遮挡住遥望的目光,不但长安不可得见,就连同贬南方的四州友人也远在岭树之外。只有眼前这曲折回环的柳江水,恰似我一日而九回的愁肠。即使一起来到纹身蛮荒之地的友人,彼此之间依然是音信难通,各阻一方。

  这首诗,具体地反映了柳宗元初到柳州时"愁思茫茫"的悲凉情怀。"这'愁思'所包含的内容，既有去国怀乡、思亲念友的愁绪，也有空怀报国之志却连遭贬斥、再历遐荒的怨愤，更有归期无望、寂处穷荒的悲凉。"（刘学锴撰《唐诗选注评鉴》七，第266页）柳州的现实处境，也给他增添了几分忧愁。

唐代的柳州，属于桂管经略使管辖，下设马平、龙城、洛容、洛封、象县五个县。这里在当年还是荒远未经开发的蛮瘴之地，人口非常稀少。据《元和郡县图志》记载，开元年间有1374户，元和年间有1287户。该州所辖五个县的人口与内地一个县相差无几。当地的自然环境和社会环境都很差。他在《寄韦珩》诗中说：

炎烟六月咽口鼻，胸鸣肩举不可逃。桂州西南又千里，漓水斗石麻兰高。阴森野葛交蔽日，悬蛇结虺如葡萄。到官数宿贼满野，缚壮杀老啼且号。饥行夜坐设方略，笼铜枹鼓手所操。奇疮钉骨状如箭，鬼手脱命争纤毫。今年噬毒得霍疾，支心搅腹戟与刀，迩来气少筋骨露，苍白瀺洏盈颠毛。

诗人在六月进入广西以后就觉得酷热难耐：汗如雨下，口鼻冒烟，气喘吁吁，周身乏力。沿途的景物阴森可怕：古树野藤遮天蔽日，阴森森让人心里发毛。有许多毒蛇盘结在树枝上，远看去就好像一串串熟透的葡萄。柳州的社会治安状况也极差：他刚到柳州接连几个晚上，周围都听到有盗贼奔跑，他们绑架壮年杀害老人，村子里到处是大声号啕。

为了尽快改变这种混乱局面，柳宗元立即投入地方治理工作：白天忍饥挨饿下乡巡视，晚上还要商讨治理措施。为了指挥缉拿作案的罪犯，他亲自执槌击鼓召集队伍。

初到岭南地区，水土不服，也使他病痛不断，身体虚弱：他很快生了一身疔疮，像铁锥钉骨、利箭穿心一样疼痛难熬。后来又吃了毒物得了霍乱，五脏六腑都痛如刀绞。尔后又觉气血不足，身体

十三、遗惠柳州

消瘦得暴筋露骨，头发花白也无力梳理。

柳宗元初到柳州，真可谓内外交困，处境艰难，但并没有悲观丧气，他反问自己："是岂不足为政耶？"（韩愈《柳子厚墓志铭》）难道在这里就不能在施政上有所作为吗？回答是肯定的。自己现在是一州之长，有职有权，只要勤于职守，竭尽努力，就可以改良地方，嘉惠民生，使"皇风不异于遐迩，圣泽无间于华夷"（《谢除柳州刺史表》），让边荒之地同样沐浴大唐的春风，成为华夏的一方乐土。他下定决心：既然为官一方，就要尽守土之责，兴利除弊，把这个地方治理好。他"辅时及物"的人生理想终于找到了新的落脚处。

> 柳州柳刺史，种柳柳江边。谈笑为故事，推移成昔年。垂阴当覆地，耸干会参天。好作思人树，惭无惠化传。
>
> ——《种柳戏题》

柳宗元兴致勃勃来到柳江边，亲自参加植树造林，还即兴题咏，抒发遗惠后人的情怀：一个姓柳的柳州刺史，今天种柳在柳江边。这个巧合会成为人们笑谈的故事，随着时间流逝今日也会变成往年。浓绿的柳荫当会荫翳大地，耸立的树干将要直刺云天。到那时，人们见树也许会怀念种树的人，惭愧的是我没有什么政绩教化可以流传。诗人这样说，实际上是用委婉谦虚的语言，表达自己为政一方，要努力为当地百姓留下惠政的愿望。正是这种愿望，促使他努力工作，兴利除弊，为开发柳州做出了突出的贡献而被载入史册。

他在柳江边种柳树，又在城隅种柑树：

> 手种黄柑二百株，春来新叶遍城隅。方同楚客怜皇树，不学荆州利木奴。几岁开花闻喷雪，何人摘实见垂珠。若教坐待成林日，滋味还堪养老夫。
>
> ——《柳州城西北隅种柑树》

诗人率众在柳州城西北角的荒地上种植了两百株柑树,到来年春天柑树长出新叶时,他有感而发,写出了这首诗,抒发情志:我种柑树正像当年屈原爱橘树的心理,希望借其美好的品质寄托理想,而不是像荆州人李衡那样,想依靠种柑树来养家致富。不知要等多少年柑树方能开花如喷雪,又不知是谁能采摘累累果实?假若叫我在这里待到柑树成林的日子,美味的柑橘还能用来保养自己年老的身体。诗人在寂寞中遐想,柑树自有开花结果的时候,前景是可喜的,而自己的政治前途、身体状况却是忧多喜少:柑树成林的时候,自己不知是否还在这里?是否还在人世?前景不堪设想。但他最后又转而以诙谐的口气自我宽慰,强作欢颜。何焯《义门读书记》说"结句正见北归无复望矣。悲咽以谐传之"。对诗人复杂心情的理解是准确的。

　　柳宗元种树,不只是为了个人的爱好,主要还是为了绿化环境,发展多种经营。他主持重修大云寺时,在四周空地上种了许多树,种竹三万竿,开菜田百畦,垦田若干亩。他主持修造东亭时,也在周围种上了名木嘉树。整治街道时,都在道旁种了树,使城市面貌有所改观。

　　他在永州时就说过:"仕虽未达,无忘生人之患。"(《答周均巢饵药长寿书》)那时他无职无权,对民生疾苦只是怀悲悯之心,无能为力。如今作为一州之长,有职有权,对于民生问题,他就要身体力行,设法加以解决了。

　　柳州百姓原来都是饮用江水,人们用一种腹大口小的瓦罐去江里背水,江岸又高又险,天旱水浅的时候,背水的人上下往来很是困难。当地人迷信,不敢破土打井。柳宗元看到这种情况,到任半年之后,就拨出一笔公款,雇人在城里打井,解决了百姓的吃水问题,又破除了迷信观念。他还写了一篇《井铭并序》,序文记叙了

十三、遗惠柳州

柳州居民下河取水的艰难和组织挖井的经过,铭文表达了将此事的精神推广到政事上去的愿望:"盈以其神,其来无穷,惠我后之人。噫!畴肯似于政,其来日新。"意思是说:井水充足是自然界的神奇作用,它的来源无尽无穷,将长久地造福于后来之人。如果谁把这种精神推广到政事上去,未来的气象就会日新月异。这可视为作者的自勉之辞,表示要把为民谋福利的精神推而广之。

奴婢是唐代社会最卑下的人。虽然早在唐太宗时就颁布过"不许典贴良人男女作奴婢驱使"的法令,但一直未能彻底实行。到了中唐,南方各地掠卖奴隶之风更盛。柳宗元在《童区寄传》引言中说:

> 越人少恩,生男女必货视之。自毁齿已上,父兄鬻卖,以觊其利。不足,则盗取他室,束缚钳梏之。至有须鬣者,力不胜,皆屈为僮。当道相贼杀以为俗。幸得壮大,则缚取么弱者。汉官因以为己利,苟得僮,恣所为,不问,以是越中户口滋耗。

柳宗元根据自己的调查了解,记叙了当地掠卖奴隶的实际情况:越地人缺少恩情,生下儿女必定把他们当作货物一样看待。七八岁以后,父兄就将他们贩卖,以图钱财。如果不满足,就强抢别人家的孩子,捆绑起来铐上枷锁卖掉。甚至已长了胡须的人,因为力量敌不过,都被抓去做僮仆。在大路上相互抢夺残杀已成风气。侥幸能够长大强壮的人,就去绑架年幼体弱的人。汉族官吏凭借这类事情为自己谋利,只要能得到僮仆,就放纵而不加过问,因此越地的户籍人口日益减少。

除了掠卖奴隶之外,柳宗元在柳州还发现一种风俗:穷人向富人借高利贷,如果无力归还,到利息超过本金时,借贷人就没身为奴。这样也使得许多破产农民成了奴隶。

如何废除奴俗，解放奴婢，是事关下层人民的人身自由和终身命运的大问题，柳宗元为此日思夜想，研究解决办法。他一方面设立禁令，严厉打击掠卖奴隶的行为，另一方面制定政策，解放现有抵债的奴婢。

柳宗元发布地方政令，规定所有奴婢可以用钱赎身，赎身后即为良人。凡家贫无钱赎身者，可以按服役期限计算报酬，到报酬与债款相当之时，就算还清了债务，自动解除奴役关系，债务奴婢即可以获得人身自由。

这个政策实施以后，柳州地区众多奴婢纷纷获得了解放，回家与亲人团聚，因而得到了广大人民的衷心拥护。桂管观察使裴行立认为这个办法行之有效，推广到柳州以外的州县，结果不到一年，桂北地区一共解放奴婢上千人。后来韩愈很欣赏柳宗元的办法，在他做袁州（今江西宜春）刺史的时候，也采用同样的措施，解放了袁州地区七百多个奴婢。柳宗元解放奴婢的政策顺应民意，深得民心，其影响所及大大超出了柳州的范围，表明其政治见识的卓越不凡。

韩愈在《柳子厚墓志铭》中说：柳宗元到柳州之后，"因其土俗，为设教禁，州人顺赖"。他从当地实际情况出发，推行教化，设立禁令，州里百姓都顺从信服。他认为要改变州民的精神面貌和落后的风俗习惯，必须大兴教化。他六月到任，当年十月就把崩坏了的文宣王庙（孔庙）整修一新。又立即兴办学堂，把废弃多年的府学恢复起来。他在《柳州文宣王新修庙碑》中，大力宣扬传播孔子思想在柳州开发过程中的重要作用，意在说明柳州的进一步开发，就应该以孔庙作为推行教化的基地，普及儒家思想，让百姓"动以礼法"，提高文明水平。

柳宗元还提倡佛教，修复被焚毁约百年的大云佛寺，企图改变

十三、遗惠柳州

当地百姓愚昧落后的习俗。原来当地百姓迷信鬼怪,有病不懂得求医问药,只求助巫师,杀牲占卜:先杀小牲口,不灵,则杀中牲口,又不灵,则杀大牲口,再还不行,病人就认为是鬼神不肯放过自己,于是和亲人诀别,不吃不喝等死。这样便导致牲畜大量损耗,人口迅速减少,田地大片荒芜。柳宗元修复寺院,宣传佛教的戒杀思想,对百姓进行教化,引导人们注意保护牲畜,有病求医问药,果然收到了使当地"人始复去鬼息杀,而务趣于仁爱"(《柳州复大云寺记》)的良好效果。这虽然是以一种宗教替代原始宗教作为进行教化的辅助手段,但在当时的具体情况下,其改善民俗、推行教化的积极作用是不可低估的。

韩愈在《柳州罗池庙碑》中记载了柳宗元推行教化、治理柳州的实际成效:柳侯治理柳州时,从不鄙视当地百姓,而用礼法教化他们。三年之后,百姓们都自尊自强,说:"我们这方土地虽远离京城,我们也是天子之民,如今万幸老天将仁慈的柳侯赐给我们,如果不再服教化,那么我们就真不是人了。"于是老老少少都相互告诫,不要违背了柳侯的法令。凡是要做什么事情,在他们乡间或家庭之中,都说:"我们侯爷听说以后,心里不会不高兴吧?"没有不考虑再三然后再行事的。凡是命令规定的日期,百姓们都互相劝告遵行,没有落后的,必定准时做到。于是民众事业有了秩序,公家没有收不起来的租税,过去逃亡出去的人都从四面八方回来,安居乐业从事生产。住宅有了新屋,码头有了新船,池塘田园整洁有序,猪牛鸡鸭肥大繁多。孩子遵从父亲的教诲,妻子也服从丈夫的旨意,婚丧嫁娶,各有法度规矩,出门都称兄道弟,入门则尊老爱幼。原先,穷苦百姓向富人借钱时就将自己的儿女抵押,如果长久不能赎回,儿女就没身为奴婢。我们柳侯来此之后,按照国家故有的法令,令他们以佣工抵偿本钱,将那些奴婢都遣送回家。又大修了孔子庙，城郭街巷，也都精心修整，使之端正有方，还栽种上各种名贵的树木，柳州百姓都喜悦异常。

柳宗元以人为本勤奋理政，给柳州带来了巨大的变化。

柳宗元还以其名声和影响，吸引了大批有文化的学人到柳州来，有众多学子来向他求教，也给柳州带来了文明景象。他在柳州与隐士贾景伯、元集虚、贾鹏，僧人浩初、方及等的交游，都留下了诗文。在唐代，这类人是社会上文化人的重要组成部分。如贾景伯就是一个博学能文的隐士，研究经书非常精深，对史书诸子百家广泛涉猎，柳宗元认为他是自己见到的学者中最值得敬佩的人。在向柳宗元求教的青年学子中，有一个杜温夫，从荆州专程来到柳州，向柳宗元献文十卷，两个月内三次给柳宗元写信。柳宗元在《复杜温夫书》中，对他有批评也有指点，既批评其不求实的态度，又晓之以基本的文法，可见其对后学的严格要求。柳宗元在指导青年学子方面影响很大，成效显著，韩愈在《柳子厚墓志铭》中说："衡湘以南为进士者，皆以子厚为师。其经承子厚口讲指画为文词者，悉有法度可观。"

柳宗元在柳州期间忙于政务的同时，也写作了不少诗文作品。这些作品，虽然仍是以久遭贬谪的凄怆之音为基调，但往往又同岭南地区独特的山川景物和民情风俗相互交融，使作品形成了焕然一新的意境。他的"山水诸记，穷桂海之殊相，直前无古人，后无来者"（林纾《石遗室说文》），如《柳州山水近治可游记》全景式地再现了柳州附近雄姿各异、奇景迭出的群山风貌，堪称"柳州江山图"。诗歌《岭南江行》描写诗人初入岭南地区所见的奇异风光，反映自己满怀忧惧的心境。《柳州峒氓》描写柳州地区少数民族的民俗风情，反映了诗人全然不同的感受：

郡城南下接通津，异服殊音不可亲。青箬裹盐归峒客，绿

十三、遗惠柳州

荷包饭趁虚人。鹅毛御腊缝山罽,鸡骨占年拜水神。愁向公庭问重译,欲投章甫作文身。

此诗首先描绘了一幅西南地区少数民族的风情画:柳州郡城南往下几十步,是一个人来人往的大渡口。服装奇异的峒民熙熙攘攘,语言特别使你无法同他们交流。有些人用竹叶裹着盐巴赶回村寨去,有些人正带着荷叶包的饭团向墟场赶来。他们用鹅毛缝制粗糙的衣被,来抵御严冬腊月的寒冷,用鸡骨占卜年成丰歉,祭拜水神祈求风调雨顺。诗人对于峒民这种素朴的原始民风,感到新奇,也有些欣赏。这样就引出下联来:"愁向公庭问重译,欲投章甫作文身。"他不想再依靠官府的翻译,反复传话与这些峒民交谈,不如干脆丢掉头上的儒冠,做一个断发纹身的峒民。诗人产生这个愿望,是由于受峒民淳朴的民情风俗的感染,历岁逾时,让他的思想感情有了变化,这其中也包含着对自己长期投荒境遇的感伤与激愤:既然回京无望,不如终老此乡,与峒民做个朋友。全诗的情与景,都令人耳目一新。这在唐代诗歌中也是不多见的。

柳宗元虽然身处岭外,对国家大事仍然十分关心。他在柳州的这几年,北方正经历重大事变,朝廷与藩镇矛盾激化,战事不断。他时刻关心事态发展,写下不少诗文,表现了他反对藩镇割据、维护国家统一的一贯主张。

元和九年(814),淮西节度使吴少阳死后,其子吴元济要求袭父之位,朝廷不准,便割据称雄,公开叛乱。河北承德节度使王承宗、山东淄青节度使李师道上书请求赦免吴元济,遭宰相武元衡斥退。两人怀恨在心,密谋刺杀武元衡。元和十年(815)六月初三早晨,武元衡在上朝途中,刚出靖安里东门,便遭刺客刺杀身亡。这个事件顿时震惊朝野,而朝中大臣们却噤若寒蝉,任凭凶手逍遥法外。消息传到柳州,柳宗元义愤填膺,立即写下《古东门行》一诗表明自己的立场。

> 汉家三十六将军,东方雷动横阵云。鸡鸣函谷客如雾,貌同心异不可数。赤丸夜语飞电光,徼巡司隶眠如羊。当街一叱百吏走,冯敬胸中函匕首。凶徒侧耳潜愯心,悍臣破胆皆杜口。魏王卧内藏兵符,子西掩袂真无辜。羌胡毂下一朝起,敌国舟中非所拟。安陵谁辨削砺功,韩国讵明深井里。绝脰断骨那下补,万金宠赠不如土。

东门行,是旧乐府诗题。东门,这里也指长安靖安里的东门,武元衡遇刺之地。这首诗作者是利用乐府古题,以借古喻今的笔法表情达意。开头两句,用汉景帝时周亚夫统率三十六将军讨伐七国叛乱的故事,代指唐宪宗讨伐淮西叛乱:朝廷调兵遣将,声势浩大讨伐叛乱;吴元济纵兵叛乱,有如雷声动地乌云遮天。"鸡鸣函谷客如雾,貌同心异不可数"两句,紧接上文,指出居心叵测的藩镇不在少数,他们门下多鸡鸣狗盗之徒,不可掉以轻心。"赤丸夜语飞电光"四句,正面描写武元衡被杀经过:如同汉代长安少年受贿为人报仇,刺杀官吏的情况再次出现,天尚未明时武元衡上朝途中,凶徒从暗处窜出,大喝"灭烛",凶器飞速投掷,而当时京城的巡检司隶还如绵羊一样熟睡,百官听到刺客在街上一声呵叱,都纷纷抱头鼠窜,忠直像冯敬一样的宰相胸上便被匕首所刺。冯敬是汉文帝时的御史大夫,因奏淮南厉王被诛。诗以冯敬被诛的典故,暗示武元衡被刺是由于他积极主张讨伐藩镇。"凶徒侧耳潜愯心,悍臣破胆皆杜口"两句,写武元衡被杀之后的情况:凶徒们四处打听消息,主谋者暗中兴高采烈。平时那些强悍的臣僚,竟然都惊魂丧胆,闭口不言。"魏王卧内藏兵符,子西掩袂真无辜"两句,用魏安釐王出兵救赵未下决心和子西被杀掩面而死两个典故,指出武元衡被刺,是由于朝廷对藩镇姑息养奸,矛头直指皇上,为武元衡无辜

十三、遗惠柳州

被杀发出沉痛的叹息。"羌胡毂下一朝起,敌国舟中非所拟"两句,诗人援用古人的名言警句,表达对时局的担心:强藩一朝起于毂下,舟中之人尽为敌国,朝廷形势岌岌可危。诗的最后四句,用梁孝王使人刺袁盎于安陵门外和严仲子遣深井里人聂政刺杀侠累两个典故,认为案件必须查出元凶,将其缉捕归案,并对朝廷措置失当提出批评:不知有谁能像当年袁盎被杀在安陵,还有人去仔细调查刺客的剑,又像当年韩国一样,能够搞清楚刺客聂政是深井里人呢?否则,武元衡肌骨已经断绝,朝廷就是万金宠赠,又有何益呢?

武元衡被杀事件发生之后,在"悍臣破胆皆杜口"的情况下,柳宗元鲜明地表达自己的认识和态度,显示出无比的胆略和勇力。他为武元衡鸣泄不平,严厉申斥凶徒的暗杀暴行,实质上就是对藩镇横行不法的愤怒声讨。在这首诗的字里行间,有一股慷慨不平之气溢于言表。

朝廷平定淮西叛乱的战事持续在进行,却久而无功,没有取得什么进展。到元和十二年(817)七月,宪宗批准裴度的请求,任命裴度以宰相兼彰义节度使,充淮西宣慰招讨处置使,前往淮西,统领征讨事宜。裴度率领诸路大军前往淮西,在行军司马韩愈的参谋下制订了作战方案,亲自指挥六将从四面包围合攻淮西,诸军将领也同心协力,奋勇作战,经过数次战役,接二连三收复失地,以至夺取了淮西军外城。十月十五日,负责西线战事的李愬,得知蔡州空城,守城皆老弱之卒的消息之后,便带领数千人马,趁着大风雪,夜袭蔡州城,擒得吴元济,押送京城,报捷裴度。二十五日,裴度自驻地郾城进入蔡州,颁布皇帝诏令。于是四境安定。随后宪宗在长安御兴门受俘,斩吴元济于独柳树下,扰攘多年的淮西叛乱终于平息。

淮西平叛胜利的消息传来,柳宗元非常高兴,很快以庄重的雅诗体裁，写出了《平淮夷雅》两篇，热烈地歌颂这一胜利，献给朝廷。他在《献〈平淮夷雅〉表》中说："因伏自忖度，有方刚之力，不得备戎行、致死命。况今已无事，思报国恩，独惟文章。"他觉得自己虽然有方刚之力，却没有机会加入平叛的队伍中以死报效国家，更何况现在国家已经平安无事，想报答国家的恩德，也只有靠文章了。说明他写作雅诗，也是想为国家贡献一己之能，希望自己的作品"施诸后代，有以佐唐之光明"，能为大唐增光添彩。

《平淮夷雅》两篇分别记叙了裴度和李愬统帅大军克敌制胜平定淮西的过程，歌颂了他们为维护国家统一而做出的历史性贡献，歌颂了唐王朝中央的英明决策和辉煌战功。其中《皇武》一篇，是用来歌颂裴度主持军事，完成平叛大功的。全诗记叙了裴度受命、行军、出战、获胜、抚民到凯旋受封的全过程，突出赞颂其运筹帷幄、恩威并用的雄才大略。《方城》一篇，是用来歌颂李愬在平叛中的卓著战功的。全诗记叙了李愬精心整训部下，深入了解敌情，善于选择时机，一举捣毁敌人巢穴，活捉元凶吴元济，安抚蔡州百姓的过程，突出赞颂其英勇善战、出奇制胜的英雄本色。柳宗元还把两篇作品分别投献给裴度和李愬。他在《上裴晋公度〈唐雅〉诗启》中说："宗元虽败辱斥逐，守在蛮裔，犹欲振发枯槁，决疏潢污，馨效蚩鄙，少佐毫发。"表明自己虽然蒙辱而被放逐，守护在蛮夷边远之地，仍想振作精神，如同枯树发芽，河道疏通，来献出自己的微薄之力，做一点有益的事情。他在《上襄阳李仆射愬献〈唐雅〉诗启》中也说："宗元身虽陷败，而其论著往往不为世屈，意者殆不可自薄自匿以坠斯时，苟有辅万分之一，虽死无憾。"表明自己虽然身败遭贬，然而文章论著仍然坚持正确的主张，不受世人的责难所屈服，心里想着不能妄自菲薄，自暴自弃，因此销声匿迹，哪怕自己的文章对社会有万分之一的益处，即使死了也无遗

十三、遗惠柳州

憾。这是作者的肺腑之言。由此可见，柳宗元写的这两篇作品，不是普通的歌功颂德之作。它们一方面再次表明作者反对藩镇割据、维护国家统一的立场，同时也借此表明自己不甘寂寞，仍然希望积极用世、为国效力的意愿。

元和十三年（818），在淮西叛乱平定之后，成德镇节度使感到势单力薄，上表朝廷请求自新。接着，朝廷命宣武、魏博、义成、武宁、横海诸镇兵，专力攻讨割据反叛的淄青镇平卢节度使李师道。到元和十四年（819）二月，李师道的部将、都知兵与使刘悟，响应朝廷号召，倒戈擒杀了李师道。至此，数十年来盘踞河南、河北的藩镇拥兵割据的局面暂告结束。朝廷随即将淄青诸州分为三道，分命节度管辖。一向主张国家统一的柳宗元闻知这些消息，非常兴奋，接二连三写了《柳州贺破东平表》《贺诛淄青李师道状》《贺平淄青后肆赦状》《贺分淄青诸州为三道节度状》等表文，热情歌颂朝廷平叛的胜利，欢呼国家的安定统一。

> 臣某言：即日被观察使牒，李师道以月日克就枭戮者。帝德广运，唐命惟新，霾曀廓清，天地贞观，率土臣庶，庆抃无涯。
>
> 伏惟睿圣文武皇帝陛下威使百神，德消六沴，天降宝运，时归太平。自克夏擒吴，蔐蜀平蔡，殊类稽颡，群疑革心。唯此凶妖，尚闻悖慢，庭议既得，庙谟必臧。旌旗烛耀于洪河，金鼓震惊于灵岳。郓城自溃，宁同莒鲁之争；齐地悉平，无俟耿陈之战。五兵永戢，七德无亏，含生比尧舜之仁，率土陋成康之俗。介丘雾息，已望翠华之来；沂水风生，更起舞雩之咏。千岁之统，实在于斯。臣守在蛮荒，获承大庆，抃蹈之至，倍万恒情。
>
> ——《柳州贺破东平表》

东平，淄青镇治所郓州，历史上曾名东平郡。柳宗元在此借用旧名称谓这一地区。这篇表文是柳宗元得知淄青镇李师道被杀之后给朝廷写的贺表。表文热情洋溢，庆贺削平叛乱的胜利，表达自己无比喜悦之情：

臣某上奏：即日接阅桂管观察使文书，得知李师道已于某月某日斩首示众。皇帝大德广布天下，唐室再现新气象，天上的烟尘迷雾得以澄清，大地重新走上正道。全国官民鼓掌欢呼，无限欢喜。

睿圣文武皇帝的威力使百神降服，大德能消除天地四时的不和之气，如今天降鸿运，人间享受太平。自从击败杨惠林，擒获李锜，荡平蜀川，平定蔡州之后，叛乱者臣服，有反心者收心。只有李师道这个妖贼，仍想犯上作乱。朝堂上讨论之后，皇上做出了决策。于是讨伐大军的旌旗在黄河边迎风招展，泰山下鼓角之声惊天动地。郓城因大将倒戈而自行崩溃，如同当年的莒、鲁之争；齐地全部荡平，不再有耿、陈那样的战斗。五种兵器可以收藏起来，七种道德没有受到损缺。所有生灵都感受到尧、舜那样的仁政，天下百姓都觉得如今不亚于当年的陈康之治。泰山上云消雾散，盼望着皇上到来，沂水边微风轻吹，更使人起歌舞之兴。千年的统一大业，正由此奠定基础，臣守在蛮荒之地，欣逢如此喜庆之事，不禁手舞足蹈，激动之情万倍于常人。

柳宗元这篇文章和其他几篇相关的文章，都不是应景的官文书，而是表达自己政治态度的宣言。他为国家统一、天下太平而欢欣鼓舞，精神振奋，快语连篇累牍，这是贬官十多年来从未有过的现象。"在衰病中的柳宗元奋力写出这些文章，可看作是他生命终止前的搏斗，也是他至死不甘退屈的表现。"（孙昌武著《柳宗元评传》，第148—149页）

实际上，这些年多病的柳宗元身体已经相当衰弱了。他在永州

十三、遗惠柳州

时已患有多种疾病,到柳州之后旧病未除,新疾又发,健康状况越来越差。他自知来日无多,时不我待,因此强打精神,奋力理政,一心想在施政上有所建树,遗惠民生。对于许身报国的理想和事业,虽屡遭挫折,并不如意,但初心不改,热情犹在,从不屈服和示弱。

柳宗元久病成医,懂得点医学知识,能够大致预感到自己的身体状况已到了山穷水尽的地步,因此在去世前一年,他有一次与部属在驿亭饮酒时说:"吾弃于时,而寄于此,与若等好也。明年吾将死,死而为神。"(韩愈《柳州罗池庙碑》)他告诉部属,我被时世所弃,在此存身,与诸位交好。明年我就会去世,死后会成为神灵。果然,一年之后,柳宗元于元和十四年十一月初八(公元819年11月28日)不幸在柳州病逝,享年四十七岁。

柳宗元为官清廉,家无遗财,以致死后无力治丧,无钱养育子女。他留下两子两女:长子周六,年四岁,次子还是遗腹子;大女儿大概将近十岁,小女儿应比周六大些。均为晚年与他同居的妇人所生。他临终前,分别给刘禹锡和韩愈写了遗书,拜托他们为自己抚养儿女,委托刘禹锡编纂自己的文集:"我不幸,卒以谪死,以遗草累故人。"柳宗元死后,丧葬事宜由桂管观察使裴行立筹措经费,由他的表弟卢遵具体经办,于第二年七月将他的灵柩归葬于万年县栖凤原的先人墓侧。

刘禹锡因母亲逝世,从连州北归洛阳为母亲丁忧,途经衡阳时,突然接到柳州来使送来的柳宗元去世讣告和遗书,"惊号大哭,如得狂病"。当年衡阳分手,谁料一别竟是生死两端!在昏天黑地的恸哭中,刘禹锡泣诉对亡友的思念之情:

> 忆昨与故人,湘江岸头别。我马映林嘶,君帆转山灭。马嘶循古道,帆灭如流电。千里江蓠春,故人今不见。
>
> ——刘禹锡《重至衡阳伤柳仪曹》

当年分别的情景,历历如在目前,而今故人再也无缘相见,怎不令人悲痛欲绝?他"含酸执笔","南望桂水,哭我故人",写下《祭柳员外文》,并派专人前往柳州吊唁。他在祭文中表示"誓使周六,同于己子",要把柳宗元的儿子当作自己的儿子一样对待。八个月后,柳宗元灵柩归葬万年县时,刘禹锡携死者遗孤前去祭奠,写了《重祭柳员外文》。祭文中说:"自君之没,行已八月。每一念至,忽忽犹疑。今以丧来,使我临哭。"他说自己八个月来每想到柳宗元的去世,都是神情恍惚,犹疑不敢相信,可是今天面临你的丧葬不能不痛哭,世上真的是有这样的事情。他把柳宗元的逝世,归结为"生有高名,没为众悲"两句话,肯定柳宗元的人生价值和社会影响。刘禹锡还依照柳宗元的遗嘱,把柳宗元的全部著作编纂成《唐故尚书礼部员外郎柳君集》,在文集前写了序言。

韩愈在元和十四年(819)正月,因谏迎佛骨被贬为潮州刺史,十月遇大赦获准量移袁州(今江西宜春)刺史。他赴任途中在韶州停留时,接到柳宗元的讣告和刘禹锡在衡阳写给他的信。韩愈得知柳宗元去世的消息,悲痛异常,立即驰书吊唁,书中云:"哀哉若人之不淑。吾尝评其文,雄深雅健似司马子长,崔蔡不足多也。"(见刘禹锡《唐尚书礼部员外郎柳君集记》)司马子长,指西汉《史记》作者司马迁。崔蔡,指东汉作家崔骃和蔡邕。韩愈认为柳宗元的文章成就超过东汉作家,可以与司马迁相提并论。对于他不得志的境遇,深表哀惜。随后他又写了《祭柳子厚文》,派专人前往祭奠。他在祭文中写道:"子之文章,不用于世;乃令吾徒,掌帝之制。"为柳宗元才高而不见用深感痛惜,说自己的文章水平不如他。作为古文运动的战友,韩愈最懂得柳宗元文章的价值。对于柳宗元千里托孤的遗愿,韩愈在祭文中也做了明确的回应:"嗟嗟子厚,今也则亡。临绝之音,一何琅琅。遍告诸友,以寄厥子。不鄙谓余,亦托以死。凡今之交,观世厚薄。余岂可保,能承子托?非我知子,子实命我。犹有鬼神,宁敢遗堕?"他说:子厚今已不在人世,其临终之言琅琅在耳。他遍告诸友托付自己的儿子,看得起我也托以死后之事。我岂能弃置不顾?他昭告天地鬼神,自己决不会辜负亡友的托付。韩愈后来果然收养了一个柳宗元的儿子。第二年,当柳宗元灵柩归葬万年县时,韩愈又写了《柳子厚墓志铭》从袁州寄去。铭文对柳宗元"材不为世用,道不行于时"表示惋惜,对其人品、文章以及政事做了热情的赞扬,为其一生得失做了总结,肯定其困顿沦落的生涯造就其文学辞章方面的杰出成就,远大于仕途通达所能成就的事功。韩愈和柳宗元交谊长久,尽管在对待永贞革新的政治观点不同,在对待佛教等问题上看法存在分歧,但是他们在古文运动中志同道合,相互配合,南北呼应,共同推进这场文体、文风的改革取得非凡的实绩。因此,在一些问题上观点不同,常有争论,并没有影响两人间的亲密情谊,以至于柳宗元在临终之前,也向韩愈千里托孤。柳宗元去世之后,刘禹锡把为他写墓志铭的重任委托给韩愈。韩愈撰写的墓志铭中,亦能公正地评价柳宗元的一生。

柳州各族人民,对于柳宗元的逝世,都十分悲伤。他们不能忘记柳宗元为民造福的恩德。三年后,即长庆元年(821),为了纪念柳宗元,他们在柳州罗池兴建了庙宇,供人们世代瞻仰。他们还专门派人去长安找韩愈,请他为新建的庙撰写碑文。韩愈应邀写了《柳州罗池庙碑记》,全面记录了柳宗元在柳州的政绩。柳宗元的灵柩运回北方之后,柳州人民就在罗池庙旁,修建了柳宗元衣冠墓。还在柳宗元种柑树的地方,修建了柑香亭。罗池庙到宋代犹存,哲宗元祐元年(1092),敕赐灵文庙额;徽宗崇宁四年(1104),封柳宗元为文惠侯;高宗绍兴二十八年(1156),加封文惠昭灵侯。因而罗池庙改名为柳侯祠。柳侯祠、柳宗元衣冠墓、柑香亭,经过历代连续修建,至今犹存。

十四、思想境界

  始予学而观古今,怪今昔之异谋。惟聪明为可考兮,追骏步而遐游。洁诚之既信直兮,友仁蔼而萃之。曰施陈以系縻兮,邀尧舜与之为师。上睢盱而混茫兮,下驳诡而怀私。旁罗列以交贯兮,求大中之所宜。曰道有象兮,而无其形。推变乘时兮,与志相迎。不及则殆兮,过则失贞。谨守而中兮,与时偕行。万类芸芸兮,率由以宁。刚柔弛张兮,出入纶经。登能抑枉兮,白黑浊清。蹈乎大方兮,物莫能婴。奉讦谟以植内兮,欣余志之有获。再征信乎策书兮,谓炯然而不惑。愚者果于自用兮,帷惧夫诚之不一。不顾虑以周图兮,专兹道以为服。……配大中以为偶兮,谅天命之谓何!

——《惩咎赋》

  这是柳宗元被贬官永州之后,回顾自己的人生理想和追求,真切地反映了他前期的思想状况:当初我学习时是以古代作为楷模的,却很奇怪今昔的差别竟然是这么大。只有聪明是可以追求的,所以我随着骏马的步伐而遨游四方。洁诚而又信直,又有仁友和蔼相伴。我每天都在修炼自己的品格,请尧舜做我的老师。上天荒忽,混茫而难考,下面驳杂,诡谲而自私。我只有左右罗列而互相交贯,追求适宜的大中之道。人说大道有象,但不见其形。乘着时机而适应变化,希望与自己的志向相合。如果不及就有危害,过了也就失去了真正。只有谨慎地恪守大中之道,才能与时光一同前行。世界上的万物都繁茂兴盛,都由大中之道达到和平。刚柔相济而一张一弛,进出都不会违背经纶。选举贤能而抑制邪恶,黑白分明而清浊了然。如果能行走在大方之中,那就没有什么可以拘束住我。信奉这伟大的训导而修养身心,我非常高兴自己有所收获。再从古代的典籍中获取证据,我更感到心里明白而无所迷惑。愚蠢的我敢于自我担当责任,只担心忠诚不能始终如一。我毫无疑虑也不瞻前顾后,便专一于此道而勇往直前。……以大中之道作为我的准则,谅天命又能拿我怎么样!

柳宗元在陈述自己的奋斗历程中,包含着他所秉持的一些基本的思想政治观念:以尧舜为师,恪守大中之道,与时偕行,不改初心,无视天命。这其中蕴含的思想光辉,在他的其他一些文章中都有更详明的阐发。

柳宗元尊崇儒学,但并不墨守章句,以实现尧、舜、孔子"圣人之道"为奋斗目标,"由大中以出",达到通经致用、济世安民的现实目的。他认为,人生在世"好求尧、舜、孔子之志,唯恐不得,幸而遇行尧、舜、孔子之道,唯恐不慊,若是而寿可也。"(《送娄图南游淮南将入道序》)意思是说,认真探求尧、舜、孔子这些圣人之道的志向,唯恐不能完全掌握,有幸遇上施行尧、舜、孔子这些圣人之道,唯恐做得不能完全令人满意。如果有这样的思想境界,追求长寿才是有意义的。他自己参与永贞革新时所抱的志向就是:"勤勤勉励,唯以中正信义为志,以兴尧、舜、孔子之道,利安元元为务"(《寄许京兆孟容书》)。也就是说,他当时勤勤恳恳工作,一心只以中信正义当作自己追求的目标,想以此来振兴尧、舜、孔子之道，以有利于百姓的安居乐业为根本任务。他认为圣人之道并不是神秘的东西："圣人之道，不穷异以为神，不引天以为高，利于人，备于事，如斯而已矣。"（《时令论》上）就是说，圣人之道不穷究那些稀奇古怪的东西当作神灵，不搬出什么天意作为最高的主宰，只是考虑到有利于人民，按照事物的发展趋势采取妥善的措施，如此罢了。这就明确否定了天人感应的唯心主义神学目的论，肯定圣人之道济世安民的现实目的性，强调圣人之道要施于为政，有益于世，有利于民。柳宗元重视"生人之意"的历史作用，认为实行圣人之道的根本目的在于"利安元元"，"利于人，备于事"，解救"生人之患"，这就赋予了儒家传统的"仁政"思想以切实的内容，达到了一个新的思想境地。他还说过："仕虽未达，无忘生人之患，则圣人之道幸甚。"（《答周君巢饵药久寿书》）他讲"圣人之道"，和"生人之患"并提，这一点非常重要，表明他奉行"圣人之道"的目的就是为了解救"生人之患"，让人民安居乐业。他在《贞符》中提出帝王不是受命于天，而是受命于人；国家真正的吉祥征兆不表现于祥瑞之物，而在于是否实行仁政。他在《送薛存义序》中提出"官为民役"的主张，认为官吏是百姓的仆役，而不是役使百姓的。他时时为民着想，处处彰显"以民为本"的思想光辉。由此可见，民本思想是柳宗元政治思想的核心，也是他对圣人之道的基本认识。

柳宗元又把"圣人之道"称为"中道""大中之道"，以区别于墨守章句的传统儒学。他说："立大中，去大惑，舍是而曰圣人之道，吾未信也。"（《时令论》下）他认为树立大中之道，消除对天命鬼神的迷信，是施行圣人之道的基本要求，如果抛开这些要求而说成是什么圣人之道，他是不相信的。他又说："苟守先圣之道，由大中以出。"（《答周君巢饵药久寿书》）意思是说，谨守先圣之道，以大中为处事原则。可见他所说的大中之道，是施行圣人之道的处事原则，也就是处事要不偏不倚，无过无不及，恰到好处。所以他又说："当也者，大中之道也。"(《断刑论》下)他把大中之道归结为一个"当"字。处事如何才能恰当呢？他指出："圣人所贵乎中者，能时其时也。"(《与杨诲之第二书》)他认为中道处事的可贵之处，在于能够根据情况的变化应时而变，与时俱进。这样，他就让圣人之道走下了神坛，成为指导人事的治世之道，发挥其与时俱进、改造社会的能动功能。中唐时期儒学出现僵化危机，读书人阅读儒家经典，墨守章句，忽略义理的阐发和应用，被诗人李贺讥之为"寻章摘句老雕虫"(《南园十三首》其六)因而柳宗元提醒人们做学问要"略章句之烦乱，采摭奥旨，以知道为宗"(《故银青光禄大夫右散骑常侍轻车都尉宜城县开国伯柳公行状》)，治学不能做章句师；教导人们"得位而以《诗》《礼》《春秋》之道施于事，及于物，思不负孔子之笔舌，能如是，然后可以为儒"(《送徐从事北游序》)，为政要辅时及物。他倡导大中之道处事适时应变的能动性，更新人们只懂得引经据典的陈旧思维方法，以适应时代发展的需求，无疑有助于克服儒学僵化危机，振兴儒学的生命活力。

柳宗元尊崇儒学，但并不坚守一家宗派门户，而主张兼采百家之长以充实儒学，调和众说以佐世。他在《送元十八山人南游序》中说：

> 太史公尝言："世之学孔氏者则黜老子，学老子者则黜孔氏，道不同不相为谋。"余观老子，亦孔氏之异流也，不得以相抗，又况杨、墨、申、商、刑、名、纵横之说，其迭相訾毁抵捂而不合者，可胜言耶？然皆有以佐世。太史公没，其后有释氏，固学者之所怪骇舛逆其尤者也。
>
> 今有河南元生者，其人闳旷而质直，物无以挫其志，其为

学恢博而贯统,数无以踬其道。悉取向之所以异者,通而同之,搜择融液,与道大适,咸伸其所长,而黜其奇邪,要之与孔子同道,皆有以会其趣,而其器足以守之,其气足以行之。

柳宗元首先论述自己对待各种学派的观点:太史公司马迁曾经说过:"世上学孔子学说的就贬斥老子,学老子学说的就贬斥孔子。人们由于观点主张不同,因而不能相互合作。"我看老子学说也是孔子学说的一个支流,不应该把它们对立起来。又何况杨朱、墨翟、申不害、商鞅等人的学说,刑名、纵横等学派,它们相互诋毁、冲突而不能相合的地方,能说得尽吗?可是它们都对社会有一定的帮助。太史公死后,又出现了佛教,这当然更是让学者们感到惊异奇怪并认为是荒诞不经的东西了。

接着,柳宗元赞赏河南元十八山人博采众说以守道的治学气度:如今有一位姓元的河南书生,他为人宽宏豁达,朴实正直,任何事情都无法挫败他的意志,他的学问广博精深并且能融会贯通,命运不能阻碍他的志向。他尽取向来被人们认为大相径庭的各派学说,把它们贯通并且统一起来,经过采择融会,使之与圣人之道大致相符合,这样就发挥了各派学说的长处,而去除邪伪不正的东西,总之做到了与孔子思想相一致,而又能聚合各家学派的旨趣,他的才能完全能够坚守"道",他的气魄完全能够运用"道"。

柳宗元对各学派相互关系的看法未必可取,而他对待各学派所持的公正态度却十分难能可贵。在柳宗元看来,无论哪一家学说,只要它对社会有所帮助,就应该发挥它的长处,去其糟粕取其精华,为世人所用。正是这种摒弃宗派门户之见的学术开放观点,使他具有海纳百川胸怀,能够博采众长,调和众说而自成一家之言,甚至在某些方面能够突破儒家思想的局限,登上时代思想的高峰。

在"天人"关系问题上,柳宗元批判了天命论,否定"天人感应"的存在，走上了唯物主义的道路。中国古代的天命观念由来已久。天命观、天人感应论，一直渗透在孔子以来的儒家思想之中，长盛不衰。柳宗元虽尊崇儒学，但并不认同天命观。他坚持"天人相分"的思想路线，在《贞符》《天对》《天说》《非〈国语〉》等论著中，对天命观、天人感应论做了深刻的批判，大力宣扬天是元气，是与草木一样的无意识的自然物，山川地震之类是自然物自身的矛盾运动而产生的自然现象，天没有善恶道德属性，更不能赏善罚恶，所谓"天人感应"是子虚乌有的。在这方面他的思想认识不仅达到当时认识的最高水平，而且已经接近现代自然科学的认识。在前面《著书立说》一章中，对此已做了较为详细的介绍。

柳宗元否定"天命"，是为了重视"人事"。他曾以治病来比喻治国，写了《愈膏肓疾赋》，就治疗齐景公所患的膏肓之疾，忠臣和名医进行了一场辩论，以说明治国的道理。在名医看来，病入膏肓就是不治之症，无可救药："膏肓之疾不救，衰亡之国不理。"忠臣批驳了这种观点："生死浩浩，天地漫漫，绥之则寿，挠之则散。善养命者，鲐背鹤发成童儿；善辅弼者，殷辛夏桀为周汉。非药曷以愈疾？非兵胡以定乱？丧亡之国，在贤哲之所扶匡；而忠义之心，岂膏肓之所羁绊？余能理亡国之刬弊，愈膏肓之患难，君谓之何以？"（生死之事浩浩茫茫，就像天地一样漫漫无际，如果能够安静保养就能长寿，如果经常遭受损害就会短命。善于保养生命的人，即使已经鲐背鹤发也能返老还童；善于辅佐国君的人，即使是殷辛、夏桀之世也可以治理得像周朝、汉朝那样昌盛。不用药物怎么能够治理好疾病？不用武力怎么能够平定叛乱？即将丧败的国家，只有依靠贤哲之士来扶持匡正；而君王的忠义之心，难道是膏肓之疾所能羁绊得住的？我能够治理好危亡国家的弊病，也就能治愈已入膏肓的难疾，您还有什么话可说呢？）

名医不服。忠臣接着说:"予今变祸为福,易曲成直。宁关天命,在我人力。以忠孝为干橹,以信义为封殖。拯厥兆庶,绥乎社稷,一言而荧惑退舍,一挥而羲和匪戾。桑谷生庭而自灭,野雉雏鼎而自息。诚天地之无亲,曷膏肓之能极?"(我现在把祸变为福,把曲变成直,这哪里与天命相关,完全依靠人力。我们将忠孝作为武器,以信义为基础,可以拯救广大百姓,安定国家社稷。齐景公的一番话可以使荧惑星离开心宿,鲁阳公一挥戈可以使日车退回三合的路程。桑谷生在朝廷,只要勤修德业便可以使它们自然灭迹,野鸡在鼎耳上鸣叫,只要谨慎治国就可以使它自然停止。天地与人实在无亲无故,为什么膏肓之疾便不能治好呢?)

名医无言以对,承认辩论失败,得出结论:"吾谓治国在天,子谓治国在贤;吾谓命不可续,子谓命将可延。讵知国不足理,疾不足痊,佐荒淫为圣主,保夭寿为长年。皆正直之是与,庶将来之勉旃。"(我认为治理国家全靠天命,你却说治理国家在于贤能的人;我认为生命无法延续,你却说可以延年益寿。你哪里知道这样的国家已不值得治理,膏肓之疾也没法治好。想把荒淫的君王辅佐为圣明的君王,想把短寿的人延续成长寿。大概正直的人都想这样的吧?希望今后都为这个目标而继续努力。)

柳宗元通过这场辩论,阐明政治的好坏,国家的盛衰,"非关天命,在我人力",显示了他积极有为、报效国家的志趣。他否定了天命论,又回到了儒家积极用世的基本立场上来。这正是他善待儒学的高明之处。

柳宗元虽然在反对唯心主义天命观上带有鲜明的唯物主义色彩,发展了古代朴素唯物主义理论,却不能算是一个彻底的唯物主义者,因为他一方面劝别人不要相信鬼神,一方面自己又相信佛教,"好究佛法"。

十四、思想境界

唐王朝奉行儒、道、佛三教并行政策，崇尚佛教成为一种社会时尚，上自皇帝，下至贫民，无不信佛。柳宗元经历代宗、德宗、顺宗、宪宗四朝，没有一个皇帝不崇信佛教。士大夫信佛的人也很多，白居易、刘禹锡都好佛。这是当时的社会环境。从柳宗元个人生长的小环境看，他的母亲笃信佛教，在家庭里耳濡目染，对他的成长肯定有影响。他虽然年轻时就对佛教怀有好感，和出入官场文坛的僧侣结交，赞赏亦儒亦佛的人物，但是那时他正少年得志，为事业奋发上进，佛教对他的实际影响还不大。他真正致力于佛道，那是贬官永州以后的事。他到永州不久，有一首《送元暠师诗》，反映当时的内心矛盾：

侯门辞必服，忍位取悲增。去鲁心犹在，从周力未能。家山余五柳，人世遍千灯。莫让金钱施，无生道自弘。

"悲增"，是"悲增菩萨"的省称。"无生"，佛言世人有过去、当今、未来三世，识神不灭，礼物修炼，可以无生。无生之道，即佛法也。柳宗元说自己辞别侯门，进入佛门，实是出于无奈。自己虽有"迟迟去鲁"、留恋仕进之心，但无力去改变现实，像孔子那样立志从事复兴周王朝的大事业。因此自己只好弃绝尘世，学习佛法自我光大了。

永贞革新事业失败之后，柳宗元被贬斥永州，政治上断绝了出路，前途渺茫，处境又十分险恶，在这种极端困苦的情况下，他转向了佛教，企图从佛教中寻求精神的安慰和解脱。"谅无要津用，栖息有余阴"（《苦竹桥》），他站在龙兴寺巽公院的苦竹桥上，心中想：我大概不能再被朝廷重用，暂时栖息在这里也还好。他在《送玄举归幽泉寺序》中说："佛之道大而多容。凡有志乎物外而耻制于世者，则思入焉。"他认为佛教的教义，博大精深，凡是有志于超然物外而不想受世间制约的人，都想进入佛教的境界，这正符合自己当下的心意。其实这些无奈中自我安慰的话，已经说明了他为何亲近佛教的缘由。

柳宗元相信佛教，但不盲从佛教，一味迷信。他"好究佛法"，企图"统合儒释，宣涤疑滞"（《送文畅上人登五台遂游河朔序》），成一家之言，为我所用。因而，他的"好究佛法"，与普通佛徒的信佛和一般士大夫的崇佛是不完全相同的。

柳宗元向来坚持儒学是思想的正宗，他主张"统合儒释"，实际上是主张以儒统佛，或援佛入儒，使儒学从体系的开放中得到充实和发展。在当时儒、道、佛合流的时代潮流中，统合儒释，援佛入儒，其实是已经存在的事实。柳宗元提出"统合儒释"的主张，着眼于历史的必然趋势，是有远见卓识的。唐代出现的这个趋势，到宋代就形成了理学。宋代理学亦称新儒学，即是儒、道、佛合流的结果。但是柳宗元往往并列儒与佛，表明他还不能严格区别思想学说与宗教信仰的界限，自己思想上还搞不清佛教与佛学的区别。因而他对佛教的看法，有得亦有失。

柳宗元在《送僧浩初序》中说："浮图诚有不可斥者，往往与《易》《论语》合，诚乐之，其于性情奭然，不与孔子异道。"他说：佛教的确不应该受到斥责，它的教义常常与《易经》《论语》等儒家经典相吻合，所以我真心地爱好它，它追求性情消散的旨趣，与孔子的学说没有分歧。他认为佛教教义中包含着与儒家圣人之道相通的有益于世的内容，不应该简单加以否定。并且明确表示，不能根据夷夏之别来决定事物的去取，不能因为佛教是外来的东西就加以排斥。至于佛教有哪些方面与儒家经典相吻合，此文中没有说明，而在其他一些文章中曾谈及若干方面，从中可见他是如何调和佛教与儒学的。

柳宗元在《曹溪第六祖赐谥大鉴禅师碑》中说："自有生物，

则好斗夺相贼杀,丧其本实,悖乖淫流,莫克返于初。……而吾浮图后出,推离还源,合所谓生而静者。……(大鉴禅师)其教人,始以性善,终以性善,不假耘锄,本其静矣。"他说:自从生物出现以来,便有了争勇好斗,互相残杀,从而丧失了本性实质,世界混乱乖背,淫欲横流,不能再返回到初始状态。而后来出现的佛教之说,推远离的事物返回本源,合乎所谓的人生来好静的自然本性。大鉴禅师始终教人以人性善良,不假借耘锄,源本人的好静本性。柳宗元很称赞禅宗的心性理论。禅宗主张"明心见性",众生自有佛性,成佛的关键在于自身的觉悟。这种观点,与儒家的"性善论"比较接近。柳宗元就极力把两者牵合在一起,把"性善"与"性净"两个概念混为一谈。"他肯定大鉴的禅,'始以性善,终以性善',即以'性善'观念贯彻始终。'性善论'是儒家思、孟学派的主张。本来儒家的'性善'说与佛教的'性净'说是有着根本不同的。主要区别在于'性善'论是有一定的伦理内容的;而'性净'是指基于'般若空'观的自性清净。显然柳宗元是把佛说加以'曲解',纳入到儒家的伦理轨道上来了。"(孙昌武著《柳宗元评传》,第357页)

柳宗元在《送濬上人归淮南觐省序》中说:"金仙氏之道,盖本于孝敬,而后积以众德,归于空无。"他以为,佛教中的学说,大概是来源于孝敬,然后又为众人积了许多功德,最后归于空无。在《送元暠师序》中说:"余观近世之为释者,或不知其道,则去孝以为达,遗情以贵虚。……释之书有《大报恩》十篇,咸言由孝而极其业。"他认为世上那些僧人,背弃孝道追求旷达,丢掉感情追求虚无,是由于不懂得佛教的真义。佛教的经书中有《大报恩》共十篇,其中所讲的都是通过孝来达成功德的。他表扬"孝僧"元暠,为他父亲死后安葬而尽心竭力,是与儒家思想相吻合的。这完全是出于他"统合儒释"的个人理解。事实上,"孝"是儒家伦理最重要最基本的道德规范,而印度佛教最初的教旨是提倡"无夫妇父子",断绝尘世间的一切因缘。两者在伦理观上是背道而驰的。柳宗元"把孝敬定为佛教之本,并把孝敬与作为佛教主要观念的'性空'统一起来。实际上儒家所讲的'孝敬'是等级压迫在家族内部的表现;佛教的'性空'是说事物本是'因缘和合'所生的假象,把二者牵合到一起是很勉强的"(孙昌武著《柳宗元传论》,第243页)。但随着佛教的世俗化、本土化,为了适应中国传统意识,也添造了一些宣传忠孝之道的"经书"。佛教徒谈孝,只是他们在斗争中屈服于形势而不得不对儒家做出的一种让步。这种让步,本身就是自相矛盾,违背教旨。柳宗元以这种自相矛盾的佛教来与儒学统合,显然难于自圆其说。佛教徒中出现"孝僧",可以说是佛教在中国发展的畸形产物。把变态的东西视为佛教真义,也未免本末倒置。

柳宗元在《南岳大明寺律和尚碑》中说:"儒以礼立仁义,无之则坏;佛以律持定慧,去之则丧。是故离礼于仁义者,不可与言儒;异律于定慧者,不可与言佛。"又说:"儒以礼行,觉以律兴。一归真源,无大小乘。"他认为儒家用礼法来树立仁爱与道义,没有礼法仁与义就会败坏;佛家以戒律来持守定力智慧,丢掉戒律定力智慧就会丧失。又说:儒家以礼教行世,佛家以戒律兴盛。统一归到本源,没有大乘佛教与小乘佛教的区别。他看到了"礼""律"教化相通之处,认为儒家的礼义与佛家的戒律,同样具有教化作用,具有规范秩序的意义。

以上几个方面,可见柳宗元为"统合儒释",推动佛教本土化方面所做的努力。他对待外来文化持开放态度,兼收并蓄,并努力使之本土化,本来是无可非议的。但是,他企图"统合儒释",而儒、佛这两种思想体系不可能互相包容，他的努力自然徒劳无功，不可能有什么建树。他不明白，只有立足于儒学而对佛教采取批判的态度，才能成功地从佛教中吸取某些有益的因素。他更不清楚，中唐时期佛教势力膨胀，侵占思想阵地，已经严重威胁儒学的正宗地位，存在着让宗教迷信统治中国思想和文化的严重危机。在这种形势下再去张扬佛教，无异于为虎添翼。正如孙昌武教授所说："他没有看到儒学与佛教的根本区别，更丝毫不能觉察由于当时佛教猖獗，甚至存在着取代儒学统治思想阵地的危险。""他主观上想以佛济儒，实际上只能帮扩大佛教的影响。他想到佛教中汲取有益于世的精华，却落入了宗教迷信的陷坑。这对于像他这样的进步思想家来说，可能是始料所不及的。"（孙昌武著《柳宗元传论》，第245、246页）

十五、文学业绩

柳宗元才高艺绝，诗文创作丰富多彩，杂文、寓言、山水游记、辞赋、诗歌等，无不兼善，在诸多方面都有自己创造性的贡献，具有光辉灿烂、流芳后世的文学业绩。

杂 文

柳宗元的杂文，是思想家和文学家联姻的产儿，从思想性与艺术性相结合的角度看，应算作是他的创作中成就最高、最有价值的一部分。

柳宗元在杂文写作上用功最多，创作量很大，他文集中的"论""议辩""对""问答""吊赞箴戒""铭杂题""序""记""书"等类里，都有许多杂文。他的杂文不仅数量较多，质量也很好。

柳宗元的杂文，都是有为而作，有感而发，他或就历史事件、现实政治发表看法，或就日常所见、奇闻逸事进行评述，或对人情世态、自身遭际抒发感慨，以小见大，由此及彼，借以评论当代时事的是非得失，反映社会现实的重大问题，往往以新颖独到的见解，显示出思想家的远见卓识。从艺术形式看，这些杂文运用多种多样的表现手法叙事明理，表情达意，做到了议论、形象、诗情的和谐统一，逻辑性与形象性兼备于一身，具有卓越不凡的艺术水平。

柳宗元的杂文善于就事论理，在叙事中展开主题，寄寓议论，这就使作品不仅具有理论的说服力，而且具有形象的感染力。《连州郡复乳穴记》，就是记叙以连州郡石钟乳尽而复有这件事，阐明仁政爱民的治国经邦之道，戳穿"天人感应"祥瑞说的荒诞不经：

> 石钟乳，饵之最良者也。楚、越之山多产焉，于连于韶者，独名于世。连之人告尽焉者五载矣，以贡，则买诸他部。今刺史崔公至，逾月，穴人来以乳复告。邦人悦是祥也，杂然谣曰："氓之熙熙，崔公之来。公化所彻，土石蒙烈。以为不信，起视乳穴。"穴人笑之曰："是恶知所谓祥耶？向吾以刺史之贪戾嗜利，徒吾役而不吾货也，吾是以病而给焉。今吾刺史令明而志洁，先赖而后力，欺诬屏息，信顺休洽，吾以是诚告焉。且夫乳穴必在深山穷林，冰雪之所储，豹虎之所庐，由而入者，触昏雾，扞龙蛇，束火以知其物，縻绳以志其返，其勤若是，出又不得吾直，吾用是安得不以尽告？今而乃诚，吾告故也，何祥之为？"士闻之曰："谣者之祥也，乃其所谓怪者也。笑者之非祥也，乃其所谓真祥者也。君子之祥也，以政不以怪，诚乎物而信乎道，人乐用命，熙熙然以效其有。斯其为政也，而独非祥也欤！"

文章先叙写"复乳穴"的经过：石钟乳，是药物中最好的。楚越一带的山中多有出产这种东西，而出产于连州和韶州的，尤其闻名于世。连州人向官府报告说他们那里的石钟乳被采尽已经五年了。官吏每年进贡朝廷，就到其他地区去购买。现任刺史崔简到这里上任一个多月后，采石人来报告说石钟乳又出现了。文章这就设置了一个悬念：这是怎么回事呢？当地有人认为这是一种祥瑞，并编出歌谣加以赞美，称这是新刺史德政感化所致："百姓和乐，崔公到此。教化通达，土石被泽。如若不信，请观乳穴。"这种祥瑞迷信的说法，又为悬念蒙上了一层神秘的面纱，也是作者有意铺设好的批驳靶子。接着，采石钟乳的人出来说明事情真相，针锋相对驳斥祥瑞说的谬误："你们怎么知道这就是吉祥的事情呢？过去我们因为刺史贪财暴虐，只役使我们却不给报酬，我们因此怀恨而欺骗他。如今我们的刺史政令清明而且操守廉洁，先付钱再使用劳力，不再欺诈工人，诚信顺理，我们因此如实禀告。况且石钟乳的洞穴必定在深山老林，冰天雪地封存，是豺狼虎豹栖息的地方。从洞里进去采石的人，要穿越昏暗的雾瘴，抵御龙蛇的侵袭，点起火把方能看到石钟乳，拴缚绳索做标记才能返回。如此辛勤劳苦，回来又得不到我们应有的报酬，我们为什么不报告说石钟乳已被采完呢？如今风化主张诚实，所以我们报告实情，哪里是什么祥瑞之兆呢？"文章到此事理已经阐明，"复乳穴"是新刺史实行仁德政治的结果，与祥瑞之说无关。作者最后对前面两种说法加以评论：编歌谣的人说"复乳"是祥瑞，是把它看成怪异的事；有人批评祥瑞之说，那才是真正的祥瑞。君子认为的祥瑞，在于清廉的政治，不在于怪异之事。待人以诚，信守正道，百姓就会乐于听命效劳。这样治理政事，难道不就是祥瑞吗？这一段议论，进一步深化了文章的主题，有画龙点睛之妙。

柳宗元也有一些杂文通篇以议论行文。这类作品往往以立意新颖，议论精警见长。如《敌戒》就是这样的一篇文章。

> 皆知敌之仇，而不知为益之尤；皆知敌之害，而不知为利之大。秦有六国，兢兢以强；六国既除，訑訑乃亡。晋败楚鄢，范文为患；厉之不图，举国造怨。孟孙恶臧，孟死臧恤；药石去矣，吾亡无日。智能知之，犹卒以危；矧今之人，曾不是思。敌存而惧，敌去而舞，废备自盈，只益为愈。敌存灭

祸,敌去召过,有能知此,道大名播。惩病克寿,矜壮死暴,纵欲不戒,匪愚伊耄。我作戒诗,思者无咎。

敌戒,就是以敌为警戒。文章劈头就提出新颖精辟的见解:人们都知道仇恨敌人,却不知道能对自己有益;都知道敌人有害,却不知道它能对自己很有利。这种敌人存在具有二重性的立论,不同凡响,令人耳目一新。接下来以三个历史故事,反复论证上述道理:当秦国与齐、楚、燕、韩、赵、魏六国并立争雄时,励精奋发,越战越强;而在消灭六国之后,自满松懈,导致灭亡。春秋晋厉公时,晋军在鄢陵打败楚军,晋大夫范文子深为忧虑,认为侥幸取胜,不是好事,劝说晋厉公不要骄傲,但晋厉公毫不在意,一味骄奢横暴,激起全国上下怨恨,终于被杀。春秋末年鲁国大夫孟孙平时憎恶臧孙,孟孙死时,臧孙却很忧伤,说:"孟孙憎恨我好比是治病的药石,孟孙死了,我的死期也就没有几天了。"不久,臧孙果然被赶出了鲁国。作者引证这三个历史故事之后,把文章推进一层,指出:像范文子、臧孙这些聪明贤能的古人懂得这个道理,还终于出现了危亡的情况,何况现今的人们,从来不思考这个道理。笔锋一转,回到了现实社会。"敌存而惧"四句,直接针对现实问题发表评论:敌人存在就胆怯害怕,敌人离去就歌舞升平,骄傲自满,放弃戒备,这只能带来更大的祸害!在此基础上提出了"敌存灭祸,敌去召过"的论断:敌人存在可以促使人们提高警惕,消除祸患;敌人离去可能造成人们麻痹大意,招来过失。此乃一篇之警策,言简意赅地说明事物相辅相成,矛盾相互转化的精辟道理,闪烁着朴素辩证法的思想光辉。作者对此大力张扬,说有谁能了解这个道理,他的道德就高尚,他的名声就能传播久远。文章末尾宕开一笔,推及养生之道,以生活事理进一步论证文章主旨:注意防止疾病能够长寿,自恃身体强壮反会突然死亡,放纵情欲没有戒忌，不是愚蠢就是糊涂。真希望思考此中道理的人可以避免灾殃。作者此番言论，乃在申述引"敌"以为戒的重要性，放纵嗜欲不加警戒的危险性，告诫人们要居安思危，自强不息，具有永久的思想价值。

还应该特别指出的是，此文并非泛泛而论，无的放矢，而是针对时政有感而发的。唐宪宗李纯执政前期对藩镇的叛乱有所警惕，连续对其进行讨伐，先后取得了一系列的胜利，局势平定之后，一度出现了"中兴"景象。以唐宪宗为首的统治集团以为从此可以高枕无忧，滋长了骄傲情绪，肆意享乐，任用奸佞，导致朝政腐败。柳宗元看到这种情况，心中深感忧虑，于元和十四年（819）写了这篇文章，阐明"敌存灭祸，敌去召过"的道理，指出"敌去而舞，废备自盈"，将会招致更大的祸害，提醒朝廷应居安思危。事态的发展果然不出柳宗元所预料，到元和十五年（820），唐宪宗就被宦官陈宏志等人杀死。可见柳宗元文章针砭时弊的现实针对性。

柳宗元的杂文不仅诉之以理、赋之于形，而且还动之以情，往往做到了逻辑性、形象性与诗情的统一。他喜欢用杂文针砭时弊，抒写愤世嫉俗之情。特别是参加永贞革新失败，贬斥永州之后，遭受种种诽谤和攻击，心中有一种难以抑制的愤怨，常常通过杂文宣泄。这时期他写的《谤誉》《愚溪对》《对贺者》等文，都有一腔愤激之情溢于言表，可谓是一批诗情洋溢的作品。

柳子以罪贬永州，有自京师来者，既见，曰："余闻子坐事斥逐，余适将唁子。今余视子之貌浩浩然也。能是达矣，余无以唁矣，敢更以为贺。"柳子曰："子诚以貌乎则可也，然吾岂若是而无志者耶？姑以戚戚为无益于道，故若是而已耳。吾之罪大，会主上方以宽理人，用和天下，故吾得在此。凡吾之贬斥幸矣，而又戚戚焉何哉？夫为天子尚书郎，谋画无所陈，而群比以为名，蒙耻遇僇，以待不测之诛。苟人尔，有不污栗危厉偡偡然者哉？吾尝静处以思，独行以求，自以上不得自列于圣朝，下无以奉宗祀，近丘墓，徒欲苟生幸存，庶几似续之不废，是以儃荡其心，倡伴之形，茫乎若升高以望，溃乎若乘海而无所往，故其容貌如是。子诚以浩浩而贺我，其孰承之乎？嘻笑之怒，甚乎裂眦，长歌之哀，过乎恸哭。庸讵知吾之浩浩非戚戚之尤者乎！子休矣。"

——《对贺者》

这篇文章短短三百多字，道尽了柳宗元在政治上遭受挫折之后的愤懑不平之气。文章由京师来客提出观点："我听说你因为事情牵连遭到斥逐，我经过这儿打算安慰安慰你，现在我看你的样子旷达无忧，你能这样达观了，我没有什么好慰问你的了，让我更改初衷向你表示祝贺。"来客是否真有其人无关紧要，他的这一番话，只是为作者写文章提供一个反驳的论点。

文章接着由柳子出面反驳来客的观点，由表及里，层层推理，感情随之愈演愈烈。他首先声明不同意来客的看法："你如果根据外表这样说是可以的，然而我难道真的是这样没有大志的人吗？"然后解释自己不是成天愁眉苦脸的原因："我只不过认为整天愁容满面对于道义修养并没有好处，所以才像现在的这个样子罢了。我的罪过很大，恰逢皇上正以宽大政策对待百官，用仁和治理天下，所以我得以在这里做官。我只遭到贬谪斥逐已经很侥幸了，又干嘛要做出愁容满面不得志的样子呢？"他所说的两个原因，前者是真话，后者显然是牢骚。既然不能愁容满面，那么只能做达观之态。但是自己怎么能做到达观呢？于是他按照常人常理加以论证，说明自己上不能为国尽忠，下不能回家尽孝，作达观之态实出于无奈："我在朝廷做天子的尚书员外郎，没有陈献什么谋略，却结成朋党而博取名誉，蒙受耻辱，遭遇杀戮之罪，等待不测之诛的降临。作为人啊，有不汗颜自危、切切自责的吗？我曾经静处思索，独自探求，自以为上不能够使自己位列于圣朝的朝廷之中，下没有用来供奉宗祀、祭拜祖坟的东西，只是想苟且偷生，保住性命，希望家族香火得以延续。因此我使自己的内心坦荡，身体悠闲自在，渺茫无际，就像登高远望不知道望什么，水流无序，就像乘船行于海上而不知道驶向何方，所以我的外表像这样达观浩然。你如果用浩然达观来祝贺我，谁能接受这个祝贺呢？"人生就是这样不由自主，不知所以，是多么的无奈、无助而又无望。他在自贬自嘲的言语中，含有无法申辩的委屈，表面一副旷达自在的样子，内心深处却有着难以言传的痛苦。最后，作者的真实感情终于如同火山一样迸发出来："嘻笑之怒，甚于裂眦，长歌之哀，过于恸哭。庸讵知吾之浩浩非戚戚之尤者乎？"——"嘻笑的愤怒，胜于瞪裂眼眶，长歌的悲哀，超过悲痛大哭。你怎么知道我的外表达观不是心中更大的忧伤呢？"作者一腔激愤之情溢于言表，言尽而意无穷，耐人深思寻味。

"柳宗元从先秦、两汉的议论文和辞赋中吸取有益营养，继承此前杂文的优良传统，并进行独特的创造，赋予其时代色彩和个性特点，使他的杂文成为干预生活、抨击黑暗、讽刺丑恶的锐利武器，在反映现实的广度和深度上达到了前所未有的地步；同时他的杂文形式多样，写法自由，立意新巧，用笔冷峻，充满着隽思、卓识和诗情，是识高文亦高的'议论性的美文'，把杂文的发展推向更高的水平，对后世产生了深远的影响。"（吴小林著《柳宗元散文艺术》，第56—57页）

寓 言

柳宗元的寓言作品，在继承先秦诸子寓言的基础上，大力开拓创新，其成就达到了前所未有的高度，为我国寓言体文学发展做出了重要的贡献。

寓言是一种含有劝诫和讽喻的故事。在先秦诸子百家的著作中就有许多寓言故事，如揠苗助长、杞人忧天、愚公移山、守株待兔、刻舟求剑、狐假虎威等等。这些故事大都是文章中的一个片断，是思想家和策士们说理论事的手段，是论说的附庸，并不是独立成篇的作品。柳宗元在继承先秦寓言传统的基础上，也许还受到从印度传来的佛经寓言的启发，创作了一批反映现实、抒写情志的寓言作品，把先秦的哲理寓言发展为社会性的讽喻寓言，成为一种干预生活的思想武器；使寓言从论说的附庸演化为艺术完整的文学形式，成为一种规格井然的文章体裁。

柳宗元的寓言作品，或写动物故事，或写人物故事，针砭时弊，讥刺世俗，大都以生动典型的形象，跌宕起伏的情节，冷隽犀利的笔锋，表现耐人寻味的深刻寓意，达到哲理性、讽刺性与现实性的和谐统一，具有杰出不凡、独具一格的艺术水平。

柳宗元的动物寓言，托物喻人，借事寄讽，大都具有生动的形象，深刻的寓意。他笔下的动物形象，大至"庞然大物"黔驴，小到"善负小虫"蝜蝂，愚若"至死不悟"的麋鹿，狂若"窃时肆暴"的老鼠，还有仁义的鹘、被谪之龙，真是形形形色色，异态纷呈。这些形象，不仅随物肖形，有着鲜明的动物本身的个性，而且以物拟人，概括了某类人物共同的特征，具有很强的典型性，因而得以长存于文学形象的画廊之中。这些形象所阐发的深刻哲理，可以为人们提供认识事物规律性的有益启迪，具有永久的思想价值。

著名代表作《三戒》，包括《临江之麋》《黔之驴》《永某氏之鼠》三篇寓言，它们以生动的动物形象所阐明的恃宠而骄、黔驴技穷、仗势肆虐的寓意，不仅具有暴露现实、针砭时弊的作用，而且能给予人们认识事物规律的启迪。例如《黔之驴》所写的驴子被老虎吃掉的故事，突出其貌似庞然大物却只会叫几声、踢一脚，没有什么真本领，和比它强大的对手稍做较量，立即显出色厉内荏的原形。这个形象主要是为某些高官画像，突出其无德无能又无自知之明的特点。其寓意"如果我们从庞然大物的弱者终究要失败的情节来分析，就会领悟到事物的大与小、强与弱互相转化的道理。如果再从驴子因一踢而丧生的结局分析，又会得出无技不可逞能的教训。而从这个故事中概括出'黔驴之技'一语，又是对敌人力尽技穷、不堪一击的状态的生动形容。由于这个故事包含着如此种种丰富的含意，所以被人们所喜用"（孙昌武著《柳宗元传论》，第311－312页）。

《蝜蝂传》也是一篇形象生动、寓意深刻的寓言。

蝜蝂者，善负小虫也。行遇物，辄持取，卬其首负之，背愈重，虽困剧不止也。其背甚涩，物积因不散，卒踬仆不能起。人或怜之，为去其负，苟能行，又持取如故。又好上高，极其力不已，至坠地死。

今世之嗜取者，遇货不避，以厚其室，不知为己累也。唯恐其不积，及其怠而踬也。黜弃之，迁徙之，亦以病矣。苟能起，又不艾。日思高其位、大其禄，而贪取滋甚，以近于危坠，观前之死亡不知戒。虽其形魁然大者也，其名人也，而智则小虫也，亦足哀夫！

此寓言描写一种贪得无厌的小虫：蝜蝂是一种善于背负东西的小虫。它在爬行中遇到东西，总是要抓取过来，仰起头把东西放在背上,背上的东西越来越重,即使疲惫不堪也不停止。它的背部很不光滑,因此东西积压着都不会散落,最后会被压倒爬不起来。倘若有人可怜他,替它去掉背上的东西,只要它能爬行,依旧又会看见东西就取来背上。它还喜欢往高处爬,用尽力气也不停止,直至掉到地上摔死。

蝜蝂是一种善负小虫。文章首先对这种善负特性展开细致的描绘。它遇到东西就毫不迟疑地取来,还仰起头把东西放在背上,洋洋得意,形神毕现。它一个劲地攫取,背上的东西越积越多,即使疲惫不堪仍不肯罢休。可见其见物即贪、贪得无厌的习性。它有一个背部不光滑的有利条件,可背很多东西,因而背上东西越积越多,终于被压倒爬不起来。有人可怜它,替它去掉一些东西。它对跌倒的教训和别人的同情都毫不理会,只要能爬起来,就照常取物,不肯休止。真是贪婪到忘乎所以,不惜性命的地步了。它还有一个"好上高"的习性。按说负重不宜上高,而它偏好上高,可见他多欲并存,野心很大。它要背得多,又要爬得高,无论如何不肯止步,终于坠地而死。这就是它的结局。文章通过蝜蝂的一系列行动,步步深入,把这个贪得无厌的小虫刻画得栩栩如生,活灵活现。作者以物拟人,通过这个小虫所拟写的人物形象也就十分清晰:一个既贪财物又贪名位,不死不肯罢休的人物,也就是作者在下文所指出的"日思高其位,大其禄"的官僚。

写完蝜蝂,作者意犹未尽,还运用对照手法,直接把官僚人物拉出来,进行充分揭露,并与小虫一一比照,让其穷形尽相,相形见"丑":如今世人那些贪得无厌的人,见到财物就不肯放过,用来丰厚自己的家产,不知道会成为自己的累赘,只担心财产不够多。等到坏了事栽了跟斗,被贬斥罢官,被流放到边远地方,也算够苦的了。如果再被起用,仍不肯悔改。成天想提升官位,增加俸禄，更加贪取财物，因而面临从高处坠落的危险，看到前人因贪财丧命，也不知引以为戒。虽然他的外形高大魁梧，被称为人，可智慧却和小虫一样，这也实在可悲啊！作者这样写，虽显得有些直露，却十分痛快淋漓，把那些峨冠博带官僚的所作所为，视同一条爬行小虫，可见作者鄙视贪官污吏的愤世嫉俗之情。

柳宗元的人物寓言，讥刺世俗，针砭时弊，都运用完整的故事情节、生动的人物刻画表情达意，文采斐然，堪称讽喻文学的佳作。《罴说》的主人公是一个南方的猎人。他善于用竹管模拟各种野兽的叫声，企图凭侥幸捕获猛兽，结果却被野兽吃掉。作者借这个猎人的故事，讽刺那些不加强自身力量而企图倚仗外力来达到私己目的的人。故事情节并不复杂，却写得波澜起伏，有声有色。作者首先介绍各种野兽之间一物降一物的关系：鹿害怕貙，貙害怕虎、虎害怕罴。通过对比突出"被发人立"的罴最为凶猛，对人危害最大。接下来介绍猎人：他"能吹竹为百兽之音"，以此为猎兽的手段，别无擒龙伏虎的本领。至此，通过人兽之间力量的悬殊对比，造成了悬念，然后在人与兽的"较量"中逐步展开故事情节。猎人进山打猎，用竹管吹出鹿鸣的声音来引诱鹿，等到鹿来了，就拉弓准备射它。貙听到鹿鸣的声音，便快步赶来，猎人害怕，就吹出虎啸的声音来吓唬貙，貙吓跑以后，老虎听到同类声音却跑来了，猎人更加害怕，就又模仿罴的叫声，老虎也吓得逃跑了。罴听到声音来寻找它的同类，跑到跟前才发现是个人，就抓住猎人，把他咬成碎块吃掉了。作者在叙述故事过程中，环环紧扣地描写貙去虎来，虎去罴来的生动情景，渲染出一种险象纷呈的紧张气氛，使故事具有波澜起伏、扣人心弦的艺术效果。与此同时，作者还注意人物刻画，有动态描写也有心理描写。写他进山时，"寂寂"前行，吹出鹿鸣之声以后，"伺其至"，描写出猎人的小心翼翼和专注之情。而当一个比一个更为凶猛的野兽来临时，描写猎人"恐""愈恐"的心理活动，更传神地刻画出猎人临危时惊慌失措、丧魂落魄的情态，犹如一幅漫画，活现出猎人可悲可笑的形象，增加了故事的讽刺意味。

《鞭贾》，是一篇寓言体杂文：

市有鬻鞭者，人问之，其贾宜五十，必曰五万。复之以五十，则伏而笑。以五百，则小怒；五千，则大怒。必五万而后可。

有富者子适市买鞭，出五万，持以夸余。视其首，则拳蹙而不遂；视其握，则蹇仄而不植。其行水者，一去一来不相承。其节朽黑而无文，掐之灭爪，而不得其所穷；举之翲然，若挥虚焉。余曰："子何取于是而不爱五万？"曰："吾爱其黄而泽，且贾者云。"余乃召僮爚汤以濯之，则遫然枯，苍然白，向之黄者栀也，泽者蜡也。富者不悦，然犹持之三年。后出东郊，争道长乐坂下。马相蹸，因大击，鞭折而为五六。马蹶不已，坠于地，伤焉。视其内，则空空然，其理若粪壤，无所赖者。

今之栀其貌，蜡其言，以求贾技于朝者，当其分则善，一误而过其分则喜，当其分则反怒。曰："余曷不至于公卿？"然而至焉者亦良多矣。居无事，虽过三年不害。当其有事，驱之于陈力之列以御乎物，以夫空空之内，粪壤之理，而责其大击之效，恶有不折其用，而获坠伤之患者乎？

这篇文章写了两个人物，一个卖马鞭的人，一个买马鞭的富家子弟。前者是主角，后者是配角，是陪衬。

文章首先描写卖鞭者自以为奇货可居，漫天要价，神气活现。他开价五万，人家还价五十，他笑得弯下腰。还价五百，他就恼怒；还价五千，他就大为愤怒，一定要五万才肯卖。他嘲笑别人说笑话，恼怒别人不识货，以一副装腔作势的神态，说一不二的价格，让不明就里的人相信其货真价实。那么，这种高价的鞭子，质量究竟如何呢？下面就通过一个上当受骗者的活动，步步深入地揭露了这种鞭子的伪劣品质。

有个富家子弟来到集市，居然以五万钱买下一条鞭子，拿着鞭子向作者夸耀，一副洋洋自得的样子。作者看鞭子的稍头，卷曲而不能伸展；看鞭子的把手，歪斜而不直。鞭子流水的沟槽，来去不相衔接。鞭子的结节发黑而没有花纹，指甲一掐竟陷入，还没有掐到底。举起鞭子，轻飘飘的就像什么都没有一样。就问这个富家子弟："你看中了这鞭子是什么，而不爱惜五万钱？"他说："我喜爱它黄色的光泽，而且卖鞭人说这鞭子好。"作者叫僮仆烧热水来洗鞭子，鞭子很快失去光泽，现出灰白的本色，原来先前的黄色是用栀子染的，光泽是用蜡涂的。富家子弟很不高兴，但仍把这条鞭子用了三年。后来他去东郊，与别人在长乐坂下争道，两马互相蹄踢，他就大力抽击，鞭子折断成五六节。马仍旧不停地踢，以至于他跌落在地，受了伤。看鞭子内部空疏无物，纹理如同粪土，完全不可靠。

文中对鞭子的描写细致真切，尽态极妍，既切合鞭子本身的性能，又突出其有名无实、中看不中用的特点。文中的鞭子，实际是代指卖鞭者的品质才能。因此作者比拟讽喻的意图明确，对空空于内的鞭子及其使用后果作淋漓描写，也就把那些欺世盗名的官僚的真面目揭露无遗。在文章的最后，作者就此发表议论，进一步阐明文中的比附之意：

如今那些像用栀子染色一样乔装外貌，用蜡涂抹一样粉饰言辞，企图在朝廷兜售能耐的人，给他适合实际能力的职位就好了。

一旦错误地给他超过实际能力的职位,他就高兴;给他适合实际能力的职位,他反而发怒,说:"我为什么不能做公卿?"可是这种人做到公卿的也很不少。国家太平无事,即使混个三年也无妨。当国家有事时,派他到需要出力的岗位处理事务,就像使用那种内里空疏、纹理如粪土的鞭子,却要求它有大力抽击的功效,哪能不毁掉它,而又招致主人坠地跌伤的祸患呢?

作者借题发挥,批判当权者用人不当,让无能之辈充斥朝廷,指出重用这种无能之辈,那么一旦有事,他却无力应付,国家就会遭受祸殃。警世之言,语重心长,可见其忧国忧民之情。

富家子弟上当受骗,花天价买了条鞭子,最后落得鞭折人伤的下场,固然值得同情,但他虚荣心作怪,借以抬高身价,甘心受骗,当别人告知其所买的鞭子不值五万,他还"不悦",一意自欺欺人,终于落得可怜下场,也实在可叹可悲。这个崇尚名流、愚妄自是的形象,本身也有警世意义。

柳宗元的寓言作品,讽喻现实,含义深远,在幽默之中富有沉郁悲愤的特色。

柳宗元的寓言创作成就涉及诸多方面,他的辞赋、诗歌中,也有一些以寓言为题材的篇章,我们分别在有关部分中再做介绍。

山水游记

林纾说:柳宗元"集中诸文皆佳,而山水记尤为精绝"(《韩柳文研究法·柳文研究法》)。柳宗元的山水游记,的确是他散文创作中具有高度艺术技巧和最富于艺术独创性的一个部分。

我国在晋、宋以后,山水文学才发展起来。那时期在散文方面也出现了一些描写自然山水的作品,但一般都只作山水景物的客观记录,没有什么思想情怀的寄托。唐代到中唐时期,元结开创了写景、抒情、议论相结合的散文写作范例，但他的标志着山水文成熟的作品，仅有《右溪记》一篇。柳宗元在继承前人山水诗文传统的基础上，运用散文形式描绘山川景物之美，借以抒怀写愤，创作出一批富有诗情画意的山水游记，开拓了散文创作反映生活、抒写情志的新天地。从他开始，成熟的山水游记才蔚为大观，从而确立了它在我国文学史上的地位。从他以后，山水游记才成了一种独立的文学体裁。

柳宗元有意识地寻求自然美景，开辟自然美景，欣赏自然美景，寄情自然美景，才写出了反映自然美景、富有诗情画意的山水游记。他曾经说："夫美不自美，因人而彰。兰亭也，不遭右军，则清湍修竹，芜没于空山矣。"（《邕州柳中丞作马退山茅亭记》）他认为美好的景物并非它自身美好而美好，而是因为人使它变得美好。兰亭如果不是遇上王羲之，那么它那儿的清泉、修竹，也就埋没在空山之中了。因此，柳宗元在元和四年（809）接到父亲故交、时任京兆尹的许孟容的来信之后，使他萌发了"复起为人"的希望，就开始了不同往昔的游览山水的活动。他的出游，不再是为了消愁解闷，消磨时日，而是有意地四处寻幽访胜，开辟奇美景观，纵情徜徉于山水之间，将自己融入一种超凡脱俗的诗意境界之中，这样，荒郊野外的平凡山水也就显得千姿百态，美不胜收。他还精心地用清新雅洁的文字记录下除荒显美、探胜游览的过程和自己心灵的感受，形成富有诗情画意的美文。这一年他连续出游探胜，写下四篇游记：《始得西山宴游记》《钴鉧潭记》《钴鉧潭西小丘记》《至小丘西小石潭记》。元和七年（812），柳宗元又一次连续出游探胜，又写下四篇游记：《袁家渴记》《石渠记》《石涧记》《小石城山记》，完成了"永州八记"的创作。元和八年（813），他还专门前往离永州七十里的黄溪探胜，写下《游黄溪记》。以上九篇游记，都是柳宗元精心谋划之作,以其鲜明的文学特色,代表他山水游记创作的最高成就。

柳宗元山水游记的文学特色,在于它浓郁的诗情画意,有着如诗似画的意境。

柳宗元在山水游记中,无论模山范水,还是描写花草树木、飞鸟游鱼,不仅随物赋形,逼真生动,而且出神入化,往往赋予它们一种神韵,一种生命活力,做到肖物传神,形神兼备,就连山岩怪石,也写得活灵活现,栩栩如生。

> 其石之突怒偃蹇,负土而出争为奇状者,殆不可数。其嵚然相累而下者,若牛马之饮于溪;其冲然角列而上者,若熊罴之登于山。

这是《钴鉧潭西小丘记》中描写山丘怪石:有的突起如怒,有的高仰似傲,都顶着泥土向上钻,都争相呈现各种奇形怪状,多得几乎难以尽数。那些高高地耸起互相重叠又倾斜着向下延伸的,宛如牛马探身在溪边饮水;那些昂然突起兽角一般排列向前的,犹如熊罴奋力向山上攀登。作者笔下的奇山奇石,如同雕塑,形神俱在,化静为动,生气勃勃,有着很强的立体感和鲜明的动态性。

柳宗元笔下的山水图景,在景物的组织安排、布置构局上都颇具匠心,做到层次清晰,井然有序。画面上有主景,有次景,有远景,有近景,东西南北,上下左右,历历分明。他在《游黄溪记》中,描写黄神祠附近的景色,就如一轴布局有序的山水画卷。

> 黄溪距州治七十里,由东屯南行六百步,至黄神祠。祠之上两山墙立,丹碧之华叶骈植,与山升降。其缺者为崖峭岩窟,水之中皆小石平布。黄神之上,揭水八十步,至初潭,最奇丽,殆不可状。其略若剖大瓮,侧立千尺,溪水即焉,黛蓄膏渟,来若白虹,沉沉无声。有鱼数百尾,方来会石下。南去

又行百步，至第二潭。石皆巍然，临浚流，若颏颔龂腭。其下大石杂列，可坐饮食。有鸟赤首乌翼，大如鹄，方东向立。自是又南数里，地皆一状，树益壮，石益瘦，水鸣皆锵然。又南一里，至大冥之川，山舒水缓。有土田。

文章先写祠上两山耸立如墙，山上并排长着红花绿叶，随着山势高低起伏。随后，笔锋转至窟洞：没有花草的地方，则是悬崖峭壁和各种洞窟，溪水底部布满了小石子。作者对于黄神祠不做正面描写，而是通过两侧的山与洞，用周围环境的壮观和奇巧的画面来表现，因此显得有力。

文章接着写初潭景致：从黄神祠往上，提起衣裳涉水行走八十步，就到了初潭，这里最为奇特清丽，几乎难于描绘。初潭的形状大致像剖开的大水灌，倾斜而立，有千尺之高，溪水流向这里。青黑色的潭水积聚如膏脂一般凝滞，阳光照耀水面，折射出白虹一样的光晕，潭水深沉寂静无声。只见数百尾鱼正游聚在石块之下。作者对于初潭，先从观赏感受落笔，用一句"殆不可狀"，给读者设置了悬念，引人入胜。接着用一个比喻勾勒潭的全貌，然后从水色、水流、水声对深潭做细致描绘，最后以游鱼悠闲的情态，见潭水之清澈，也见画面之灵动。

文章接着写第二潭景色：再往南走百步，就到了第二水潭。溪石都高大雄壮，下临激流，形状像人的下巴、牙龈、上腭。潭下有大石错杂排列，可以坐在上面饮食。有一只红头、黑翅膀的鸟，大得好像天鹅，面向东方站立着。作者写第二潭，没有写潭水、游鱼，而是写潭中石头、奇鸟。石头一奇一平，亦具妙趣。奇鸟独立其中，更显静中有动，增添画面的生气。随后，描写南方数里之外的茂盛树木、尖峭山石、叮咚水声，又展现一片广阔幽深的平地，山舒水缓之处还有一片农田，使整个画面境界开阔，尺幅之中具有

千里之势,给人以无穷的诗情画意。难怪林纾称道:"黄溪一记,为柳州集中第一得意之笔。"(《韩柳研究法·柳文研究法》)

柳宗元笔下的山水图景,既有合理布局,整体勾勒,也有绘声绘色,细致描摹。他善于把两者结合起来,创造出形象鲜明、有声有色的生动画面。如《小石城山记》描写小石城山的景观。

> 其上为睥睨梁欐之形,其旁出堡坞,有若门焉,窥之正黑。投以小石,洞然有水声,其响之激越,良久乃已。环之可上,望甚远,无土壤而生嘉树美箭,益奇而坚,其疏数偃仰,类智者所施设也。

作者笔下的小石城山,俨然像一座古城堡的遗址:上面有墙垣和屋梁的形状,旁边耸立着城堡,有个洞穴像城门,向内窥探,黑乎乎的。投一块石头进去,隐约可以听见响亮清脆的水声回荡其中,好一阵子才消失。这山中的情景,真令人奇异莫测。紧接着,作者又略加点染,写出了山上的奇异景色:环绕积石可以攀登到城堡的顶上,在那里能够望得很远。堡顶上没有土壤却生长着嘉树美竹,格外显得奇异而坚挺。它们疏密相间,高低俯仰,错落有致,好像是聪明人有意布置的。作者描写古城堡一样的山丘,那幽深奇妙的洞门,那疏密相间、俯仰有致的嘉树美竹,其形貌风神,无不宛然在目,而投石于洞中传出之音响,也不绝于耳。文章通过小石城山的整体勾画和神秘门洞、嘉树美竹的细致描写,就把一派奇异风光有声有色地呈现在我们面前。清人汪基称柳宗元山水游记"摹写情景入化,画家所不到"(《古文喈风新编》评语),诚非虚言。

林纾说:柳宗元山水游记"每一篇必有一篇之主人翁,不能谓其漫记山水也"(《韩柳文研究法·柳文研究法》)。在柳宗元的游记中,所描写的无非是高山小丘、曲溪清潭、幽泉怪石之类,但都各具特色,互不雷同。他写山水,善于捕捉个性化的特征,写出各自独特的风貌。对各篇所描写的对象,都有所选择,有所侧重,突出其特征,并且通过自己的观察所得和心灵感受,形神兼备地展现出来。因此,他笔下的山水,异态纷呈,各不相同。就连一泓潭水,也写出了多种风貌。前面在《游黄溪记》中,我们已经看到"初潭"和"第二潭"的不同面貌。《钴鉧潭记》《至小丘西小石潭记》也写潭水,又是各具风采。前者紧扣"钴鉧"二字,着重写潭的成因,显示大潭的非凡气势。

> 钴鉧潭在西山西,其始盖冉水自南奔注,抵山石,屈折东流,其颠委势峻,荡击益暴,啮其涯,故旁广而中深,毕至石乃止。流沫成轮,然后徐行。其清而平者且十亩余,有树环焉,有泉悬焉。

文章从钴鉧潭的源头写起,着重写冉水冲击山石而成潭的过程:钴鉧潭在西山的西麓,它的起源本是冉水向南面奔流,受山石阻拦,就曲折地向东流,由于上下游落差大水势峻急,激荡撞击愈加猛烈,不断冲蚀岸边,所以钴鉧潭四边宽广而中间深沉,一直冲刷到山石才停止。流水激荡起的水沫形成车轮般的漩涡,然后缓缓下流,潭中清澈平静的水面将近十亩,有树木环绕周围,有泉水从高处垂落。

作者写钴鉧潭,从大处落墨,从它的远处源头写起,冉水曲折奔腾而下,冲击山石,形成广大的水面,突出大潭空旷高爽的特点。在《小石潭记》中描写小石潭,则从小处着笔,写水中游鱼细石,如数家珍,突出小潭玲珑小巧的特点。

柳宗元的山水游记,不仅以卓越的技巧形神兼备地描绘客观景物,而且还常常用寓情于景、情景交融的方法,把自己的主观感情渗透在山水景物的描写当中,创造出一种意与境浑然的诗一般的境界来。林纾指出:"文有诗境,是柳州本色。"(《韩柳文研究法·柳文研究法》）可以说，这是柳宗元对我国山水散文的创造性发展。

柳宗元的游记在对奇山异水的生动描写之中，始终投射了作者自己的思想感情，表现他怀才不遇的感慨和沦落弃置的命运，他的现实感受与人生理想。他的这些思想感情，往往通过景物描写间接、含蓄地表现，是借物态写心态，借自然环境写思想境界，在山水景物中寄寓着作者委曲深长的情思，透露出抑郁不平之气。

《始得西山宴游记》可以说达到了描摹山水与抒情言志完美结合的境界。

> 今年九月二十八日，因坐法华西亭，望西山，始指异之。遂命仆人过湘江，缘染溪，斫榛莽，焚茅茷，穷山之高而止。攀援而登，箕踞而遨，则凡数州之土壤，皆在衽席之下。其高下之势，岈然洼然，若垤若穴，尺寸千里，攒蹙累积，莫得遁隐。萦青缭白，外与天际，四望如一。然后知是山之特出，不与培塿为类，悠悠乎与灏气俱，而莫得其涯，洋洋乎与造物者游，而不知其所穷。引觞满酌，颓然就醉，不知日之入。苍然暮色，自远而至，至无所见，而犹不欲归。心凝形释，与万化冥合。

这是《始西山宴游记》的主体部分。文章先写登山：作者发现西山的奇异，立即命令仆人随同渡过湘江，沿着染溪行进，砍去丛杂的草木，焚烧茂密的茅草，一直爬到山的最高处。这种披荆斩棘，攀援登高、探访胜景的果敢行动，表现了作者对自然美的执着追求，也反映他力图摆脱精神困境的强烈愿望。

文章接着写山头临眺，叙写他在西山顶上居高临下、极目远望的观感。先总写一笔：附近几个州的大地，都呈现在坐席之下。可见所见之广阔，西山之高峻也就不言而喻。以下则由近及远，具体描写在这广阔视野里所见到的景象：它们高高低低的地势，空阔深远、低洼凹陷,有的像蚁封,有的像洞穴。千里之遥而只尺寸大小,全部聚集收拢在一起,丝毫不能隐藏。青山白水萦回缭绕,外与天边相接,四面望去浑然一体。这些都是写望中所见,对西山本身不着一字,然而众星拱月,句句都为突出西山的高峻,所以下边接着总结一笔:"然后知是山之特出,不与培塿为类。"也就是说,它拔地倚天,横空出世,卓然出众,与小丘不能等量齐观。所以由山顶举目四望的作者,此刻觉得广远无边仿佛和大气混同,不知何处是边际;飘忽不定似乎与天帝同游,不知哪里是终极。这种主宾俱化、物我两忘的境界,既是对西山特有景色的描摹,也是对自己内心世界的抒写。山引发了人的胸襟,人也认识了山的精神,时空合一,情景相融,西山的超尘拔俗,卓立不群,正是作者高尚人格和人生理想的体现。

　　文章最后写山头宴饮,略去了过程,只写自己醉倒的情景。他沉醉于西山苍茫的境界之中,连太阳落山,暮色临近也不知道,感到自己心神凝结形体消解,与天地万物融为一体,达到了物我契合无间的境界。初一看去,他似乎是心旷神怡,飘飘欲仙,其实这不过是对日常困境的暂时解脱,偶尔遗忘。因为有平日拘囚般的苦闷难熬,才会有今天的纵情西山留连不归啊!如果我们与篇首"自余为僇人,居是州,恒惴栗"的叙写联系起来看,就不难发现上述超然境界的背后,仍是一片令人惊恐惴栗的气氛。

　　柳宗元的山水游记富有诗情画意,其中《至小丘西小石潭记》在这方面尤其突出,历来为人称道,是"永州八记"最著名的一篇。

　　　　从小丘西行百二十步,隔篁竹,闻水声,如鸣佩环,心乐之。伐竹取道,下见小潭,水尤清冽。全石以为底,近岸卷石底以出,为坻为屿,为嵁为岩。青树翠蔓,蒙络摇缀,参差披拂。潭中鱼可百许头，皆若空游无所依，日光下澈，影布石上，怡然不动，俶尔远逝，往来翕忽，似与游者相乐。潭西南而望，斗折蛇行，明灭可见。其岸势犬牙差互，不可知其源。坐潭上，四面竹树环合，寂寥无人，凄神寒骨，悄怆幽邃。以其境过清，不可久居，乃记之而去。

文章开头先叙写发现小潭的经过：从小丘西行，听到竹林边传来如鸣佩环的清脆水声，引起喜悦之情，欲寻声而往，一探究竟，但为丛竹所隔，无路可通，便下决心伐竹取道，终于发现了一个小水潭，潭水特别清凉。作者这样写，让人未见其形，先闻其声，不仅可以引人入胜，而且为后面记叙小潭做好了环境的铺垫，布设了清幽的氛围。

文章描写小石潭，紧扣着一个"清"字，做多视角的展开。先写潭中石头，全石以为底，一目了然。靠近岸边的石头向上翻卷露出水面，呈现千姿百态，有的像水中高地，有的像小岛屿，有的凹凸不平，有的高耸陡立。这样既为石潭取名做了诠释，又突出了潭水的清冽。潭上绿树也都附石而生，藤蔓顺石缠绕，长短不一的枝条随风飘荡，摇曳多姿，也很有特色。接着，作者集中笔墨描写潭中游鱼：潭中的鱼有一百来条，都像是悬游在空中无凭无依。日光向下透射，鱼儿的影子分布在石底上，呆痴痴地一动不动，突然又游向远处，往来十分迅疾，好像在与游人逗乐。作者体物精细入微，把潭中的游鱼写得穷形尽相，活灵活现。既然潭中游鱼的活动都历历可见，那么潭水的清澈见底，自然也是不言而喻了。

石潭的水源来自一条小溪。作者欣赏石潭奇景之后，站在潭边向西南望去，有条小溪曲折蜿蜒而下，或隐或显约略可见。溪水两岸地势犬牙交错，无法知道它的源头。文章写远景半藏半露，饶有画意。望潭源而不可知其源，又富有诗情。

文章最后写作者在潭边坐下来,环顾四周,只见竹树环绕,寂静无声,中间空无人迹。景随时迁,触景生情,此刻清幽寂寞的自然环境,顿时触动了他谪居荒州孤寂清冷的心境,二者交相作用,一种凄清悲怆之情油然而生,使他感到凄神寒骨,不可久居。"环境是那样的幽静深邃,气氛是那样的寂寞冷清,以至于使他感到心神凄凉,寒气透骨,因而不得不匆匆离去。景色的变化是由于感情发生了变化,而这种变化了的感情,作者不是把它直接吐露给读者,而是把它融合在景色的描绘当中,创造出一种情景交融的意境,通过这个意境把他悲怆哀怨的感情传达给读者。"(高海夫著《柳宗元散说》,第161-162页)

柳宗元倾心创作的山水游记,富有鲜明的个性特征。诚如有的学者所言:"柳宗元的游记在对奇山异水的生动描摹中,始终都投射着作者自己的影子,不仅写出了山水美、自然美,而且刻画出了作者自己的人格美、思想美。大自然的奇观胜景和作者的丰富感情和谐一致,作为客体的山水和作为主体的作者高度统一,这是柳宗元对游记作品的杰出创造。"(吴小林著《柳宗元散文艺术》,第131-132页)

"柳宗元的短短的山水记,每一篇都是艺术上的发现,特别是在人与自然的关系和自然美的表现上,更有重大的突破,因而也就取得了不朽的艺术价值。从柳宗元开始,中国散文史上才确立了具有独立艺术价值的山水游记体裁。"(孙昌武著《唐代古文运动通论》,第190页)

传记文

柳宗元的传记文,包括杂传、行状、碑传三类,其中具有文学价值的传记文,十四五篇。他写的杂传,以明道言志为宗旨,从中唐的社会现实出发，忧国忧民，针砭时弊，宣扬自己的政治主张，因而总是带有强烈的现实性和思想性。他往往通过一个人物故事，反映一个社会问题，阐发一个政治主张。因而一些足以反映社会现实问题的下层小人物，成了传记文的传主。如《梓人传》描写一个善于统率众匠而不亲小劳的"都料匠"，然后引申到宰相治国的道理上，提出了知人善任、改革吏治的理想。《种树郭橐驼传》描写郭橐驼种树得法，能"顺木之天以致其性"，通过对他这种种植树木经验的记叙，阐明了治国养民的方法，提出了与民休养生息的主张。他写的《捕蛇者说》，名为"说"，实为"传"。文章通过捕蛇者蒋氏的遭际，深刻地反映了赋税毒于蛇的残酷现实，以期引起观民风者的注意。《童区寄传》歌颂少年区寄机智反抗豪贼的英勇行为，反映了掠卖人口的社会问题。这一类传记文，真正成了他推行改革、救世济民的舆论工具。

　　从上可见，柳宗元杂传中的人物画廊，主要是一群在现实社会中被污辱、被损害的下层人物，他们中有牧童、种树者、捕蛇者、木匠、药商等。作者颂扬了他们的聪明才智和优良品德，也描写了他们的不幸遭遇和可悲命运，借以表达自己的思想愿望和爱憎感情。这样一群处于社会底层的劳动者成为文人笔下传记的主人翁，这在中国传记文学史上不能不说是一个突破性的进展。回顾历史，司马迁的《史记》已使商贾、卜者、游侠、刺客等下层人物进入史传行列，还把秦末农民起义首领陈涉列入世家，反映了作者进步的历史观。柳宗元直接继承这一优良传统，并把描写对象从历史转向现实，把更多的目光投射到下层人物身上，发掘他们身上的智慧美德。反映他们的遭际命运，把一群真正的城乡劳动者作为传记文学的主人，这是柳宗元的一个独特贡献。

　　《童区寄传》就是此类传记文的名篇之一。

柳先生曰：越人少恩，生男女必货视之。自毁齿已上，父兄鬻卖，以觊其利。不足，则盗取他室，束缚钳梏之。至有须鬣者，力不胜，皆屈为僮。当道相贼杀以为俗。幸得壮大，则缚取么弱者。汉官因以为己利，苟得僮，恣所为，不问，以是越中户口滋耗。少得自脱，惟童区寄以十一岁胜，斯亦奇矣。桂部从事杜周士为余言之。

童区者，柳州荛牧儿也，行牧且荛，二豪贼劫持反接，布囊其口，去逾四十里之墟所卖之。寄伪儿啼恐栗，为儿恒状。贼易之，对饮酒，醉。一人去为市，一人卧，植刃道上。童微伺其睡，以缚背刃，力上下，得绝，因取刃杀之。逃未及远，市者还，得童，大骇，将杀童，遽曰："为两郎僮，孰若为一郎僮耶？彼不我恩也。郎诚见完与恩，无所不可。"市者良久计曰："与其杀是僮，孰若卖之？与其卖而分，孰若吾得专焉？幸而杀彼，甚善。"即藏其尸，持童抵主人所，愈束缚牢甚。夜半，童自转，以缚即炉火，烧绝之，虽疮手勿惮。复取刃杀市者。因大号，一墟皆惊。童曰："我区氏儿也，不当为僮。贼二人得我，我幸皆杀之矣，愿以闻于官。"墟吏白州，州白大府。大府召视，儿幼愿耳，刺史颜证奇之，留为小吏，不肯。与衣裳，吏护还之乡。乡之行劫缚者侧目，莫敢过其门，皆曰："是儿少秦武阳二岁，而讨杀二豪，岂可近耶？"

文章首段交代背景，记叙区寄所生活的社会环境：越地人缺乏恩爱，生下儿女一定把他们当货物一样看待。七八岁以后，父兄就把他们出卖以谋取钱财。如果不满足，就强抢别人家的儿女，把他们捆绑锁铐起来卖掉。甚至已长了胡须的人，由于力量敌不过，都被迫去当奴仆。在大路上互相抢掠残杀已成习俗。侥幸能够长大成人，就去绑架年幼体弱的人。汉族官吏就借助这类事情为自己谋利,只要能得到奴仆,就放任不加过问,因此越地的户籍人口日益减少。被绑架的人很少能够自己逃脱,只有十一岁的儿童区寄成功了,这也很出奇。桂管观察使从事杜周士给我讲了这个故事。作者指明越地劫掠贩卖儿童现象十分普遍,官吏不设法制止,反而借此谋利,因此造成户籍人口减少,受害者甚多。唯有十一岁的区寄被绑架后能够成功脱险,"斯亦奇矣"。点出一个"奇"字,引出传记的主体部分,具体叙写区寄的非凡奇迹。

  传记先写区寄遭强盗绑架的际遇:小童区寄是柳州一个打柴放牧的孩子。一天他正在边放牧边打柴,两个强盗绑架了他,双手被反绑起来,用布口袋塞住他的嘴巴,抓到四十里外的集市去卖。看来,这个十一岁的孩子绝难逃出魔掌了。然而,就在这惊险万状之时,区寄出人意料,显出他的奇招:区寄假装小孩一样啼哭,做出小孩那种怕得发抖的样子。强盗因此轻视他,以为胜算在握,两人开怀饮酒,喝醉了。一人去找买主交易,一人睡倒,把刀插在路上。区寄悄悄地观察到他已睡熟,便把捆绑的绳子背对着刀刃,用力上下磨擦,割断绳,就拿起刀子把强盗杀了。然而一波才平,一波又起,区寄面临着新的危险:他逃跑还没多远,去找卖主的强盗回来了,大为惊骇,要杀死他。他急中生智,抓住敌人唯利是图的心理,晓之以利害:"做两个主子的奴仆,哪里比得上做一个主子的奴仆呢?他待我太不好了,你如果能保全我的性命并待我好,你怎么办都可以。"那强盗盘算了很久,心想:"与其杀掉这孩子,还不如卖掉他。与其卖了钱两人分,不如我一人独得。幸亏这孩子杀了他,太好了。"就把被杀强盗的尸体掩藏起来,押着区寄到了旅店,把区寄捆绑得更牢固。这一回,区寄的处境更加困难,但并没难倒他。他又想出了办法,杀掉这个敌人:到了半夜,区寄转过身子,把捆绑的绳子凑近炉火烧断,即使烧伤手也不怕。他又取刀子杀了那个强盗。这一回他没有逃跑，而是大声喊叫，整个集市都被惊动了。区寄说："我是区家的孩子，不应当做奴仆。两个强盗劫持了我，我幸而把他们杀了。希望把这件事报告官府。"文章通过区寄与两个强盗几个回合的较量，奇事迭出，一个勇于斗争、善于斗争、机智勇敢的少年英雄形象，便清晰地凸显了出来。文章结尾写区寄杀敌之后的反响，刺史留之为小吏而不肯，给几件衣裳，护送他还乡。这里面，有褒也有贬，引人深思。贫寒的区寄不要名利，更显得"奇矣"，而地方官府对区寄个人予以安抚了事，对贩卖人口的社会问题却依然"不问"，作者的褒贬之意自在不言之中，也堪称"奇笔"。孙琮称道此文："事奇，人奇，文奇。叙来简捷明快，在柳州集中又是一种笔墨，即语史法，得龙门之神。"（《山晓阁唐大家柳柳州全集》卷四）

柳宗元的杂传体散文，短小犀利，寓情理于人物故事之中，具有鲜明的讽喻色彩，不仅现实性和思想性比较强，而且艺术上也不乏力作。如《童区寄传》《捕蛇者说》等，人物形象鲜明，细节生动，情理兼备，文字峻洁，跻身于优秀传记文学之林而毫不逊色。这些作品，继承发展了司马迁以传言志明道的优良传统，扭转了六朝以来传记文（尤其是碑传文）曲意歌功颂德的夸饰之风，提高了杂传的思想艺术质量，为我国传记文学开拓了新生面。韩愈、柳宗元以后，在宋、元、明、清各代不断有人创作，形成了我国传记文学的一个分支。

柳宗元的《段太尉逸事状》，与上述杂传体作品有所不同，它沿袭史传文学以写实为主的传统。"行状"这种文体，是用来记述死者的生平事迹，以供撰写史书传记参考的，因此要求高度的真实性。柳宗元写《段太尉逸事状》，是经过二十多年的调查访问，所写的事实十分确凿，完全可以传信。但他又不是罗列事实，记流水账，而是经过严格的选择提炼，去粗取精，从中挑选最有代表性的三件逸事来写，突出表现段秀实刚正不阿的品德，仁政爱民的胸怀和廉洁奉公的作风，从而有血有肉地塑造一个亘古以来少有的清正官吏的形象。作品以生动的客观描述，再现历史画面，不露声色地表现作者的是非爱憎，寓思想性于形象性之中，体现了我国传统史传文学的当行本色。

柳宗元的传记散文中，还有为数不少的碑传文，然大多为应酬之作，只有《南府君睢阳庙碑》《衡州刺史东平吕君诔》《志从父弟宗直殡》等少数几篇，具有思想新意和文学色彩。《南府君睢阳庙碑》记叙南霁云在平定安史之乱中的历史功绩，着重描写他与张巡、许远孤守睢阳、宁死不屈的英雄气概，形象鲜明，细节生动，文章叙议结合，爱憎分明，读来令人感慨万千。《衡州刺史东平吕君诔》，一开始就以亲身见闻，叙写吕东平卒后道、衡两州百姓哀哭逾月的情景，有一股先声夺人、引人入胜的力量。《志从父弟宗直殡》，叙写宗直的为人及其命运，情意兼胜，字里行间渗透了作者自己沦落不遇的身世之感，读起来令人感到格外亲切动人。柳宗元在碑传文方面的成就虽不及同时代的韩愈，但这些熔叙事、抒情、议论于一炉的佳作，一扫六朝以来碑传文以歌功颂德为能事的虚浮夸饰的文风，提高了文章的思想性和文学性，为中唐碑传文的发展做出自己应有的贡献，也有着不可忽视的价值。

辞　赋

柳宗元的辞赋创作，成就突出，历来被誉为有唐一代首屈一指的人物。宋人严羽说："唐人惟柳子厚深得骚学，退之、李观皆不及。"（《沧浪诗话·诗辩》）明人王文禄说："柳赋，唐之冠也。"（《文脉》卷二）近代林纾说："柳州诸赋，摹楚声，亲骚体，为唐人巨擘","大非有唐诸人所及"(《韩柳文研究法·柳文研究法》)。这些评论并非过誉。柳宗元所写的"九赋""十骚",即九篇赋、十篇骚体文,的确是唐代辞赋体文学中最为优秀的作品。

柳宗元的辞赋创作,首要的功绩是复兴了辞赋的"屈骚"精神。屈原是战国时期伟大的爱国主义诗人,被后代视为"词赋之宗"(《文心雕龙·辨骚》)。他的《离骚》《九章》等作品,抒写了追求政治改革的进步理想,忧国忧民的真挚感情,百折不回的斗争精神。"长太息以掩涕兮,哀民生之多艰","余心之所善兮,虽九死其犹未悔","虽体解吾犹未变兮,岂余心之可惩"等诗句,彰显出一个上下求索、九死未悔的伟大人格。"屈原既死之后,楚有宋玉、唐勒、景差之徒者,皆好辞而以赋见称。然皆祖屈原之从容辞令,终莫敢直谏。"(司马迁《史记》卷八四《屈原贾生列传》)汉代以后辞赋大盛,叙事大赋、抒情小赋,铺天盖地,真正传承"屈骚"精神的也很少。柳宗元怀着政治改革理想参加永贞革新,失败后被贬斥永州。他在前往永州途中,专门到汨罗江边凭吊屈原,写了《吊屈原文》,表达自己追随前贤的决心:"穷与达固不渝兮,夫唯服道以守义。"表示要像屈原一样,无论得志与否都不改变自己的意志,始终坚守自己的道义和主张。他到永州之后,"投迹山水地,放情咏《离骚》"(《游南亭夜还叙志七十韵》),表明自己与屈原有着同样的经历,要步前贤的后尘,写作具有《离骚》精神的作品,抒写自己的身世遭遇和思想情怀。他的辞赋创作,践行了自己的诺言。

他的抒情短赋《惩咎赋》《闵生赋》《梦归赋》《囚山赋》等,无论是在内容上还是在形式上,都明显地借鉴了屈原《九章》的传统。它们感慨现实的不平,抒写内心的忧愤,表述坚定不移的理想,都呈现出沉郁愤激的特色,深得骚人之旨趣。例如《闵生赋》

抒写遭弃的愤懑和忧怨,却能从自己的困厄处境,透视出当时社会的黑暗现实。

  闵吾生之险陁兮,纷丧志以逢尤。……为与世而斥谬兮,固离披以颠陨。骐骥之弃辱兮,驽骀以为骋。玄虬蹴泥兮,畏避蛙黾。行不容之峥嵘兮,质魁垒而无所隐。鳞介槁以横陆兮,鸥啸群而厉吻。心沉抑以不舒兮,形低摧而自愍。肆余目于湘流兮,望九疑之垠垠。波淫溢以不返兮,苍梧郁其蚩云。重华幽而野死兮,世莫得其伪真。屈子之悁微兮,抗危辞以赴渊。古固有此极愤兮,矧吾生之薮艰。列往则以考己兮,指斗极以自陈。

作者从自己的遭际出发,由此及彼,揭露了是非颠倒、黑白混淆的社会现实:我哀悯自己人生的遭遇坎坷,志向不能实现反而遭受罪名。想要为这个世界指斥谬误,最终遭到失败也是理所当然。骐骥一类骏马遭受侮辱,顽劣的马却能到处驰骋。虬龙跌在污泥之中,连虾蟆也害怕逃避。峥嵘的高大形象不被容纳,雄伟的志士连隐居之地也没有。水中的鱼龙枯槁在陆地上,鸥鹩成群地呼叫着前来撕咬。心情沉郁而难以舒展,我只好低眉折腰独自悲伤。接着,作者以古例今,陈述自己的不幸遭遇:我放眼观看湘水上的景象,遥望那连绵高大的九嶷山。清波流淌而不复返,苍梧山上笼罩着流云。虞舜当年死在旷野之中,人们也不知道他的真伪。屈原忧郁而愤懑,写下辞赋投渊自沉。从古以来就有这种极度愤慨之事,我所遇到的艰难也就不在话下。罗列古往的故事看待自身的情况,我面向天上北斗星陈诉衷情。

作者陈情、议事,多用《离骚》《九章》中的表现方法,忽而比拟、夸张,忽而心驰千古,以古例今,却又不是刻板模拟,而是因为感情激荡,水到渠成;由于心灵相通,涉笔同趣。作者在该赋的结尾说:"虑吾生之莫保兮,忝代德之元醇。孰眇躯之敢爱兮,窃有继乎古先。"在《惩咎赋》中亦说:"苟余齿之有惩兮,蹈前烈而不颇。"他表示要以古代先哲为榜样,为坚守理想而献身,更是屈原九死不悔的精神的一种赓续。

柳宗元的《牛赋》,是一篇托物言志的佳作。

> 若知牛乎?牛之为物,魁形巨首。垂耳抱角,毛革疏厚。牟然而鸣,黄钟满脰。抵触隆曦,日耕百亩。往来修直,植乃禾黍。自种自敛,服箱以走。输入官仓,己不适口。富穷饱饥,功用不有。陷泥蹶块,常在草野。人不惭愧,利满天下。皮角见用,肩尻莫保。或穿缄縢。或实俎豆。由是观之,物无逾者。不如羸驴,服逐驽马。曲意随势,不择处所。不耕不驾,藿菽自与。腾踏康庄,出入轻举。喜则齐鼻,怒则奋踯。当道长鸣,闻者惊辟。善识门户,终身不惕。牛虽有功,于己何益?命有好丑,非若能力。慎勿怨尤,以受多福。

这篇赋,紧紧抓住牛的特征,形神兼备地描绘了牛的形象,情真意切地颂扬了牛的精神。首先勾画牛的外形:魁梧的身躯,巨大的头颅,两耳下垂,两角如抱,毛发稀疏,皮肤厚实。哞哞的鸣叫,喉咙里发出黄钟般洪亮的声音。作者着墨不多,却已绘声绘色,形容如画。接下来描写牛的辛勤劳作:它冒着烈日,每日耕种大量土地,往来翻出的沟垄又长又直,在上面种植各种庄稼。它自己耕种自己收割,拉着车辆搬运粮食,把一车车粮食送进官仓,自己却得不到吃粮的口福。接着,作者夹叙夹议写牛的劳动贡献,突出牛的高贵品德:它使穷者富,饥者饱,自己却不要半点功劳。它整日在泥田里滚打,常年在荒野上忙碌,从不计较人们的态度,只是为了利满天下。即使死了以后,皮角骨肉都为人们所利用。它或者被绳索笼络听从使唤,或者用来填充祭祀的礼器。生前死后,都可以说达到了完全彻底奉献自我的地步。写到这里，作者情不自禁地赞叹：由此看来，没有什么动物能超过牛的贡献。对于牛的无私奉献的品德，给予极高的评价。作者所赋之牛，既是自喻，兼喻永贞革新集团中的人物。

赋的后一半，作者笔锋一转，描写另类瘦驴的嘴脸与行径：它顺从地追随劣马，挖空心思，趋炎附势，什么地方都去投靠。它不用耕田，也不驾车，却自有好饲料给他吃。它自由地奔跑在康庄大道上，随意进进出出。高兴时扬鼻吐气，恼怒时奋力蹬蹄。站在大路上昂头嘶鸣，听到的人都吓得躲避。因为它善于钻营，投靠豪门，所以一辈子都不用担惊受怕。这一切与牛的遭际命运形成了鲜明的对照。牛不得其所，而瘦驴反得其所，意在讽刺世道昏昧，贤能之人没有好结果，而曲意附势者反得人善待。

赋的结尾六句说：牛虽然对人有功劳，但带给自身什么好处呢？命运有好有坏，并不与你的能力相关。千万不要埋怨责怪，这样才能承受上天赐予的诸多福运。这些话，看似消沉，实则正话反说，是对现实的辛辣讽刺，也恰切地体现了柳宗元无力回天的忧愤情绪。

这篇赋，继承了屈原《橘颂》开拓的辞赋咏物以写志的传统，又具有自己新的特点。它在托物言志、抒写感愤的同时，又带有托物寓意、讽喻现实的意义。赋中有了牛与瘦驴两种形象的对比，相互衬托，不仅使牛的形象显得更加魁伟，更加高尚，收到了相反相成的效果，而且还以牛和瘦驴两种不同的遭遇，讽刺了良莠不分、忠奸莫辨的黑暗现实。

《牛赋》的可贵之处，不仅在于思想意蕴的光华，而且还在于艺术表现上的成功。赋注重形象描绘，它对牛和瘦驴的形象刻画，在于体物察微，抓住动物的特征，绘声绘色，做到了形神兼备的地步。如描写牛的形象,用"垂耳抱角"四字,即勾画出南方水牛两角如抱的特征;写牛的耕作劳苦,用"陷泥蹶块"一句,即描绘出水牛耕田时陷入泥淖、时而跌倒在地的情状。而写瘦驴,则用"喜则齐鼻,怒则奋踯。当道长鸣,闻者惊辟"几句,就勾画出它横行无忌、自鸣得意的神情意态,历历如在目前。在体物寓言方面,亦水到渠成,意象浑然一体,作者的褒贬和寄托都体现在水牛和瘦驴的形象刻画之中,丝毫没有牵强附会的感觉。柳宗元创造的两个栩栩如生的艺术形象,已经超越作者的寓意范围,成为社会上两种典型人物的写照,两种对立人生观的代表,具有恒久的生命力,至今仍可以给人们有益的启迪。

把俳谐讽刺的艺术手段引进辞赋写作之中,熔寓言与辞赋于一炉,形成一种讽刺性辞赋,创造类似喜剧的艺术形象,体物寓言,讽喻现实,这可以说是柳宗元对于传统辞赋的一种开拓创新。

柳宗元的骚体文《骂尸虫文》《憎王孙文》《宥蝮蛇文》等,都是托物赋文,因物寓意之作,它们所描写的尸虫、王孙、蝮蛇这些形象,都是深有托讽、别具寓意的。作者借这些可憎可笑的形象,针砭社会痼疾,鞭挞官场丑类,都有着强烈的讽刺色彩。林纾认为:《宥蝮蛇文》,"在三篇中为第一"(《韩柳文研究法·柳文研究法》)。那么,我们就来看看此文好在何处?"宥",是宽恕的意思。蝮蛇,是一种毒蛇,有人万一被它咬伤,除了立即割去疮肉之外,唯有死路一条。对于这样的毒蛇,柳宗元为何要宽恕它呢?晁无咎早就指出:"《离骚》以虬龙鸾凤托君子,以恶禽臭物指谗佞。王孙、尸虫、蝮蛇,小人谗佞之类也。其憎之也,骂之也,投畀有北之意也。其宥之也,以远小人不恶而严之意也。盖《离骚》备此意,而宗元放之焉。"(《韩醇〈诂训唐柳先生文集〉卷一八引》)储欣也说过:"先生骚文,命题便妙,曰骂、曰斩、曰宥、曰憎、曰逐,皆为贼贤害能之小人发也。然则宥愈乎曰:'先生欲自持其身,无逢其害,故悲而宥之。'读是文,觉与其受宥无宁受骂、受逐、受憎,犹为愈乎尔。"(《河东先生全集录》卷三)可见,柳宗元所谓的"宥",是不值得与这种东西计较的意思,其鄙视程度绝不比"骂""憎"来得轻。赋的正文说:

吾悲夫天形汝躯,绝翼去足,无以自扶,曲脊屈肋,惟行之纤。日兼蜂虿,色混泥涂,其颈麎恶,其腹次且,褰鼻钩牙,穴出榛居,蓄怒而蟠,衔毒而趋。志蕲害物,阴妒潜狙。汝之禀受若是,虽欲为龟为螾,焉可得已?凡汝之为恶,非乐乎此,缘形役性,不可自止。草摇风动,百毒齐起,首拳脊努,呻舌摇尾。不逞其凶,若病乎己。世皆寒心,我独悲尔。吾将薙吾庭,葺吾楹,窒吾垣,严吾扃,俾奥草不植,而穴隙不萌。与汝异途,不相交争。虽汝之恶,焉得而行?

嘻,造物者胡甚不仁,而巧成汝质!既禀乎此,能无危物,贼害无辜,惟汝之实。阴阳为戾,假汝忿疾,余胡汝尤,是戮是挟。宥汝于野,自求终吉。彼樵坚持芰,农夫执耒,不幸而遇,将除其害,余力一挥,应手縻碎。我虽汝活,其惠实大,他人异心,谁释汝罪?形既不化,中焉能悔,呜呼悲乎,汝必死乎,毒而不知,反讼其内。今虽宽焉,后则谁赉?阴阳尔,造化尔,道乌乎在?可不悲欤!

此赋前段,首先描写蝮蛇的形状及其喷毒的情景:我悲叹上天赋予你这样的躯体形状,无翅无足,没有自我扶持的东西,弯曲身体,只能缓慢地爬行。眼睛像蜂虿一样,皮色同泥土一般,你的脖颈缩软,你的腹部趑趄。你的鼻如褰牙似钩,居住在榛丛洞穴之中,蓄满怒火盘作一团,含着毒汁奋力向前。你的心志就是毒害外物,阴险狡诈,暗中害人。你的本性就是这样,即使想做虾蟆想做蚯蚓，又怎么可能？凡是你作恶的时候，并不是你乐意作恶，是出于你的形体和你的本性，不可能自我控制。一旦风吹草动，百毒骤起，你就昂头动身，吐舌摇尾。如果不逞凶施恶，就会使自己处于不利地位。作者就这样通过铺叙手法，把蝮蛇的外形和本性描绘得活灵活现，宛然在目。以此影射官场上阴毒残忍、肆意害人的家伙，收到了针砭入骨的讽刺效果。接着，作者表示对这种人要远离避害：世人都对你感到寒心，唯独我可怜你的处境。我将打扫我的庭院，修整我的房柱，堵塞我的墙垣，密封我的窗户，使深草不长，空隙不留。这样我同你就互不相干，不会彼此相争，即使你很凶恶，又哪里能得逞呢？

赋的后段，叙写蝮蛇的可悲下场，表达作者冷嘲热讽的态度：嘻，造物主为什么这样不仁慈，造就你这样的品性！既然秉承了这样的品性，怎能不危害外物，贼害无辜之人，这是你行凶的事实。阴阳元气变得乖戾，供你来发泄怒气，我怎么会把你视为罪魁祸首，鞭打你杀死你。我宽恕你放归野外，让你自寻安全处所。那樵夫拿着斧，农夫拿着耒，不巧遇上了你，要除掉他的敌人，用力一挥手中的工具，你就会应声粉身碎骨。我虽然使你活下来，这恩惠实在很大，可其他人跟我想法不同，谁肯饶恕你的罪过？你外形既然没有改变，心中怎么能够改悔，真是可悲啊，你必然要死了。毒害人却不自知，反而诉讼于内心，要别人宽恕你。现在我虽然宽恕了你，以后谁来放过你？阴阳啊，造化啊，你们的正道在哪里？怎能不让人悲叹啊！

作者认为，蝮蛇品性凶恶贼害无辜之人，固然可恶，而造就这种怪物的造物者，岂可宽恕？可见其讽喻之意，自有一箭双雕之妙。有的学者认为蝮蛇是讽喻当时为非作歹的宦官，那么宠幸宦官者为何人，自然就不言而喻了。作者呼唤造化之正道，也就顺理成章了。

"柳宗元的讽刺性辞赋,熔辞赋铺采摛文、体物精妙的长处与杂文、寓言讽谕寄托、别有深意的特点于一炉,给人以既穷形尽相、淋漓酣畅,又藏锋敛锷、含蓄蕴藉的感觉,显示出一种智慧的光芒,一种冷峻犀利的格调,是我国辞赋史上独具一格的奇葩。"(吴小林著《柳宗元散文艺术》,第159页)

诗　歌

柳宗元也是一位优秀的诗人,现存诗一百六十多首,虽然数量不多,但艺术上却达到了相当高的程度,创造出一种独特的风格,卓然成家,多有传世佳作,也就树立了他在我国诗歌发展史上的突出地位,因而受到后人推崇。魏庆之《诗人玉屑》引《室中语》说:"人生作诗不必多,只要传远。如柳子厚,能几首诗?万世不能磨灭。"苏轼说:"李、杜之后,诗人继作,虽间有远韵,而才不逮意。独韦应物、柳宗元发纤秾于简古,寄至味于淡泊,非余子所及也。"(《苏轼文集》卷六十七《书黄子思诗集后》)可见宋代以来人们对柳宗元诗歌的评价之高。

在中唐诗坛,柳宗元的诗既不同于韩愈、孟郊,也不同于元稹、白居易,而是承接韦应物的简淡之风,因而有"韦柳"之称。但韦、柳的诗亦有个性特色,方回说:"柳柳州诗精绝工致,古体尤高。世言韦、柳,韦诗淡而缓,柳诗峭而劲。"(《瀛奎律髓》卷四)当是确评。

柳宗元诗歌虽然数量不多,但体裁和题材还是比较广泛。他的诗作可分为叙事诗、寓言诗、咏史诗和抒情诗四类,以抒情诗最有特色。

柳宗元的叙事诗大都缘事而发,反映现实,歌咏时事。如《田家三首》,描写几个富有典型意义的农村生活画面,反映了中唐时期赋税繁重,胥吏横行,农村凋敝的情况。作者以白描手法径直写来,细节生动,风格质朴自然。其中第二首写得最好。

> 篱落隔烟火,农谈四邻夕。庭际秋虫鸣,疏麻方寂历。蚕丝尽输税,机杼空倚壁。里胥夜经过,鸡黍事筵席。各言官长峻,文字多督责。东乡后租期,在穀陷泥泽。公门少推恕,鞭扑恣狼藉。努力慎经营,肌肤真可惜。迎新在此岁,唯恐踵前迹。

这首诗反映当时农民在横征暴敛下的痛苦遭遇,选取里胥夜过村庄的一幕来演绎。开头六句描写背景,傍晚时分,农民在院落里闲谈,气氛安闲宁静,而回到屋内,心情即不平静:春天辛劳缫成的蚕丝都交了租税,只见那空无所有的织布机斜靠着板壁,气氛从安闲宁静转为沉重失落。此时波澜顿起,几个里胥突然闯进村里来,家中虽然贫穷,也不得不杀鸡备饭,小心伺候。里胥们吃饱喝足之后,开始训话,劝诫中包含着警告和威胁。先说上头长官十分严厉,催税的文书督责很紧。接着举了一个实例来证明:东乡的农民由于车轮陷在泥里稍稍耽误了交税的期限,官家不问情由而稍加宽恕,就棍棒齐下打得他们皮开肉绽,东倒西歪。然后借此劝诫在场农民:你们要及早努力,准备好缴纳秋税,否则被打得体无完肤,实在可惜。这一段话,巧妙地借里胥之口揭示出官吏的凶残横暴,同时也显示出里胥的伪善嘴脸。诗的最后两句,描写农民听了里胥的一番训话后的心理活动:眼看新谷又将登场,秋季赋税就要开征,唯恐重蹈东乡农民的悲惨遭遇,心里不免忧惧万分。短短两句话,农民不堪重税盘剥的忧惧心态自见,令人回味。整首诗,如同一出有声有色的短剧,情节集中紧凑,人物神态毕现,"里胥恐吓田家之言,如闻其声"(沈德潜《重订唐诗别裁集》卷四)。前人评论柳宗元此类诗颇有陶渊明风味,其实柳诗除了貌似陶诗的平淡、自然之外,在朴素的田园风情中多了一份凝重,其内涵也就更加丰富。

柳宗元的寓言诗大多以禽鸟动物、神话传说自况个人的境遇,寄托自己的情志。《跂乌词》写跛足的乌鸦,《放鹧鸪词》写被捕捉的鹧鸪,《笼鹰词》写被摧折关进笼子的苍鹰,都是诗人被斥逐后处境艰险、内心悲苦的形象写照,其中《笼鹰词》表达了他破笼展翅,重上云霄的心愿,说明人生壮志犹在,情调更为高昂。《行路难》三首其一,借《山海经》中"夸父逐日"神话传说,抒写有志之士壮志未酬的悲愤。

> 君不见夸父逐日窥虞渊,跳踉北海超昆仑。披霄决汉出沆漭,瞥裂左右遗星辰。须臾力尽道渴死,狐鼠蜂蚁争噬吞。北方竫人长九寸,开口抵掌笑更喧。啾啾饮食滴与粒,生死亦足终天年。睢盱大志小成遂,坐使儿女相悲怜。

此诗赞颂神话传说中的夸父,立志追赶太阳去窥探虞渊,跨过北海超越昆仑山。冲上云霄劈开银河穿越茫茫天宇,奔腾疾驰把左右星辰抛在后面。可悲的是夸父须臾之间精疲力竭中途渴死,一群狐鼠蜂蚁争相撕咬把他吞咽。北方竫人身长只有九寸,此时张口大叫拍手称快对夸父加以嘲笑。他们叽叽喳喳滴水为饮粒米为食,一生也能平安无事地尽享天年。有志之士失意无成而平庸小人如愿以偿,使得子孙后代为此惋惜悲叹。

在这首诗中,把夸父逐日,渴死途中的传说加以改造,将夸父描写成一个跨北海,越昆仑,冲霄汉,赶超星辰的巨人形象,又增加了他赍志以殁之后被狐鼠蜂蚁所食、被九寸竫人嘲笑的情节,隐喻王叔文党人从事"永贞革新"前后的境遇,伤悼济世志士悲剧性的命运,也包含讽刺不合理的社会现实之意。此诗寓意深刻,情节生动,做到了讽喻和故事紧密结合,堪称一首比较典型的寓言诗。

柳宗元的咏史诗,或借古讽今,或咏史抒怀,都是有感而发的,有着很强的现实针对性。《古东门行》就是借西汉景帝时"七国之乱",影射藩镇李师道盗杀宰相武元衡事件的。《咏三良》《咏荆轲》也是歌咏忠良被害、壮志莫遂的悲剧,借以抒发作者自己的孤愤情怀的。《咏史》歌咏乐毅立功受谗的史事,现实针对性更为明显。

> 燕有黄金台,远致望诸君。嗛嗛事强怨,三岁有奇勋。悠哉辟疆理,东海漫浮云。宁知世情异,嘉谷坐熺焚。致令委金石,谁顾蠹蠕群。风波欻潜构,遗恨意纷纭。岂不善图后?交私非所闻。为忠不内顾,晏子亦垂文。

诗的开头六句,写燕昭王筑黄金台重礼纳贤,招来名士乐毅,建立了赫赫战功:燕国有一座招贤的黄金台,它从遥远的地方招来望诸君乐毅。衔恨隐忍地为燕国图谋报仇,三年便建立了不朽的功勋。为燕国开辟了广阔的疆土,直到那浮云弥漫的东海之滨。然而昭王死,惠王即位以后,齐人田单利用惠王为太子时对乐毅的不满,挑拨离间,惠王听信谗言怀疑乐毅,剥夺了他的兵权。乐毅畏诛,投奔赵国,致使燕国败于齐国。诗人以嘉谷无端被毁,感叹乐毅立功受谗,以致战果丧失殆尽:哪里知道世事是如此的反反复复,长得好好的谷子也会被焚烧。以致金石之才遭到抛弃,再没有人来顾及芸芸众生。风波骤然从暗中掀起,遗恨深深地留在人间。诗的最后,以"岂不图善后"的反问句,把诗意翻转递进,直接对乐毅公而忘私、忠不内顾的行为表示赞赏,对历史上这一贤才遭受闻所未闻的阴谋暗算表示愤慨。章士钊指出:"诗全为吊王叔文而作。望诸君,乐毅也,诗即以影射叔文。"(《柳文指要·通要之部》卷二)孙昌武亦说:"这首诗的取材,显然是影射王叔文集团的改

革事业和他们在宪宗继位后被贬逐的事实,并警告当政者这一举措必将带来的危险后果。"(孙昌武著《柳宗元传论》,第326页)

在柳宗元诗歌中,艺术性最高、最能代表他的独特创作风格的,是他的抒情诗。

柳宗元前期诗作很少,尚未形成独特的体调。"永贞革新"失败之后,柳宗元远贬永州,精神上承受着巨大的压力。诚如《旧唐书·柳宗元传》所云:"既罹窜逐,涉履蛮瘴,崎岖堙厄,蕴骚人之郁悼,写情叙事,动必以文,为骚文十数篇,览之者为之凄恻。"他不仅写了十数篇骚体文,而且写了许多抒情诗,抒写迁谪之愤和乡国之思,风格也焕发异彩,自成一家。

柳宗元说自己"投迹山水地,放情咏《离骚》"(《游南亭夜还叙志七十韵》)。他的诗就是离骚情与山水地的和谐统一。他往往在平淡自然的山水画面中融入浓重的主观色彩,用以抒情写怀,达到了情景交融、意境清远的艺术效果。

千山鸟飞绝,万径人踪灭。孤舟蓑笠翁,独钓寒江雪。

——《江雪》

这是一幅寒江独钓图,而孤傲清高之态、守志不移之意自在言外。诗中风景如画,那千山飞鸟绝迹、万径行人无踪的萧森寥落的图景,实际上正渗透诗人对自己所处现实环境的感受。而画中之人,在孤舟中独钓寒江的蓑笠翁身上,则正寄托着诗人那种"虽万受摈弃,而不更乎其内"的坚定信念,身处绝境而依旧我行我素的傲然之气。全诗以情景相生、浑然一体的意境,彰显了诗人自己顽强不屈的人格和孤高芳洁的情操。境旷意远,设色淡雅,体现出诗作简淡而兼有幽深的风格特征。

《渔翁》一诗同样是写渔翁,却是另一种境界。

渔翁夜傍西岩宿,晓汲清湘然楚竹。烟销日出不见人,欸乃一声山水绿。回看天际下中流,岩上无心云相逐。

　　诗人描写渔翁夜傍西岩而宿,晨起汲水燃竹,欸乃而歌于烟消日出之际,放舟于青山绿水之间,中流直下之时,回首天际,只见西岩之上白云悠然来往飘荡,像是在互相追逐。这种自由自在、无拘无束的生活,"岩上无心云相逐"的境界,明显融入了诗人的感情意念,寄托着诗人的精神向往。"这首诗与前引《江雪》诗一样,都是寄托诗人自己情趣的,不过前诗所写的是静态,此诗却一句一个场景,连续显现,流转活泼,生动之至。两首诗一静一动,珠联璧合,完美无缺地把诗人所向往的一种遗世独立、回归自然、无拘无束、自由自在、自食其力、自得其乐的理想生活境界表现出来,应该可算是浪漫主义诗歌的两篇杰作了。"(吴庚舜等主编《唐代文学史》下,第 186 页)

　　　　城上高楼接大荒,海天愁思正茫茫。惊风乱飐芙蓉水,密
　　雨斜侵薜荔墙。岭树重遮千里目,江流曲似九回肠。共来百越
　　文身地,犹自音书滞一乡。

　　　　　　　　　　　　　　——《登柳州城楼寄漳汀封连四州》

　　这首诗写于诗人初到柳州之时。诗的首联,总写登临柳州城楼的所见所感。境界阔远荒凉,感情激越。诗人放眼四望,景色苍茫,想念四方挚友,愁思茫茫,此情此景浑融一片。次联收回目光,转写近景:急骤的狂风激浪掀波,吹得荷花荷叶东倒西斜;密集的雨点依仗风力,侵袭着爬满薜荔的墙头。写实与象征融为一体,以眼前风雨飘摇的景物,象征美好事物正遭受着风雨摧残,感叹四方战友共同的不幸遭际,使人倍添凄凉之感。诗的第三联又从近观转为远望:五岭重重叠叠的树遮住了我眺望千里的目光,江流弯弯曲曲的形状就像我萦回曲折的愁肠。这两句借景抒情,思乡念友,远望而不能见,怎能不令人愁肠九回?尾联以思念友人,慨叹

音书阻隔收结全诗,可谓水到渠成。"全诗在岭外荒远凄迷的景象中,回荡着悲凉激越、愤郁不平的感慨,开创了唐人七律的新境界。"(沈松勤、胡可先、陶然著《唐诗研究》,第103页)

柳宗元抒情诗所创造的情景交融的意境,还常常带有诗人的个性色彩。"作者所选取的描写对象并不怎么新奇、独特,但由于他以自己所特有的感情去观察它、体验它,因而就发现了它的新的意义,对它产生了新的感受,从而创造出'观则同于外,感则异于内'的、富有个性色彩的艺术意境。"(高海夫著《柳宗元散论》,第204页)

> 海畔尖山似剑铓,秋来处处割愁肠。若为化得身千亿,散上峰头望故乡。
> ——《与浩初上人同看山寄京华亲故》

> 宦情羁思共凄凄,春半如秋意转迷。山城过雨百花尽,榕叶满庭莺乱啼。
> ——《柳州二月榕叶落尽偶题》

这两首诗,均写于柳州,同为抒写乡国之思,意境迥然不同,而个性色彩一样鲜明可感。

前一首诗,写诗人与友人一起在柳州看山而有感。桂林、柳州一带的山,均平地拔起,尖削独立。但同样的山,在不同诗人看来也会有完全不同的感受。韩愈写桂林的山,说"山如碧玉簪"(《送桂州严大夫》),把尖削独立的山峰比作女子头上的碧玉簪,带给人们一种秀美的感受。而在柳宗元看来,"海畔尖山似剑铓",把尖削独立的山峰比作剑锋,给人以尖锐锋利的痛感联想。这是由于他此时因去国怀乡而愁肠百结。独特的感受,触发了奇异的想象。于是自然引出下句来:"秋来处处割愁肠。"秋天本来就容易引起去国怀乡的愁绪，而此时自己又身处异乡绝域，愁肠百结，感到那一座座如剑的山峰就像在割自己的愁肠一样，痛彻肺腑。由于怀乡心切，诗的三、四句更发奇想，不但看山，而且幻想自己如何能像佛教故事所说的那样，化身千千万万，飞散上千千万万个山峰顶端，遥望京华故乡。哪怕上刀山，受刺痛，也在所不辞。"这两句运用佛典，极新奇亦生动形象，'散上'二字，呼应次句的'处处'，又展现出千千万万化身飞散而登上千峰万岭的奇幻场景。感情虽极沉痛，境界却极阔远而瑰奇，具有一种动人心魄的悲剧美和强烈的感发力。"（刘学锴撰《唐诗选注评鉴》七，第 254 页）

后一首诗，写诗人对柳州仲春物候的特殊感受。柳州的大叶榕树通常在二月落叶，随后新叶旋生。这一自然景象，触发了诗人的游宦之情和羁旅之思。他初来柳州就曾说过："从此忧来非一事，岂容华发待流年。"（《岭南江行》）诗的前两句，开门见山，直抒胸臆。诗人为宦情与羁思所困扰，凄楚不堪，看到这种"春半如秋"的景象，更感到流年易逝，迷惘若失。究竟是由于看到哪些景象而引发诗人的这种感受呢？这就自然引出三、四句来："山城过雨百花尽，榕叶满庭莺乱啼。"一阵雨过之后，乱红狼藉，榕叶满庭，给人以凄凉满目之感。流莺的啼鸣之声，在意绪凄伤迷乱的诗人听来，也倍增感情意绪的纷扰烦乱。景随情移，"莺乱啼"的"乱"，正是诗人感情强力投射的结果。"这两句写了四种景象：'雨过''百花尽''榕叶满庭''莺乱啼'。四种景象的组合，构成了一个萧条冷落、凄迷荒凉的境界。这种境界，与其说是对柳州二月景象的客观写实，不如说是'万死投荒'的诗人怀着强烈的凄楚之情去感受柳州春天的物候景象的结果，是一种典型的'有我之境'，带有鲜明的诗人主观色彩和独特个性。"（刘学锴撰《唐诗选注评鉴》七，第 276 页）

十五、文学业绩

柳宗元的抒情诗，运思精密，抒写细腻，善于表现深刻的情感体验。"在他的诗中，对个体失意后的痛苦、失落和孤独、惆怅作了精细而深刻的体验与玩味，将唐诗的情感表达推向了一个新而深刻的内省境地。"（沈松勤等著《唐诗研究》，第101页）如《南涧中题》：

> 秋气集南涧，独游亭午时。回风一萧瑟，林影久参差。始至若有得，稍深遂忘疲。羁禽响幽谷，寒藻舞沦漪。去国魂已远，怀人泪空垂。孤生易为感，失路少所宜。索莫竟何事，徘徊只自知。谁为后来者，当与此心期。

这首诗，被苏轼称为"忧中有乐，乐中有忧，盖绝妙古今矣"（见胡仔《苕溪渔隐丛话》前集卷一九）。作者在记游写景的过程中，细致地刻画了自己忧乐变化的心灵历程。诗人秋日亭午独游南涧，见秋风萧瑟，林影参差，感到安恬愉悦，以至于进入忘我的精神状态。但忽然听到林中羁鸟的哀鸣，看到水中随风漂流的寒藻，触物伤情，引起了自己的身世之感，"去国""怀人"的种种愁情顿时齐上心头。游中的一时之乐，引出了常年不解之愁。至此郁积无可排遣，发为后半篇的徘徊浩叹，感到世上没有知音，只能把希望寄托于渺茫的将来，希望将来会有人理解自己此刻的心情。诗人南涧之游情绪的细微变化过程，至此和盘托出，生动可感。

柳宗元的抒情诗，情深味浓而以简淡笔墨出之，并且做到了内在感情的深沉炽烈与外在表现上的简淡清新的协调统一。因此苏轼称赞柳宗元的诗"发纤秾于简古，寄至味于淡泊"（《苏轼文集》卷六十七《书黄子思诗集后》），"外枯而中膏，似淡而实美"（同上《评韩柳诗》）。就是说，在简古枯淡的语言中，包蕴着浓郁优美的诗味。柳宗元的诗既汲取了陶渊明、谢灵运、王维、孟浩然诗的自然、清新、明净，又具备自己特有的奇峭、深沉、含蓄，二者熔于一炉，形成了深沉简峭、清新淡雅的艺术风格，在中唐诗坛上独树一帜。

《溪居》就是这样一首诗。

> 久为簪组累，幸此南夷谪。闲依农圃邻，偶似山林客。晓耕翻露草，夜榜响溪石。来往不逢人，长歌楚天碧。

这首诗表面上像一首语言平易的田园诗，描写村居生活的闲适，其实在它的字里行间隐含着孤独的忧愤。诗的开头两句说：我长久以来为做官所羁累，幸亏这次贬谪来到南荒，解除了我的无穷烦恼。这就耐人寻味。贬官本是一种惩罚，却说成一件幸事，实际上是含着痛苦的笑，其中有难言的辛酸。在这种特定背景下的闲居生活，自然也就不同一般。所以接下两句："闲依农圃邻，偶似山林客。"说自己投闲置散，无所依凭，只得以农圃为邻，在下层寻找寄托安慰的处境。自己只是偶尔像山林隐士一样，其实并非真正遁世无闷、闲适自在的隐士。虽然他有时早晨也去耕地除草，有时夜晚也划船出游，生活好像很自在。诗的结尾说："来往不逢人，长歌楚天碧。"来往不见人影，说明环境极其冷清，长歌无人应和，只能面对苍茫的青天。在这种苍茫孤独的境界中，透露出诗人天涯沦落、被人遗弃的无尽哀愁。

柳宗元有些绝句也是辞浅意深，具有同样的艺术风格。

> 问春从此去，几日到秦原？凭寄还乡梦，殷勤入故园。
> ——《零陵早春》
>
> 荒山秋日午，独上意悠悠。如何望乡处，西北是融州。
> ——《登柳州峨山》

这两首五言绝句，一首写于永州，一首写于柳州，都是抒写思乡之情、故国之思。柳宗元习以京城长安为故乡。他在被贬谪南荒的十多年岁月里，盘旋于脑际、挥之不去的就是思乡和思亲，两者结合，就是眷恋乡国的深情。《零陵早春》写他经常梦归故园，见零陵早春，就问春天：你从此向北方去，几日能够到秦原？我要寄托还乡之梦，快快回到故园去。诗人这种"身不能到而梦到"的思乡之情，用几句托人带信的口语说出，语浅近而情深长。《登柳州峨山》写诗人秋日独自登上荒山，企图登高望乡以解乡愁。他向西北望故乡，却望而不见，眼前只见融州，于是以疑问作结："为什么我望乡的地方，偏偏只能看到附近的融州？"随口道来的一句话，诗人归乡不能、望乡不得的苦恼之情溢于言表。

清人姚莹《论诗绝句》说："《史》洁《骚》幽并有神，柳州高咏绝嶙峋。"（《后湘诗集》卷九）赞扬柳宗元的诗兼有《史记》的简洁和《离骚》的幽深，因而嶙峋不凡，是很有见地的。它启迪我们认识柳宗元诗风的本质特征及其重要的源流关系。柳宗元的独特诗风，深得楚《骚》之遗风，兼取《史记》之文笔，根本原因在于他的人生命运、精神品格同屈原、司马迁有一脉相通之处。

"柳宗元在文学创作上，具有多方面的才能，也取得了多方面的成就。在唐代作家中，像他这样'兼善众体'，并在诗歌、散文、小说的各个领域中都做出成绩的人，是绝无仅有的。所以，从文学发展史的角度看，应当对他的贡献做出充分的评价。"（孙昌武著《柳宗元传论》，第 340 页）

十六、光辉永存

柳宗元一生经历了唐代宗、德宗、顺宗、宪宗四朝，属于"中唐"时期。他所处的中唐时代，是唐王朝极盛之后的中衰阶段，却出现了唐代思想、文化史上的又一个高潮，创造了独特的辉煌成就，唯物主义思想达到了时代的高峰，文学创作重新走向繁荣，成就可与盛唐媲美。在创造这个辉煌成就的人物中，柳宗元是非常杰出的一位。他既是进步思想家，又是优秀文学家，为我国思想、文化的发展做出了卓越非凡的贡献。然而人们对其价值的认识，却有一个拨云见日的过程。

柳宗元逝世后，刘禹锡为他编纂了文集，为后人留下了宝贵的文化遗产。然后随着社会环境的变迁，人们思想观念的不同，加之对柳宗元参与的"永贞革新"是非评价问题，长期以来人们对柳宗元的看法，总是褒贬不一，意见纷纭。但是，金子的光辉谁也无法抹去，有价值的东西不可能在历史长河中淹没。柳宗元在中国思想、文化史上的重要地位，谁也否认不了，而且随着时间的推移越来越清楚地为人们所认识。

柳宗元逝世五年后，韩愈去世。中唐古文运动由于失去两员主将，便逐渐走向低潮。到晚唐时期，仅仅有人偶然谈到柳宗元的诗文。司空图在读了柳柳州集后,对其诗歌做了很高的评价:"今于华下,方得柳诗,味其探搜之致,亦深远矣。俾其穷而克寿,抗精极思,则固非琐琐者轻可拟议其优劣。"(《司空表圣文集》卷二《题柳柳州集后》)这只是个人看法,并未形成群体共识。当时对柳宗元的整个思想文学成就,几乎无人提及。

到北宋时期,随着宋代"古文运动"的掀起,韩愈、柳宗元被宋人重新发现,进行大力宣扬。最早是北宋初年的柳开,热情宣传柳宗元,但由于当时很难找到完整的柳集抄本,他的宣传影响也就有限。这方面起更大作用的,是几十年后的穆修。他几乎用毕生的精力搜集韩愈和柳宗元的文集,经过二十余年的努力,才觅得有刘禹锡序文的四十五卷本柳集。他于宋仁宗天圣元年(1024)秋天刊刻的《唐柳先生集》,是我国最早的柳集刻本。之后对柳集的校订、注释工作大有其人。在两宋三百余年间,北宋人注重做柳集搜集和校订工作,南宋人则致力于柳集的音释注解。由于社会上出现注本较多,又有人做"集注""辑注"。其中魏仲举的集注本《新刊五百家注音辨唐柳先生文集》,所列注家竟达一百零二人之多。从此可见宋人对柳文的重视程度和柳文传播的广泛性。由于柳宗元作品的大为传播,他很快成为社会上知名度很高的人物。宋人常讲的是"韩柳文章李杜诗",可见柳宗元已经成为对宋人影响最大的唐代四大文化名人之一。宋人陈善《扪虱新话》卷九云:"唐世诗称李、杜,文章称韩、柳。"韩愈和柳宗元在散文上的地位,犹如李白与杜甫在诗歌上的地位一样,都是崇高的,的确可以相提并论。正因为如此,"韩柳文章李杜诗"的说法,代代相传,延续至今,已经成为人们的广泛共识。

明代从宋濂开始倡导宗法唐宋,文章称赞"班、马之雄深,韩、柳之古健,欧、苏之峻雅"(《宋学士文集·銮坡后集》卷六

《王君子厚文集序》),把柳宗元与司马迁、班固、韩愈、欧阳修、苏轼等大家并列,肯定了柳宗元在文学史上的地位。朱伯贤编刻了一本《唐宋六家文衡》,把柳宗元列为唐宋两代最有成就的六位散文家之一。后来,茅坤编刻了一本《唐宋八大家文钞》,收入韩愈、柳宗元、欧阳修、王安石、曾巩、苏辙、苏轼、苏洵八人的文章。书中茅坤对韩柳文的评论也堪称经典,令人信服:"韩文如大将指挥,堂堂正正,而分合变化,不可端倪;柳则偏裨锐师,骁勇突击,囊沙背水,出奇制胜,而刁斗仍自森严。韩如五岳四渎,奠乾坤而涵万类;柳则峨眉天姥,孤峰矗云,飞流喷雪,虽无生物之功,自是宇宙洞天福地。其并称千古,岂虚也哉!"(《柳文引》)从此,"唐宋八大家"的名称正式确立,柳宗元在中国散文史上的地位也得到了真正的确立。此后,"唐宋八大家"的说法也就代代相传,延续至今,成为人们的广泛共识。

  关于柳宗元的哲学思想,是一个长期争论的问题,虽有少数人予以积极评价,如宋代黄伯思就十分称赞柳宗元的《天对》:"《天问》之章,词严义密,最为难诵。柳柳州于千祀后独能作《天对》以应之,弘深杰异,析理精博。"(《东观余论》卷下《校定楚词序》)明代李贽也很肯定柳宗元的非凡见识:"柳宗元文章、识见、议论,不与唐人班行者,《封建论》卓且绝矣,其为叔文等所奇待也宜。"(《藏书》卷三九《儒臣传·词学儒臣·柳宗元》)而大多数人对他的思想观点持否定,以至于攻击的态度。如苏轼对柳宗元诗、《封建论》评价都很高,而对其"天人关系"的学说却一笔抹杀:"柳子之学,大率以礼乐为虚器,以天人之不相知云云,虽多,皆此类尔。此所谓小人无忌惮者。"(《东坡续集》卷五《与江惇礼秀才书》)其他一些人更是挖苦、诽谤,无所不用其极。但是,社会越是向前发展,思想越是进步,随着科学研究的深入,柳宗元的

十六、光辉永存

贡献也得到越来越公正、积极的评价。经过现代一些学者对中国思想史的研究，柳宗元朴素唯物主义思想终于得到了充分肯定，他也就被称为"古代唯物主义发展史上里程碑式的人物"（孙昌武著《柳宗元评传·前言》）。毛泽东亦肯定柳宗元是唯物论者，他1964年8月在北戴河同哲学工作者的谈话中曾说："柳子厚出入佛老，唯物主义。他的《天对》，从屈原的《天问》以来，几千年只有这个人做了这么一篇。"（见张贻玖《毛泽东批注历史人物》）

柳宗元作为一位杰出的思想家和文学家，是我国思想文化史上永放光辉的一颗明星，其理论思想和创作成果具有经久不朽的价值。

他在我国思想史上的功绩，永不磨灭："柳宗元在思想史上的主要贡献，在于他发展了哲学唯物主义世界观，和刘禹锡等人一起，创造了古代朴素唯物主义思想的又一个高峰，从而站在了时代的前列，成为代表一代思想发展成就的杰出人物。"（孙昌武著《柳宗元评传》，第373页）"柳宗元的《天对》《非〈国语〉》《天说》，作为唯物主义思想的重要文献，在中国思想史上占有一定的位置。它们总结和发展了前人批判'天命'论的思想、理论成果，就'天人之际'这个问题，创造了唐代唯物主义的一个高峰。"（孙昌武著《柳宗元传论》，第213页）"柳宗元在批判唯心主义天命观的基础之上，又写作了《贞符》《封建论》等理论著作，总结了他对历史发展规律的认识，提出了一种以'生人之意'为动力的历史发展观。从这种历史发展观出发，又阐述了维护中央集权、要求'用人唯贤'、呼吁关心民生等一系列进步的政治主张。"（同上，第214页）其思想之先进，在唐代无人能及。

他在我国文学史上的贡献，永不磨灭：韩愈和柳宗元倡导的古文运动及其在古文创作方面取得的超越前人的成就，廓清了骈文对文坛几百年的统治，为我国散文振兴开创了新局面。他们所创造的新型文学散文，千百年来一直成为中国散文的正宗而雄踞文坛，从而造就了以唐宋八大家为代表的古典散文优良传统。在古文运动中，柳宗元对"文以明道"的纲领进行了充实和发挥，提出了"辅时及物""辞令褒贬，导扬讽谕"的主张，使这个古文运动的纲领具有更明确的目的性，更现实的可行性。他以丰硕的创作成果，开拓古文的领域，丰富古文的表现方法，提高古文的艺术水平，从而扩大了古文运动的影响。他的山水游记和寓言创作更具独创性，在我国山水游记史和寓言文学史上，起着继往开来的重要作用，对后世产生了深远的影响。他的诗歌在中唐诗坛上，别树一帜，严羽《沧浪诗话》以之代表诗歌之一体，即"柳子厚体"或"韦柳体"。由此可见他在古代诗歌史上的突出地位。

柳宗元所留下的宝贵文化遗产，千百年来滋养着中国文化的发展。他在治学上那种鲜明的实践品格、大胆的创新精神和强烈的批判意识，一直是后代学人的楷模。他的许多诗文被选入我国各个时期的小学、中学和大学的语文课本，哺育了一代又一代新人的成长。他的影响还超越了国界，日本的高中和大学的教科书中，也选录了"永州八记"、《捕蛇者说》《种树郭橐驼传》和《江雪》《渔翁》等诗文，可见日本的学子也得到了柳宗元的沾溉。

参考书目

尹占华、韩文奇校注：《柳宗元集校注》，中华书局，2013年。
尹占华解读：《柳宗元集》，国家图书馆出版社，2020年。
王安国笺释：《柳宗元诗笺释》，上海古籍出版社，1993年。
朱玉麒等今译： 《柳河东全集今译》，北京燕山出版社，1996年。
王松龄、杨立扬译注： 《柳宗元诗文选译》，凤凰出版社，2011年。
高文、屈光选注：《柳宗元选集》，上海古籍出版社，1992年。
张洲导读注译：《柳宗元集》，岳麓书社，2018年。
尚永亮撰：《柳宗元诗文选评》，上海古籍出版社，2017年。
谢汉强主编： 《柳宗元柳州诗文选读》，西安地图出版社，1999年。
吴文治编：《柳宗元资料汇编》，中华书局，2006年。
吴文治、谢汉强主编：《柳宗元大辞典》，黄山书社，2004。
章士钊：《柳文指要》，文汇出版社，2000年。
施子愉：《柳宗元年谱》，湖北人民出版社，1958年。
黄云眉：《韩愈柳宗元文学评价》，齐鲁书社，1979年。

孙昌武：《柳宗元传论》，中华书局，2019年。

孙昌武：《唐代古文运动》，中华书局，2019年。

孙昌武：《柳宗元评传》，南京大学出版社，2011年。

吴文治：《柳宗元评传》，中华书局，1962年。

吴文治：《柳宗元简论》，中华书局，1979年。

刘光裕、杨慧文：《柳宗元新传》，上海人民出版社，1989年。

梁鉴江：《柳宗元传》，广东高等教育出版社，1999年。

翟满桂：《一代宗师柳宗元》，岳麓书社，2002年。

山东大学文史哲研究所主编：《中国历代著名文学家评传》，山东教育出版社，1983年。

刘学锴：《唐诗选注评鉴》，中州古籍出版社，2019年。

金涛主编：《柳宗元诗文赏析集》，巴蜀书社，1989年。

文学鉴赏辞典编纂中心编：《柳宗元诗文鉴赏辞典》，上海辞书出版社，2020年。

吴小林主编：《唐宋八大家文品读辞典》，新世界出版社，2008年。

吴小林：《柳宗元散文艺术》，山西人民出版社，1989年。

高海夫：《柳宗元散论》，陕西人民出版社，1985年。

陈松柏、蔡自新主编：《柳宗元与永州山水》，湖南文艺出版社，2002年。

沈松勤等：《唐诗研究》，浙江大学出版社，2011年。

郭预衡：《中国散文史》（中），上海古籍出版社，1993年。

吴庚舜等主编：《唐代文学史》（下），人民文学出版社，1995年。

章培恒等主编：《中国文学史新编》，复旦大学出版社，2007年。

侯外庐主编：《中国思想史纲》，上海书店出版社，2004年。
（宋）欧阳修、宋祁：《新唐书》，中华书局，1986年。
（宋）司马光编著：《资治通鉴》，中华书局，1982年。
刘真伦等校注：《韩愈文集汇校笺注》，中华书局，2010年。
瞿蜕园笺证：《刘禹锡集笺证》，上海古籍出版社，1989年。

后　记

　　柳宗元是唐代杰出的思想家、文学家，他的思想学说、文学创作都达到了时代的顶级水平。但他一生经历比较简单，活动也不多，加之性格内向，写起他的传记来，就很难做到波澜起伏，引人入胜。我们以诗文解读为基础为他立传，他的诗文虽十分精彩，但行文简古，今天读来不太好懂，这又给传记写作增加了难度。好在前人已写过不少柳宗元的传记，特别是孙昌武教授的《柳宗元传论》和《柳宗元评传》水平已经很高，都可供我借鉴。我根据自己普及性读物的定位和以诗文解读为基础的体例，博采各家之长，撷英咀华，加一点个人阅读的心得体会，就写成了这本《柳宗元诗传》。为了让读者能够体察柳宗元的心路历程，我在诗文解读上用了较多的笔墨，通过诗文的细读详解，阐明作品内涵，重返现场情景，再现作者情思，以求展示其形神俱在的诗人的鲜活形象。金无足赤，人无完人，对于柳宗元本身存在的一些消极因素，古今学人对柳宗元的不同评价，都不做过多介绍，主要突出其忧国忧民情怀和他对中国文化发展所做出的贡献。

　　本书所引柳宗元诗文，以尹占华、韩文奇校注《柳宗元集校注》(中华书局2013年版)为依据。对于前人研究成果，一般参考引用的，列入参考书目，引用论断性原文的，另行注明出处。这里要特别说明的，本书引用孙昌武教授的几本著作的地方比较多。吴小林教授的《柳宗元散文艺术》一书的成果也多有吸收。本人早年主编的《柳宗元诗文赏析集》，有几十位专家学者为之撰稿，自然成为本书解读诗文的重要参考。

我在2013年退休以后，感到尚有余热，就想做一名普及中国优秀传统文化的志愿者。于是接连写了《李太白诗传》《杜甫诗传》《白居易诗传》《韩愈诗传》《柳宗元诗传》，在巴蜀书社的大力支持下陆续出版，而且前三本都已经接连重印，说明还有不少读者，我感到十分欣慰。

我撰写这五本书的指导思想，在各书的《后记》中陆续有过说明，总的说来，我试图探索一条以诗文解读为主替诗人立传的路子，力图向读者展现近乎历史真实的诗人形象，让读者读其诗文，倾听其心声，了解其所爱所憎、所思所示，明白其一生的心路历程。具体做法概括起来有以下几点：

一、以诗文解读为基础为诗人立传，力求重返现场情景，再现诗人情思，使诗人形象有血有肉，形神俱现。

二、突出诗人忧国忧民情怀和他们对中国文化发展的贡献，不纠缠于一些消极细节。

三、对于有争议的问题，不罗列众说，一般只采用一家之言，或断以己见。

四、严格尊重事实，做到言必有据，文必有度，不做随意发挥，不凭空虚构情节。

五、尽量吸取前人研究成果，兼采各家之长，反映已有研究水平。

  唐代诗文五大家,他们的思想和艺术都是博大的海洋,难以斗量。我根据自己的有限知识和肤浅理解所做的介绍,肯定会有失当之处,欢迎方家指教,读者批评,以便再版时改正。下一步,我打算好好再读一些书,继续钻研作品,对已经出版的五本诗传再做一次修订,期望能够弥补缺失,进一步提高质量。

金涛声

2022 年 6 月